Manfred Gutgesell

Arbeiter und Pharaonen

Manfred Gutgesell

Arbeiter und Pharaonen

Wirtschafts- und Sozialgeschichte im Alten Ägypten

Gerstenberg Verlag

Umschlagvorderseite

Das bemalte Relief stammt aus dem Totentempel der Königin Hatschepsut (frühe 18. Dynastie) in Deir el Bahari und zeigt den Pharao Thutmosis I., der die ersten bedeutenden Erweiterungen an der Arbeitersiedlung von Deir el Medineh veranlaßte. Pelizaeus-Museum, Hildesheim.

Umschlagrückseite

Pyramidion vom Grab des Schreibers Mose, 19. Dynastie. Das Pyramidion bildete den oberen Abschluß der oberirdischen Grabbauten des Schreibers in Theben-West. Pelizaeus-Museum, Hildesheim.

CIP-Titelaufnahme der Deutschen Bibliothek

Gutgesell, Manfred:
Arbeiter und Pharaonen : Wirtschafts- und Sozialgeschichte im Alten Ägypten / Manfred Gutgesell. – 1. Aufl. – Hildesheim : Gerstenberg 1989
ISBN 3-8067-2026-6

Erste Auflage 1989

Zeichnungen Tom Uhe
Druck: Druckhaus Gebr. Gerstenberg, Hildesheim
ISBN 3-8067-2026-6

Inhalt

Danksagung

Das Buch geht auf eine Anregung von Herrn Dr. Christen vom Gerstenberg Verlag zurück und basiert weitgehend auf eigenen Forschungen der letzten Jahre, die sich eingehend mit der Nekropolenarbeitersiedlung von Deir el Medineh befaßten.
Dem Gerstenberg Verlag, besonders Herrn Dr. Viktor Christen, bin ich dafür, daß er sofort bereit war, solch ein Buch zu verlegen, und für seine große Geduld bei der Fertigstellung des Manuskripts, die sich durch andere Verpflichtungen immer wieder verzögerte, zu großem Dank verpflichtet.
Herrn Eberhard Thiem danke ich für sein großes Entgegenkommen hinsichtlich der Bebilderung des Buches. Geduldig ging er mit mir Tausende von Fotos durch, um die umfangreiche Auswahl zu erhalten, die das Buch enthält. Seine ungewöhnlich qualitätvollen Aufnahmen sind zur Illustration des Textes unerläßlich.
Mein besonderer Dank gilt jedoch dem Leitenden Direktor des Roemer- und Pelizaeus-Museums in Hildesheim, Herrn Dr. Arne Eggebrecht. Mit großem Interesse verfolgte er das Entstehen des Buches, viele Hinweise und Anregungen wurden gern von mir aufgenommen und beherzigt. Großer Dank gilt auch seiner Großzügigkeit, zum einen mir neben der Museumstätigkeit die Fertigstellung des Buches zu ermöglichen, zum anderen für die Erlaubnis, einige Museumsobjekte veröffentlichen zu dürfen.
Mein weiterer Dank gilt vielen Kollegen, besonders in Hildesheim, deren Diskussionsbeiträge zu einzelnen Teilen des Werkes für mich von großem Nutzen waren.

Hildesheim, im August 1989
Dr. Manfred Gutgesell

Vorwort

„... Dieser innerste der drei Särge des Tut-anch-amun, der die Mumie des jugendlichen Königs barg, wiegt immerhin ca. 110 kg reinen Goldes. Da das Gold im Neuen Reich den 200fachen Wert von Kupfer hatte, entspricht der reine Goldwert des Sarges dem von 200 000 kg Kupfer ... Dieser gewaltige Wert ist dem Monatslohn von sage und schreibe 35 000 Handwerkern gleich — eine unglaubliche Zahl ..." Ähnlich wie diese relativ lapidare, aber durch ihren Inhalt gleichwohl faszinierende Feststellung, die wir den Recherchen des Verfassers verdanken und auf S. ... des vorliegenden Bandes im vollen Zusammenhang nachlesen können, verblüfft der Autor immer wieder durch die große Realitätsbezogenheit seines Umgangs mit der Kultur des Alten Ägypten. Ausgewiesen durch eine intime Kenntnis der Arbeitswelt von damals, insbesondere durch seine jahrzehntelange Beschäftigung mit der sog. „Arbeitersiedlung" in Deir el Medineh, jenem Ort in Theben-West, der über viele Generationen hinweg den mit der Anlage der Königsgräber Beauftragten — Beamten, Künstlern, Handwerkern, Arbeitern u. a. — als Wohnstätte diente (vgl. dazu die im gleichen Verlag erschienene Spezialuntersuchung: Die Datierung der Ostraka und Papyri aus Deir el Medineh und ihre ökonomische Interpretation, Hildesheimer Ägyptologische Beiträge, Bd. 18 u. 19 [beide 1983] von Manfred Gutgesell) versteht es der Autor, einen meist wenig berücksichtigten, erst in jüngster Zeit stärker ins Interesse gerückten Themenbereich Altägyptens mit einer Fülle an Informationen Aufmerksamkeit zu verschaffen: dem Alltag von einst und damit vor allem den sozialen Verhältnissen während der drei klassischen Perioden des Pharaonenreiches auf der Spur, gibt Gutgesell Einblicke in die Lebens- und Wohnverhältnisse besonders der einfachen Leute, die wie in Deir el Medineh in geschlossenen Siedlungen oder auch regelrechten Städten wie Tell el Amarna zu Hause waren. Im Zentrum seiner Untersuchungen steht zwangsläufig die „Arbeitersiedlung" in Deir el Medineh, also das späte Neue Reich der 19. und 20. Dynastie; denn während aus den großen Perioden des Alten und Mittleren Reiches nur wenige bruchstückhafte Quellen Auskunft geben können, die zudem meist nur indirekte Schlüsse zulassen, sind wir durch Papyri und vor allem mittels der durch einen glücklichen Zufall zu Tausenden in einem Brunnen von Deir el Medineh erhalten gebliebenen Schrift-Ostraka, d. h. heller Kalksteinabschläge, die als billiges Schreibmaterial dienten, über diverseste Einzelheiten des Lebens in dieser Siedlung sehr viel eingehender unterrichtet als aus irgendeinem anderen Fundkomplex Altägyptens.

Der Verfasser hat dieses einzigartige Quellenmaterial souverän auszuwerten verstanden, so daß ein detailreiches, mit Originalzitaten ausgestattetes Buch

entstand, das nicht zuletzt auch Wirtschaftsaspekte der Gegenwart in die Betrachtung miteinbezieht; so geht er u. a. der Frage nach dem Wirtschaftssystem von damals nach, wobei selbstverständlich auch das Stichwort einer „freien Marktwirtschaft" fällt, er diskutiert das Versorgungssystem inklusive „Kranken"- und „Altersversorgung" und erläutert ausführlich das Lohn — Preisgefüge mit Angaben zu Kaufkraft, Preisfluktuationen und Warenangebot. Weitere Stichworte sind u. a. Privat- und Staatseigentum, Produktionsprozeß, Sollerfüllung und Produktionsmittel, Arbeitsteilung, Protest-Sit-in, Streik und Zwangsarbeit. Weiter erfahren wir von der Stellung der Frau im Haus und in der Gesellschaft, von Rechtsprechung und Gesetz, von Erziehung, Schulen und Sport, von Wohnstrukturen und „Eigenheim"-Bau, Armut und Luxus bis hin zu Prostitution und Bordellen, Korruption, Polizei und Verbrechen bis hin zum Mord.
Speziell in diesem Zusammenhang hat der Autor die Biographie eines gewissen Paneb, zeitweilig einer der Mächtigsten der Siedlung „Deir el Medineh", nachzuzeichnen versucht, die zu den aufregendsten Zeugnissen dieser Art aus dem Alten Ägypten zählt. Schon als Schüler in jeder Hinsicht unbotmäßig und brutal, wird Paneb später wegen seiner rüden Gewalttätigkeit und hemmungslosen Korruption gehaßt und gefürchtet: Raub, Vergewaltigung und Mord begleiten seinen Lebensweg, der ihn schließlich vor Gericht bringt und mit seiner Hinrichtung endet. Welchen Verhältnissen unter der Regierung eines schwachen Staates sich speziell am Ende des Neuen Reiches der Einzelne ausgesetzt sah, und welche Gegensätze sich in den Chancen für reich und arm z. B. auch vor Gericht auftaten, mag gerade in diesem Zusammenhang das Gebet eines Armen an den Reichsgott erläutern:
„Oh Amun Re, der für die Armen eintritt, die geschädigt sind. Mögest Du veranlassen, daß die Gerichtsversammlung einstimmig den Armen schützt. Der Arme möge gerechtfertigt werden! Derjenige aber, der eine Bestechung versucht, möge erfolglos sein ..." (S. 196)
Dank zu sagen ist dem Gerstenberg Verlag, daß er den Verfasser für das vorliegende Publikationsunternehmen gewinnen konnte, das die lockere Reihe des renommierten Hauses zu Themen der Ägyptologie akzentuiert fortsetzt. So fügt sich der vorliegende Band thematisch hervorragend an das im gleichen Verlag 1977 als Nachdruck herausgebrachte klassische Standardwerk von Erman / Ranke „Ägypten und ägyptisches Leben im Altertum" an. Es aktualisiert viele der dort angesprochenen Bereiche, erweitert sie darüber hinaus erheblich und gibt insgesamt wichtige Einblicke in ein derzeit besonders aktuelles Gebiet der ägyptologischen Forschung.

Hildesheim, im Juni 1989
Dr. Arne Eggebrecht

Einleitung

Einleitung

Die altägyptische Kultur übt seit vielen Jahrhunderten eine starke Faszination auf die Menschen in Europa aus. Dabei reicht das Interesse von romantischer Schwärmerei und übelsten Phantastereien bis hin zu mühsamer, ernsthaft wissenschaftlicher Forschung. Angeregt durch die farbigen Berichte von Reisenden, die bereits seit antiker Zeit vorliegen, wuchs das Verlangen, mehr über die fremdartige und dennoch überaus beeindruckende Kultur zu erfahren. Kaum jemand kann sich des Eindrucks, den Pyramiden, Gräber und besonders die vielen Götterdarstellungen hinterlassen, entziehen. Mit der gelungenen Entzifferung der Hieroglyphen durch Champollion kam die bis dahin dillettierende und romantisierende Forschung in den Besitz des wichtigsten Schlüssels zum Verständnis des Alten Ägypten. Jetzt begannen die Denkmäler zu sprechen, viele Geheimnisse wurden enträtselt, die Geburtsstunde der Ägyptologie als Wissenschaft hatte geschlagen. Schon bald gelang es, die ersten Papyri zu entziffern, die ja in der schwer zu lesenden hieratischen Schrift verfaßt sind. Es ist eigentlich selbstverständlich, daß der Schwerpunkt der Forschung über sehr lange Zeit hinweg auf der Erforschung von Schrift und Sprache des Alten Ägypten lag. Man hatte schließlich durch die große schriftliche Hinterlassenschaft der Ägypter die einmalige Chance erkannt und genutzt, authentische, zeitgenössische Quellen ersten Ranges und in großer Zahl auswerten zu können. Parallel zur Erforschung der Sprache, die hauptsächlich im universitären Bereich angesiedelt war und ist, arbeitete die archäologische Feldforschung an der systematischen Erfassung der Denkmäler. Große Ausgrabungen in den alten Städten und Friedhöfen ergänzten auf großartige Art und Weise das Wissen über die altägyptische Kultur. Wenn auch die ersten Grabungen überwiegend das Ziel hatten, Sammlungsgegenstände für die großen Museen in aller Welt zu erhalten, so spielte später dieser Grund nur noch eine untergeordnete Rolle. Mehr und mehr stand der Wille im Vordergrund, die Wissenschaft voranzutreiben, ohne dabei gleichzeitig das Land Ägypten auszuplündern und seiner Schätze zu berauben. Dennoch füllen heute die Altertümer Ägyptens die Vitrinen in den großen Museen Europas, Amerikas und glücklicherweise nicht zuletzt auch Ägyptens selbst. Dadurch, daß die kulturelle Hinterlassenschaft Ägyptens einer breiten Öffentlichkeit zugänglich gemacht werden konnte, erlebte die Forschung in den ersten Jahrzehnten unseres Jahrhunderts einen gewaltigen Aufschwung. Immer mehr Forscher stellten sich in den Dienst der Ägyptologie und setzten die Arbeit der Pioniere dieser Wissenschaft fort. Mäzene in aller Welt unterstützten mit Geld und Einfluß große Projekte wie die Erforschung des Tals der Kö-

nige, die letztlich in der sensationellen Auffindung des weitgehend unberührten Grabes des Tut-anch-amun gipfelte.
Aufgrund des vorhandenen Materials war die Ägyptologie mehr als andere Altertumswissenschaften auf die Erforschung von Schrift und Sprache ausgerichtet. Bis in die Gegenwart hinein bildet die Übersetzung der Texte und Inschriften zusammen mit der Erforschung der Grammatik und Sprachstruktur den Schwerpunkt der ägyptologischen Forschung. Aufgrund dieser leider manchmal etwas überbetonten und einseitigen Ausrichtung des Faches und seiner Lehrer bleiben einige Teilbereiche der kulturellen Entwicklung Ägyptens ausgeklammert. So gibt es immer noch keine Kunstgeschichte des Alten Ägypten! Bestenfalls Ansätze dazu liegen vor und erschöpfen sich meistens in den notwendigen Materialsammlungen und Beschreibungen der Objekte, ohne dabei in eine wirkliche Analyse einzutreten. Stilkriterien, Entwicklungstendenzen, Herausbildung von Stilen und Künstlerschulen und vieles mehr wurden bisher nicht erforscht bzw. erst in Ansätzen überhaupt erkannt. Ob dagegen die detaillierte Kenntnis des „2. Tempus“ in der Sprache oder der „prospektivischen Verbalformen“ das Desiderat aufwiegt, muß jeder Ägyptologe für sich entscheiden. Ich meine, daß es an der Zeit ist, endlich die erlernten Sprachkenntnisse anzuwenden und sich zusätzlich anderen Themen zu stellen, indem die inhaltliche Auswertung des Textmaterials gefördert wird.
Ganz ähnlich stellt sich die Situation in anderen Forschungsgebieten innerhalb der Ägyptologie dar. So hat man auf dem Gebiet der Religionsgeschichte beispielsweise in jahrzehntelanger Kleinarbeit zwar die Ikonographie der Gottesdarstellungen erforscht, man hat religiöse Texte wieder und wieder übersetzt und analysiert und ist tief in die Diskussion (meist sprachlicher) Detailfragen eingestiegen. Auch der Ablauf der Kulte, der religiösen Feste und Zeremonien ist gut bekannt, doch erst jetzt beginnt die Forschung langsam und fast ängstlich, die Frage nach der sozialen Funktion von Religion zu stellen. Und die Frage ‚Wem nützt Religion?‘ gilt auch heute noch in weiten Teilen der Ägyptologie als ketzerisch und äußerst suspekt. Erst allmählich lösen sich einige, besonders jüngere Forscher von den traditionellen Fragestellungen und versuchen, durch neuartige, tiefergehende Fragen an das Material — in enger Zusammenarbeit mit Kollegen anderer Fachbereiche — zu neuen Ergebnissen zu kommen. Ganze Forschungsbereiche werden jetzt langsam erschlossen, was ohne Zweifel unser Wissen um eine der bedeutendsten alten Hochkulturen der Menschheit erweitern wird.
Vergleichbares ist auch auf dem Gebiet der Geschichtsforschung zu beobachten. Die traditionelle historische Forschung in der Ägyptologie sammelt Zahlen und Fakten und reiht diese aneinander. Geschichte besteht dabei aus einer zeitlichen Abfolge von Tatsachen — nicht mehr, aber auch nicht we-

niger. Königsnamen, Regierungszeiten, Kriegszüge, Friedensschlüsse usw. wurden erkannt, erforscht und veröffentlicht. Um keine Mißverständnisse aufkommen zu lassen, soll festgestellt werden, daß diese Arbeiten zwingend notwendig waren und sind. Doch ermöglicht die Beantwortung der Frage ‚Wer, wann und wo?' keine tiefen Einblicke in den Ablauf bestimmter Entwicklungsprozesse, die jede Kultur durchmacht. Die Frage nach den Gründen für ein bestimmtes Verhalten, nach dem sozialen und wirtschaftlichen Umfeld, in dem dieses Verhalten beobachtet werden kann, ist leider kaum gestellt worden, geschweige denn, daß man zu befriedigenden Antworten gelangte. Die Wissenschaft begnügte sich mit Tatsachenforschung, die Hinterfragung der Gründe wurde außer acht gelassen.
Am hervorstechendsten ist das Desinteresse der Ägyptologie an den wirtschafts- und sozialgeschichtlichen Fragestellungen. Hier ist noch nicht einmal das Material genügend aufgearbeitet worden, wenn auch Ansätze dazu durchaus vorhanden sind, wie die angegebene Literaturliste beweist. Leider wurden diese vereinzelten Versuche bisher kaum aufgegriffen, und kaum jemand war in unserer Wissenschaft bereit, diese Arbeit weiterzuführen, um so zu neuartigen Ergebnissen und Sichtweisen zu gelangen. Hier vergibt die Forschung eine große Chance. Doch mit so profanen Dingen wie Wirtschaft wollte und will man sich nicht so recht beschäftigen, solange scheinbar wichtigere und höherwertigere Fragen zur Literatur, Philosophie und Kunst noch zu beantworten sind. Der enge Zusammenhang jedoch gerade mit diesen Elementen, der den Sozialwissenschaften schon seit langem bekannt ist, wird in der Ägyptologie weiterhin weitgehend ignoriert. Die fadenscheinige Begründung, daß das in Ägypten alles anders gewesen sei oder daß Ägypten eine Sonderstellung gehabt habe, was eine Anwendung sozialwissenschaftlicher Erkenntnisse unmöglich mache, hört man sogar von ernsthaften Ägyptologen immer wieder. Ob dieses Ignorieren der Tatsachen auf Unkenntnis, auf einem persönlichen Unbehagen oder schlicht auf einem einengenden Traditionsbewußtsein beruht, sei dahingestellt. Aber wie will man eigentlich gültige Aussagen zur altägyptischen Kunst machen, wenn man das soziale Umfeld, in dem diese Kunst entstand, in dem die Künstler und ihre Auftraggeber lebten, nicht kennt, ja nicht einmal zur Kenntnis nimmt?
An dieser Stelle setzt nun das Buch ein. Es ist das Ziel, die notwendigen Fragen zu stellen und gleichzeitig Antworten vorzuschlagen. Dazu ist es unumgänglich, die bisher bekannten Fakten zu diesem Themenkomplex zusammenzustellen, um auf diese Art ein noch ganz dunkles Kapitel der altägyptischen Kultur wenigstens etwas zu erhellen. Es ist doch unbestritten, daß beispielsweise wirtschaftliche Zwänge zu allen Zeiten in allen Gesellschaften bestanden. Und daß diese Zwänge das Verhalten jedes einzelnen stark beeinflußten, ist eine nicht zu leugnende Tatsache. Dennoch kann bis-

lang niemand die Frage nach solchen Zwängen im Alten Ägypten befriedigend beantworten, obwohl gerade die Kenntnis solcher Notwendigkeiten häufig ein bestimmtes Verhalten von Menschen oder von sozialen Gruppen zu erklären vermag. Einige solcher Erklärungen sollen hier vorgestellt werden, wobei die gewonnenen Resultate zum Teil überraschende Einblicke vermitteln werden. Die Mechanismen der Machtausübung, die Technik des Herrschens zu erkennen — das steht im Mittelpunkt des Buches. Die Bereiche der Wirtschafts- und Sozialgeschichte werden immer wieder auf diese Fragen hin untersucht, mit zum Teil erstaunlichen Ergebnissen. Unter dieser neuartigen Fragestellung erhalten mitunter altbekannte Texte plötzlich einen neuen Stellenwert. Besonders werden viele Texte, die unter traditioneller Fragestellung eher im Abseits standen, erstmals in ihrer Bedeutung und Aussagekraft erkannt.

Neue Fragen erfordern aber gleichzeitig die Anwendung neuer Methoden. Diese sind für die Ägyptologie zwar noch nicht entwickelt worden, aber Ansätze dazu, die von anderen Wissenschaften entwickelt wurden, sollen zur Diskussion gestellt werden. Trotz dieses Anspruchs richtet sich das Buch jedoch weniger an den ägyptologischen Fachkollegen als vielmehr an den interessierten Ägyptenfreund, dem hier ein bisher fast völlig verschlossener Bereich der altägyptischen Kultur erschlossen werden soll. Daß dabei der eine oder andere Abschnitt vielleicht ein wenig langatmig erscheinen mag, liegt in der Natur der Sache und in dem Bedürfnis, die Fakten vorzustellen. Dennoch glaube ich gerade im Hinblick auf die Zielsetzung des Buches, nicht auf ein recht ausführliches Eingehen auf die bekannten Tatsachen verzichten zu dürfen. Und für mich ist es schon faszinierend, daß man heute — nach fast 3000 Jahren — in der Lage ist, Arbeiterlöhne und Warenpreise des Alten Ägypten zu kennen. In den meisten Fällen habe ich auf authentisches Textmaterial zurückgreifen können, wobei die gegebenen Übersetzungen nicht immer wörtlich sein konnten, um auch einem ägyptologisch nicht umfassend ausgebildeten Leser das Verständnis zu erleichtern. Aus diesem Grunde habe ich auch verlorene Textstellen so weit wie möglich ergänzt, wenn auch mit der gebotenen Vorsicht. Die Einblicke in die gesellschaftlichen und wirtschaftlichen Zusammenhänge erschließen uns ein weites Feld neuer Forschungsansätze und vermehren unser Wissen über einen wichtigen, aber dennoch bisher wenig beachteten Aspekt der altägyptischen Kultur.

Die Quellen

Der Historiker verwendet bei seiner Arbeit eine Vielzahl unterschiedlichster Quellen, die ihm, wenn er sie richtig interpretiert, Kenntnisse über die Vergangenheit vermitteln. Dabei wird die Zahl der Quellen in der Regel immer kleiner, je weiter man in die Vergangenheit vorstößt, so daß es immer schwieriger wird, zu sicheren Aussagen zu kommen. Dennoch muß jedes Relikt einer vergangenen Kultur genauestens untersucht werden, da es immer unser Wissen bereichern könnte. Entscheidend dabei ist jedoch eine kritische Analyse des Materials, um es möglichst aller Fehler und Fehleinschätzungen zu entkleiden. Jede Quelle stellt für sich nicht mehr, aber auch nicht weniger als eine kleine, zufällige und damit jedoch aussagekräftige Stichprobe aus der nicht erhaltenen Masse der Informationen dar. Aus diesen Stichproben kann auf bestimmte Strukturen der Vergangenheit hochgerechnet werden, mit aller Vorsicht.

Das Alte Ägypten bietet da eine erstaunliche Fülle von Möglichkeiten. Aufgrund der klimatischen Bedingungen sind viele Denkmäler und Inschriften erhalten geblieben. Entscheidend für uns ist dabei, daß die Ägypter seit Beginn ihrer Geschichte alles für sie Wichtige aufgeschrieben haben. Erst nach der geglückten Entzifferung der Hieroglyphen und der Wiederentdeckung der altägyptischen Sprache, ein Prozeß, der bis in die Gegenwart hinein noch nicht abgeschlossen ist, konnte an die Auswertung der Texte gegangen werden. Heute ist der moderne Ägyptologe in der Lage, fast alle Texte mehr oder weniger korrekt zu übersetzen oder zumindest ihren Inhalt zu verstehen. Erst eine profunde Kenntnis des Altägyptischen mit all seinen Veränderungen macht eine Erforschung der Geschichte und damit auch der Wirtschafts- und Sozialgeschichte möglich.

Am Anfang der Erforschung der Wirtschaft des Alten Ägypten steht, wie so oft, eine bedeutende archäologische Entdeckung in Theben-West. Ihre wissenschaftliche Bedeutung ist weit höher einzuschätzen als die der sensationellen und vielbeachteten Ausgrabung des Grabes des Tut-anch-amun mit seinen Schätzen.

In den zwanziger Jahren dieses Jahrhunderts begann ein Team französischer Archäologen in Theben-West, das Dorf der Nekropolenarbeiter in Deir el Medineh auszugraben und systematisch zu erforschen. Kurz nachdem Howard Carter seinen Tut-anch-amun gefunden hatte und längst nicht so spektakulär, eher im Stillen, begann die Ergrabung eines Dorfes mit etwa 80 Häusern, in denen die Nekropolenarbeiter während des Neuen Reichs lebten und arbeiteten.

Schon seit langem zerstört, konnten hier keinerlei sensationelle Schatzfunde erwartet werden. Schließlich grub man nur Häuserreste aus, wobei die

Dieses Kalksteinostrakon stammt aus Deir el Medineh und ist in hieratischer Schrift sorgfältig beschrieben. In mehreren Zeilen enthält der Text eine Wachhabendenliste aus dem Jahr 26 Ramses' III. Texte dieser Art bilden die Grundlage zur Erforschung der altägyptischen Wirtschaftsgeschichte.
Pelizaeus-Museum, Hildesheim.

Wände kaum mehr als einen Meter hoch erhalten waren. Auch das Auffinden einer großen Zahl von Gräbern der Handwerker, die herrlich ausgemalt, aber recht klein waren, wurde in der Öffentlichkeit kaum zur Kenntnis genommen, und das, obwohl das Grab des Vorarbeiters Cha nahezu unberührt mit seiner Grabausstattung entdeckt werden konnte. Andere Gräber bei Deir el Medineh enthielten ebenfalls noch Reste der Grabausstattung, aber natürlich keine Goldschätze. Dennoch zählen die Särge und Holzmöbel aus diesen Gräbern zu den eindrucksvollsten Beständen des Museums in Kairo und geben einen Eindruck von den Jenseitsvorstellungen des „einfachen Mannes", die weitgehend identisch waren mit denen der herrschenden Schicht.

Bei Sondierungsarbeiten außerhalb der Stadtmauer des alten Arbeiterdorfes stießen die Archäologen auf einen alten Brunnen, der seit der Pharaonenzeit bereits ausgetrocknet war. Und dieser Brunnen hatte es im wahrsten Sinne des Wortes in sich. Bis zum Rand war dieses tiefe, etwa 4 m im Durchmesser breite Loch ausgefüllt mit Tausenden und Abertausenden Tonscherben und Kalksteinsplittern. Diese Scherben und Steinsplitter waren ausnahmslos beschriftet, es war die Geburtsstunde der altägyptischen Wirtschafts- und Sozialgeschichte, obwohl die Ausgräber das vorerst nicht erkennen konnten.

Diese Ostraka, später fand man noch einige Dutzend Papyri, sind in Hieratisch geschrieben. Das Hieratische ist eine kursive, stark vereinfachte Schreibung der Hieroglyphen für den täglichen Gebrauch. Bis heute, mehr als ein halbes Jahrhundert nach ihrer Entdeckung, sind immer noch nicht alle Ostraka und Papyri veröffentlicht, geschweige denn übersetzt oder gar ausgewertet.

Kalksteinsplitter und auch zerbrochene Tongefäße dienten den ägyptischen Beamten seit altersher als eine Art Notizzettel. Entsprechend flüchtig und schlecht ist die Schrift. Viele besonders komplizierte Zeichen (wie Tiere, Vögel, Figuren) sind auf einfache Punkte und Striche reduziert und daher schwer zu entziffern. Besonders schwierig gestaltet sich das Lesen von Zahlen, da die Zahlzeichen sich teilweise nur ganz geringfügig voneinander unterscheiden. Durch die flüchtige Schreibweise sind gerade diese Unterschiede nur noch schwer zu erkennen. Man braucht dafür eine langjährige Erfahrung mit solchen Texten und nicht zuletzt ein sicheres Gespür dafür, was gemeint sein könnte. Einzige Erleichterung bildet der formelhafte Aufbau der meisten Texte. Nur sehr wenige Forscher sind in der Lage, diese Texte zu lesen und zu verstehen.

Inhaltlich können die Ostraka in mehrere große Gruppen untergliedert werden. Eine recht umfangreiche Gruppe bilden die sogenannten Schülerhandschriften. Das sind Schreibübungen von jungen Leuten, die zum Schreiber ausgebildet werden sollten. Zu Übungszwecken wurden meistens die gro-

ßen Literaturwerke abgeschrieben. Deutlich, in roter Farbe, sind die Korrekturen der Lehrer zu erkennen. Die Schrift der angehenden Schreiber ist meist recht ordentlich und nicht flüchtig. Die Texte sind jedoch noch fehlerhaft und grammatikalisch nicht immer korrekt, was das Verständnis erschwert.
Die Hauptgruppe bilden jedoch die Wirtschaftstexte. Alle wichtigen ökonomischen Transaktionen wurden schriftlich festgehalten, um in Streitfällen als Beweis herangezogen zu werden. Nach Abschluß des Vorgangs wurden die Texte auf Papyrus übertragen und in den Archiven der Verwaltungen aufbewahrt. Das Hieratische der Papyri unterscheidet sich von dem der Ostraka durch seine sehr sorgfältige Schreibung und ist relativ leicht zu lesen.
Zweimal sind durch glückliche Umstände der Papyrus und seine dazugehörigen Notizzettel, auf Stein geschrieben, erhalten geblieben. Es handelt sich um die Akten eines Prozesses gegen den Vorarbeiter Paneb, die uns später noch ausführlich beschäftigen werden, und um den Streikpapyrus aus der Zeit Ramses' III.
Die Wirtschaftstexte beinhalten hauptsächlich Verträge zum An- und Verkauf von Waren mit den ausgehandelten Zahlungsmodalitäten. Auch Kredit- und Pacht- bzw. Mietverträge sind erhalten. Eine große Zahl von Quittungen belegen die übliche Praxis von Ratenzahlungen. Lange Listen vermerken minutiös Lohnzahlungen des Staates an die Handwerker und die Ausgabe von Versorgungsgütern an die Dorfbewohner. Wieder andere Listen notieren Lieferungen von Materialien und Werkzeugen an die Arbeiter. Auch die Arbeitsleistungen des einzelnen wurden sorgfältig aufgeschrieben. Die Verwaltung führte genau Buch über die Abwesenheit von Arbeitern von ihrer Arbeit, wobei die Gründe mit angegeben wurden.
Eine große Untergruppe bilden die sogenannten Wachhabendenlisten. Darüber hinaus wurden auch reine Verwaltungsvorgänge wie Besuche hoher Beamter oder gar des Königs vermerkt, die in Abständen das Tal der Könige besuchten, um sich persönlich vom Fortgang der Arbeiten am Königsgrab zu überzeugen. Etwaige Anweisungen dieser Beamten wurden natürlich sofort niedergeschrieben.
Erhalten sind auch zahlreiche Briefe mit unterschiedlichstem Inhalt. Architekturzeichnungen, Grabgrundrisse und Vorzeichnungen des Dekorations- und Inschriftenprogramms in den Gräbern geben einen guten Einblick in die Entstehung der Grabanlagen von Theben-West.
Zahlreich sind die juristischen Texte. Kleine Streitereien der Dorfbewohner untereinander wurden ebenso aufgeschrieben wie die großen Prozesse um Kapitalverbrechen und Diebstahl. Bestes Beispiel dafür sind die Grabräuberprozeßakten Ende der 20. Dyn. und die Anklageschrift gegen Paneb.

Eine kleine Gruppe von Texten gibt einen Einblick in das religiöse Verhalten im Dorf. Feste sind erfaßt, über Prozessionen und Rituale zu Ehren der Götter wird berichtet, ganze Gebete und Hymnen an Götter und Pharaonen sind aufgezeichnet. Sie vermitteln einen Eindruck von der persönlichen Frömmigkeit der Dörfler. Auch Orakel, die in den Tempeln gegeben wurden, und Gottesurteile bei besonders komplizierten Rechtsfällen sind notiert worden, doch zählen diese Texte zu den interessanten und recht seltenen Ausnahmen.
Neben diesen Ostraka aus der 19. und 20. Dynastie existieren weitere Wirtschaftstexte. Es handelt sich dabei um wenige Papyri und einige Ostraka aus früheren Zeiten, die nicht in Deir el Medineh, sondern in anderen großen Verwaltungen (Katasteramt, Tempelverwaltung, Bauverwaltung, Palastverwaltung usw.) verfaßt wurden. Dadurch wird ein Vergleich möglich zwischen den Resultaten aus dem Deir-el-Medineh-Material und denen aus den Texten anderer Institutionen.
Bilden die Wirtschaftstexte naturgemäß unsere Hauptquelle zur Erforschung der ökonomischen Situation im Alten Ägypten, so darf auch das archäologische Material nicht vernachlässigt werden. Besonders Grabmalereien, Inschriften und Reliefs geben Auskunft über den Produktionsprozeß und die sozialen Merkmale der Gesellschaft. Thematisch relevant sind darüber hinaus die Grabfunde. Es war beispielsweise üblich, den Verstorbenen Dienerfiguren mit ins Jenseits zu geben, was als Festigung der Produktionsverhältnisse über den diesseitigen Bereich hinaus interpretiert werden darf. Aus dem Mittleren Reich sind sogar Modelle ganzer Werkstätten wie Webereien, Scheunen, Tischlereien, Bäckereien usw. in den Gräbern gefunden worden. Modelle von Gutshöfen, von Bauern, die auf dem Feld arbeiten, und von Fischern vervollständigen das Bild. All diese Quellen lassen den Produktionsprozeß plastisch werden, wir erfahren vieles, was die Texte niemals zum Ausdruck bringen können.
Alles in allem erlauben uns die Quellen, eine altägyptische Wirtschafts-, Sozial- und Rechtsgeschichte zu schreiben. Unsere Kenntnisse der innenpolitischen Situation, der Machtausübung, der Machtstrukturen und der ökonomischen Basis dieser Hochkultur werden vertieft, und vieles, was bisher unerklärbar war, verliert sein Geheimnis und gewinnt sichtbare Konturen.
Zum Abschluß einige Worte zur zeitlichen Begrenzung unseres Themas. Dadurch, daß die Ostraka und Papyri aus Deir el Medineh unsere Hauptinformationsquelle bilden, ergibt sich ganz zwangsläufig eine zeitliche Begrenzung des Themas auf die Ramessidenzeit, aus der fast alle Texte stammen. Dennoch soll an den wenigen Stellen, wo es belegbar ist, versucht werden, einen Blick auf die früheren Verhältnisse zu werfen.
Bewußt ausgeklammert werden die nachramessidischen Ereignisse, da hier so starke äußere Einflüsse eine Rolle spielten, daß die innerägyptische Situa-

tion, wie sie in den früheren Zeiten zu verfolgen ist, nicht mehr oder nur in ganz engen Grenzen zu erkennen ist. Spätestens mit der Eroberung Ägyptens durch Assyrer, Perser und später Makedonen hörte auch eine eigenständige Wirtschaft des Alten Ägypten auf. Daher will ich mich auf die pharaonische Zeit von der Frühzeit bis zum Neuen Reich beschränken.

Einführung in die altägyptische Wirtschaftsgeschichte

Es gibt eine ganze Reihe von Kriterien, nach denen die Zugehörigkeit des Einzelnen zu einer bestimmten Schicht oder Klasse innerhalb einer sozialen Gemeinschaft sozialwissenschaftlich plausibel, hinreichend genau und darüber hinaus allgemeinverständlich definiert werden kann. Alter, Abstammung, Geschlecht, Bildung oder bestimmte, für die ganze Gemeinschaft vorteilhafte Fähigkeiten können beispielsweise solche Kriterien darstellen. In sehr einfachen Gesellschaften mit noch geringem kulturellen Niveau sind das die wichtigsten Kriterien, Menschen bestimmten Gruppen innerhalb der Gesellschaft zuzuordnen.

In sehr viel komplexeren und höher entwickelten Gesellschaften, jetzt darf schon von Staaten gesprochen werden, kommen weitere Prinzipien hinzu. Zum Beispiel definiert die Stellung des Einzelnen innerhalb der Machthierarchie meistens auch seine soziale Position. Ein weiteres sehr bedeutendes Kriterium für die soziale Einordnung des Einzelnen bildet immer seine Stellung im Produktionsprozeß, da dadurch seine Möglichkeiten zur Nutzung von oder sogar zum Erwerb von Eigentum an den Produktionsmitteln beschrieben werden.

Eine Gruppe von Menschen mit vergleichbarer Stellung im Produktionsprozeß soll dann als Klasse bezeichnet werden, wenn sie auf ein gemeinsames Ziel hinarbeitet und ihre ökonomische Macht in politischen Einfluß umzuwandeln in der Lage ist. Andernfalls kann nur von einer sozialen Schicht gesprochen werden.

Diese Definition zeigt ganz deutlich, welche hohe Bedeutung in jeder Gesellschaft der Wirtschaft zukommt. Ohne Kenntnis des Wirtschaftssystems und der daraus abzuleitenden Handlungen Einzelner, aber auch ganzer Gruppen in der Gesellschaft ist man nicht in der Lage, den Aufbau einer Gesellschaft und das Verhalten ihrer Mitglieder zu begreifen. Dieser Problematik muß sich der Historiker stellen, wenn er vergangene Kulturen untersuchen und verstehen möchte.

Daher muß am Anfang einer Abhandlung über eine bestimmte Gruppe in einer Gesellschaft — in unserem Fall sind das die Arbeiter und Bauern des Alten Ägypten — eine Untersuchung der wirtschaftlichen Gegebenheiten stehen.

Doch gerade die Erforschung eines vergangenen Wirtschaftssystems stößt an schier unüberwindliche Grenzen. Leider ist die Quellenlage gewöhnlich ungenügend und unvollständig. Ohne das Material aus Deir el Medineh gäbe es aus dem pharaonischen Ägypten nur einige Dutzend Wirtschaftstexte aus mehreren Jahrtausenden, die kein klares Bild der ökonomischen Verhältnisse geben können.

Und wie sehen diese Texte aus? Meistens stammen sie nicht etwa aus den bedeutenden Wirtschaftsverwaltungen, den Ministerien usw., sondern aus Tempeln und Gräbern von Beamten. Das bedeutet, daß diese Texte vermutlich tendenziös, das heißt politisch oder religiös verfärbt sind. Ob sie die realen Verhältnisse widerspiegeln, bleibt fraglich und erscheint sogar recht unwahrscheinlich. Daher muß man versuchen, diese Inschriften einer eingehenden Textkritik zu unterwerfen, um auf diese Art eine sichere und zutreffende Information, entkleidet von allem tendenziösen Beiwerk, zu erhalten. Daß das nicht immer zufriedenstellend gelingen kann, liegt auf der Hand. Vielleicht ist das auch der Grund, warum die ägyptologische Forschung bisher auf eine eingehende Analyse der altägyptischen Wirtschaft fast völlig verzichtet hat.

Ein weiteres Verfahren ist vielleicht noch problematischer und recht kompliziert. Der Wirtschaftshistoriker kann in der Gegenwart bzw. in der nahen Vergangenheit das Funktionieren verschiedener Wirtschaftssysteme beobachten. Dabei werden schon bald bestimmte Verhaltensmuster erkennbar, ohne die das beobachtete System nicht funktionieren könnte. Diese wenigen, aber wesentlichen Charakteristika eines Wirtschaftssystems erhalten für den Historiker eine große Bedeutung.

Wenn man eine vergangene Wirtschaft beschreiben und erklären möchte, von der man eigentlich nur weiß, daß sie über einen bestimmten Zeitraum hinweg funktioniert hat, so ist die Frage nach dem Wie von zentraler Bedeutung. Daher überprüft man die vorher (an modernen Wirtschaftssystemen) herausgearbeiteten typischen Merkmale eines Wirtschaftssystems. Zu solchen Merkmalen können Preis- und Lohnbildungen gehören oder auch der Grad der wirtschaftlichen Freiheiten des Einzelnen. Auch das Konsum- oder Sparverhalten, Angebots- und Nachfrageveränderungen und vieles mehr charakterisieren ein Wirtschaftssystem, wobei es unerheblich ist, ob diese Wirtschaft gegenwärtig oder längst vergangen ist.

Grundsätzlich lassen sich nach den Erkenntnissen der modernen Wirtschaftswissenschaften alle Wirtschaften mit zwei gegensätzlichen Grundsystemen erklären. Entweder funktioniert die beobachtete Wirtschaft nach dem Prinzip der freien Marktwirtschaft oder nach dem einer Zentralverwaltungswirtschaft. Beides sind natürlich Idealfälle, die in ihrer reinen Form nicht in der Realität auftauchen können. Doch soll es genügen festzustellen, welche Kriterien überwiegen, um eine Zuordnung der beobachteten Wirtschaft zu einem der beiden Systeme vornehmen zu können. Dieses Verfahren hat den Vorteil, daß nach gelungener Zuordnung bekannt ist, wie das System funktioniert, so daß der Forscher auch ohne Belege aus der realen Wirtschaft Erkenntnisse gewinnen kann. Ja, es ergibt sich sogar die

Möglichkeit, aufgrund einer Kenntnis der für das Funktionieren zwingend notwendigen Elemente noch fehlende Belege der untersuchten Wirtschaft logisch zu erschließen, was gerade für die Erforschung sehr alter Gesellschaften wichtig ist. Wenn ich also weiß, daß für das Funktionieren eines bestimmten Wirtschaftssystems beispielsweise 10 Kriterien unabdingbar sind, und ich aus dem Material 5 oder 6 davon herausarbeiten kann, so müssen logischerweise die restlichen Kriterien ebenfalls vorhanden gewesen sein, auch wenn meine Texte sich darüber ausschweigen. Denn das Wirtschaftssystem hat ja gut funktioniert.

Das klingt vielleicht etwas verwirrend. Daher sollen einige Beispiele das Gesagte erhellen. Eines der wichtigsten Erkennungsmerkmale für jedes Wirtschaftssystem ist die Preisbildung. Verändern sich die Preise nach dem Gesetz von Angebot und Nachfrage, so liegt eine Marktwirtschaft vor wie z. B. in unserer Gegenwart. Bleiben dagegen die Warenpreise über einen längeren Zeitraum hinweg konstant, so kennzeichnet das in aller Regel eine Zentralverwaltungswirtschaft. Die Preise sind staatlich festgesetzt.

Ein zweites Beispiel: In einer freien Marktwirtschaft gibt es ein freies Unternehmertum. Außerdem stehen die Produktionsmittel überwiegend im Privateigentum, während in der Zentralverwaltungswirtschaft kein freies Wirtschaften erlaubt ist und sich die Produktionsmittel im Staatseigentum befinden.

In der Theorie ist die Unterscheidung der beiden gegensätzlichen Wirtschaftssysteme also recht einfach. Doch leider sieht die Praxis ganz anders aus, denn keine der beiden Wirtschaftsformen existiert in ihrer vollkommenen Art. Es ist auch ganz unwahrscheinlich, daß es z. B. das Zentralverwaltungswirtschaftssystem in reiner Ausprägung jemals gegeben hat. In Wirklichkeit stellt jedes bekannte Wirtschaftssystem eine Mischform mehrerer Systeme dar, so daß nur die Frage nach den überwiegenden (!) Charakteristika des einen oder anderen Systems gestellt werden kann.

Natürlich birgt solch ein Vorgehen erheblich die Gefahr von Fehlschlüssen in sich, denn viele Zweifelsfälle lassen nicht immer eine sichere Entscheidung zu. Bei der Betrachtung von vergangenen Wirtschaften kommt besonders erschwerend die Unvollständigkeit des erhaltenen Materials hinzu. Dennoch kann recht sicher eine bestimmte Tendenz erkannt werden, was im folgenden für das altägyptische Wirtschaftssystem herausgearbeitet werden soll.

Dabei gehe ich von den Verhältnissen des Alten Reichs aus, da in dieser Epoche die Grundlagen für die Wirtschaft gelegt wurden. Dieses einmal erarbeitete System ist dann, wie Vergleiche zeigen, über die ganze Zeit der pharaonischen Geschichte beibehalten und nur geringfügig verändert worden. Erst mit der Eroberung Ägyptens durch Assyrer, Perser und Griechen traten eindeutige Veränderungen auf, die uns hier jedoch nicht interessieren sollen. Wir beschränken uns in unserer Betrachtung auf das pharaonische Ägypten bis zum Ende des Neuen Reichs.

Betrachten wir zunächst die Entwicklung des Privateigentums an den Produktionsmitteln im Alten Ägypten, da gerade die Verfügungsgewalt über diese Faktoren ein sehr entscheidendes Kriterium für jedes Wirtschaftssystem ist.

Drei Faktoren sind für die Produktion von Gütern notwendig. Der Einsatz von menschlicher Arbeitskraft, von natürlichen Hilfsquellen und von Werkzeugen und Geräten muß sinnvoll kombiniert werden, damit die Herstellung von Produkten überhaupt möglich ist.

Man überlege einmal, welchen gewaltigen Problemen z.B. beim Pyramidenbau die altägyptischen Baumeister gegenüberstanden. Tausende von Arbeitern mußten oft über Jahre hinweg versorgt werden. Arbeitsgeräte und Material mußten zur richtigen Zeit in ausreichender Menge am richtigen Platz zur Verfügung stehen, um einen reibungslosen Fortgang der Arbeit zu gewährleisten. Daß die Ägypter diese Probleme meisterhaft gelöst haben, zeigen noch heute die gewaltigen Bauten aus pharaonischer Zeit. Die Frage nach der komplizierten Organisation soll hier nicht aufgeworfen werden. Vielmehr interessiert in unserem Zusammenhang, wer eigentlich die Verfügungsmacht über Arbeit, Boden und Kapital besaß. War es ausschließlich der König oder aber Beamte und Priester, oder waren es gar Privatpersonen?

Der wichtigste Zeitpunkt in der Entwicklung jeder antiken Wirtschaft war der Übergang von einer reinen Verbrauchswirtschaft zur intensiven Vorratshaltung. In den verbrauchsorientierten Urgesellschaften produzierten die Menschen immer nur so viel, wie sie verbrauchen konnten. Jede Gruppe stellte dabei grundsätzlich alles, was sie zum Überleben benötigte, selbst her; ein Warenaustausch fand nicht oder nur in ganz geringem Maße statt. Es gab noch keine echte, ökonomisch bedingte Arbeitsteilung mit Ausnahme einer geschlechtsspezifischen Aufgabentrennung. Arbeit wurde nicht entlohnt und war daher noch kein Mittel der individuellen Bereicherung. Alle natürlichen Quellen (Boden, Gewässer, Tiere usw.) befanden sich im gemeinschaftlichen Besitz aller Gruppenmitglieder, und eine Kapitalbildung im Sinne von Vermögensanhäufung fand nicht statt. Alle Güter, die hergestellt wurden, durften von allen Mitgliedern der Gruppe gleichermaßen genutzt werden und waren in der Regel zum sofortigen Gebrauch bestimmt.

Irgendwann in ihrer Entwicklungsgeschichte, der Zeitpunkt ist ja niemals exakt zu bestimmen, wurden die Menschen veranlaßt, mehr zu produzieren als sie eigentlich benötigten. Über die Gründe, die dazu geführt haben können, ist viel spekuliert worden. Da die Quellen leider darüber fast völlig schweigen, soll an dieser Stelle keine weitere Spekulation hinzugefügt werden. Entscheidend ist die Tatsache, daß Vorräte gebildet wurden. Das hatte einen ganz entscheidenden Vorteil, denn auf diese Art wurde die ganze Gruppe unabhängiger von den Unbillen der Natur. Natürlich mußten diese Vorräte gelagert werden, was den Bau von Speichern erforderte. Da diese Speicher naturgemäß stationär waren, mußte die Gruppe oder wenigstens Teile von ihr seßhaft werden. Nur eine seßhafte Gruppe war in der Lage, ihre Vorräte vor den Nachbarn zu schützen. Also mußten Waffen hergestellt werden, und die Geschichte kriegerischer Auseinandersetzungen nahm ihren Anfang. In Ägypten sind solche Speicher bereits seit der vordynastischen Zeit archäologisch nachweisbar.

Solch eine Vorratswirtschaft setzt eine ganze Reihe von erfolgreich abgeschlossenen Prozessen voraus und zieht gleichzeitig eine Anzahl von notwendigen Maßnahmen nach sich, die aus den Quellen ablesbar sind.

Um überhaupt Vorräte, in erster Linie handelte es sich um Nahrungsmittel, die gut haltbar waren, anlegen zu können, mußten die Bauern einen Nahrungsmittelüberschuß erzielen. Aus diesen Vorräten konnten Gruppenmitglieder versorgt werden, die nicht mehr in der Landwirtschaft tätig, sondern durch Spezialkenntnisse in der Lage waren, die Gruppe mit anderen Gütern zu versorgen. Es entstand eine Schicht von Handwerkern, die mit ihrer Arbeit den Lebensstandard der ganzen Gruppe erhöhten. Der Ackerbau wurde dadurch intensiviert, die natürlichen Gegebenheiten konnten von den Menschen besser genutzt werden, was wiederum die Überschüsse erhöhte, wodurch noch mehr Menschen aus der eigentlichen Nahrungsmittelproduktion ausgegliedert werden konnten usw.

Die Vorräte mußten eingezogen, gesammelt und in vorbereiteten Lagern untergebracht werden. Bei Bedarf erfolgte dann später die Ausgabe an die Bedürftigen. Das alles setzte ein immer stärker werdendes Maß an Organisation voraus. Es bildete sich notwendigerweise eine neue Schicht von Organisatoren und Verwaltern heraus, die von den anderen, die im eigentlichen Produktionsprozeß standen, mitgetragen werden mußten. Da das jedoch zu Anfang für alle von Vorteil war, dürfte dieser Prozeß durchaus freiwillig abgelaufen sein. Auf diese Art entstanden erste Machtstrukturen, die jedoch nunmehr nicht auf rein physischer Gewalt, sondern vielmehr auf dem Zugriff zum erwirtschafteten Überschuß beruhten. Das heißt, die Macht basierte auf ökonomischer Überlegenheit.

Wie oben gesagt, führte die Spezialisierung der Berufe zu einer immer intensiveren Ausnutzung der gegebenen Möglichkeiten und somit zu immer größeren Überschüssen. Zuletzt wurde mehr erwirtschaftet und gelagert als verbraucht werden konnte. Es kam zur Schatzbildung und zu einem steigenden Luxuskonsum derjenigen, die Macht ausübten. Es entstanden die ersten sozialen Unterschiede, die Gleichheit aller Mitglieder einer Gruppe wurde aufgehoben.

Die über Macht verfügende Gruppe ging mehr und mehr dazu über, den Arbeitseinsatz aller anderen zu planen und anzuordnen, was letztlich zu einer immer stärkeren wirtschaftlichen und auch politischen Abhängigkeit vieler von wenigen führte.
Die Verwaltung machte es erforderlich, daß die Kommunikation verbessert wurde. Es wurde eine Schrift entwickelt. Sicher kein Zufall ist es, daß die ältesten Texte aus Ägypten Steuervermerke enthalten. Damit entstand gleichzeitig ein gewaltiger Unterschied in der Bildung. Den wenigen, die le-

Modell eines Kornspeichers aus dem Mittleren Reich. Das Modell zeigt den Arbeitsablauf in einem Magazin. Die Träger bringen das Getreide in den Speicher, die genormten Säcke faßten ca. 76 Liter. Solche Modelle lassen sichere Rückschlüsse auf soziale Kooperation und Arbeitsteilung zu. Pelizaeus-Museum, Hildesheim.

sen und schreiben konnten, standen die vielen Analphabeten gegenüber. Wir können nur darüber spekulieren, welche Umstände diese Vorgänge ausgelöst haben, die schließlich in Ägypten zu einer Zentralisierung der Macht in der Hand eines Königs führten. Doch können all diese Vorgänge und Prozesse in der Thinitenzeit beobachtet werden. In den ersten beiden Dynastien bildeten sich gerade die Herrschaftsstrukturen und das Wirtschaftssystem heraus, die über Jahrtausende hinweg Bestand haben sollten. Auch die wichtigen sozialen Merkmale in Verhalten, Kleidung, Schmuck usw., die die unterschiedliche soziale Stellung zum Ausdruck brachten, bildeten sich schon in dieser frühen Zeit heraus und wurden im Laufe der Geschichte nur geringfügig verändert (z. B. Herrschaftsinsignien des Königs).
Diese Wirtschaftsentwicklung führte schon bald zur Bildung von Zentren, in denen die Speicher verwaltet wurden, in denen die Spezialisten und Verwalter arbeiteten und wo sich letztlich auch die Religion etablierte. Diese Zentren, die Städte und Dörfer, wurden in ganz großem Stil seit der 3. Dynastie gegründet. Pharao Snofru hat am Anfang der 4. Dynastie in einem einzigen Jahr 35 Dörfer neu eingerichtet. Diese Neugründungen übergab der König an verdiente Beamte, die für die Verwaltung und das Eintreiben der Abgaben verantwortlich waren.
Zuerst waren diese Beamten Mitglieder der Königsfamilie. Die Prinzen amtierten im Namen ihres Vaters, der grundsätzlich Eigentümer des ganzen Landes und aller Menschen war und blieb. Doch nur kurze Zeit später begann sich das Bild entscheidend zu wandeln. Mehr und mehr drängten speziell für die Verwaltung ausgebildete Personen in den Vordergrund, während die Macht der Prinzen zurückging. Diese Beamten neuen Stils erhielten während der 4. und 5. Dynastie den Titel eines „leiblichen Königssohnes", obwohl sie mit Sicherheit nicht der herrschenden Familie angehörten. Später wurde sogar dieser Titel weggelassen und die Prinzen spielten seit dem Ende des Alten Reichs keine große Rolle mehr im Staat.
Die neue Schicht von Funktionären erhielt die Möglichkeit, Landbesitz zu erwerben. Manchmal belohnte der König durch großzügige Schenkungen seine Beamten, und darüber hinaus war es ihnen gestattet, Land direkt von den Bauern zu kaufen. So berichtet der Beamte Meten, der gegen Ende der Regierungszeit Snofrus lebte, in seinem Grab stolz:
„Für ihn (Meten) wurden 12 Meten-Dörfer gegründet, damit sie ihm ein ‚Opfer der Halle' darbringen (wohl ein Totenopfer), denn er kaufte 200 Aruren Ackerland von vielen Königsbauern."
Diese kurze Inschrift ist aus mehreren Gründen höchst interessant. Einmal läßt sie erkennen, daß in der 4. Dynastie Privatleute Landbesitz käuflich erwerben konnten, also Privateigentum am wichtigsten Produktionsmittel, dem Boden, aufbauen durften. Zum anderen muß Meten ein Einkommen gehabt haben, das ihn überhaupt erst in die Lage versetzte, Land zu kaufen,

d. h. Arbeit wurde in dieser Entwicklungsphase bereits entlohnt. Drittens gehörte er nicht zur Königsfamilie. Damit ist sicher, daß jetzt die Beamten nicht mehr aus diesem Bereich rekrutiert wurden, sondern es waren speziell ausgebildete Funktionäre im Staatsdienst. Es hatte sich somit eine neue Klasse gebildet, die nur noch dem König selbst verantwortlich war.

Wichtig ist ferner der Hinweis im Text, daß nicht Meten selbst als Landeigentümer die Dörfer gründen durfte. Vielmehr wurde das für ihn getan, wahrscheinlich direkt durch den Pharao. Das bedeutet eine klare Einschränkung des Privateigentums, was auch später immer wieder festzustellen ist. Dieser Vorbehalt seitens des Herrschers war sicher in der Notwendigkeit begründet, im Ernstfall Sanktionsmöglichkeiten gegen unbotmäßige Beamte zu behalten.

Diese Eigenanlagen, die Dörfer und Domänen, wurden von den Beamten in ihren Gräbern aufgelistet. Der Grund dafür ist sicher nicht nur im reinen Besitzerstolz zu suchen, sondern vielmehr spielte die Notwendigkeit eine ganz entscheidende Rolle, die eigene Versorgung im Jenseits sicherzustellen, zu der die einzelnen Güter und Domänen durch ihre Ablieferungen beizutragen hatten. Die Domänenlisten schrieben somit die Verpflichtung der einzelnen Dörfer fest, den verstorbenen Landeigentümer bis in alle Ewigkeit zu versorgen.

Alle in diesen Listen aufgeführten Dörfer tragen Eigennamen. Diese Namen lassen drei verschiedene Arten von Gütern erkennen. Ortsnamen können mit dem Namen des Eigentümers gebildet werden, z. B. „Meten ist groß" u. ä., oder aber mit dem Namen des regierenden Pharaos. Darüber hinaus gibt es die einfachen Ortsnamen, die sicher die ältesten waren und die bis zum Beginn der 4. Dynastie hauptsächlich in den Listen auftauchten. Allmählich ist danach ein Ansteigen der Privatgründungen festzustellen, und erst als letztes treten seit der späten Zeit des Snofru die Königsgründungen hinzu.

Aufschlußreich ist eine eingehende Betrachtung der Verteilung der Güternamen in den Listen. Die Prinzen aus der Zeit Snofrus, deren Gräber in Medum entdeckt wurden, nennen fast ausschließlich einfache Ortsnamen. Nur einmal tauchen eine Königsgründung und einige Privatgründungen auf. Ganz anders stellt sich die Situation in der Zeit des Cheops dar. Jetzt fallen 76,5 % der Dörfer des Eigenbesitzes der Prinzen auf die Königsgründungen, nur 9 % sind noch alte Ortsnamen, und Privatgründungen werden praktisch nicht mehr genannt in den Prinzengräbern. Später, in der 5. Dynastie, sind alle drei Typen etwa gleich stark vertreten. Ganz ähnliche Zahlen lassen sich auch aus den Gräbern der Staatsbeamten ermitteln mit dem gravierenden Unterschied, daß die Nennung von Königsgründungen die Ausnahme bleibt; dafür werden hauptsächlich die Eigengründungen angeführt.

Damit kann die Entwicklung des Privateigentums am Produktionsmittel Boden wie folgt skizziert werden. Ganz Ägypten befand sich in der frühen Zeit im Eigentum des Herrschers, auf dessen Befehl das Land im Rahmen einer „inneren Kolonisation" nach und nach erschlossen wurde. Die dabei eingerichteten Dörfer und Städte erhielten einfache Ortsnamen. Spätestens seit Ende der 3. Dynastie konnten die Beamten Land erwerben, und der König richtete für diese neuen Grundbesitzer Dörfer ein, deren Namen mit dem des Eigentümers gebildet wurden.
Nachdem die „innere Kolonisation" an ihr natürliches Ende gekommen war, etwa zu Beginn der 4. Dynastie, und das gesamte Land erschlossen und verteilt war, begannen die Könige und auch Privatleute damit, auf bereits erschlossenem Land immer neue Dörfer zu gründen und das Land zu parzellieren. Die zu einem Dorf gehörenden Felder wurden auf diese Art verkleinert und reichten spätestens in der 5. Dynastie kaum noch zur Ernährung der Menschen aus. Hunger und Armut waren an der Tagesordnung. Die Beamten, deren Einkommen aus ihrer Verwaltungstätigkeit ja unabhängig von ihrem Privatbesitz war, mußten mehr und mehr die Armen unterstützen. Seit dieser Zeit tauchen Floskeln in den Grabinschriften auf, die berichten, der Grabbesitzer habe „Bier dem Durstigen", „Brot dem Hungernden", „Kleidung dem Nackten" usw. gegeben. Diese Maßnahmen halfen den Bedürftigen zu überleben, verhinderten jedoch nicht die Armut der Massen, die mittlerweile in die totale wirtschaftliche Abhängigkeit zu den Grundbesitzern geraten waren.
Doch auch die Parzellierung des Landes gelangte schließlich in der 5. Dynastie an ihre Grenzen, so daß die Könige gezwungen waren, Beamte mit Besitz aus den königlichen Eigenanlagen auszustatten. Auf diese Art gelangten königliche Güter in Privatbesitz und wurden in den Gräbern stolz aufgelistet. Naturgemäß verringerte diese Art der Entlohnung die wirtschaftliche Macht des Königtums. Daher verfielen die Pharaonen der 5. Dynastie auf den nicht ungefährlichen Ausweg, nun verstärkt die Tempel mit Land zu beschenken. Das so erkaufte Wohlwollen der Priesterschaft sollte für lange Jahre zu einer der Hauptstützen des Königtums werden.
Die Privatisierung des Produktionsmittels Boden ging Hand in Hand mit der des Produktionsmittels Arbeit, denn zum Ackerland gehörten immer die Bauern, über die der Landbesitzer Verfügungsgewalt besaß. Die Bauern dürften den Status von Hörigen gehabt haben. Sie genossen zwar im Privatleben einige Freiheiten, doch konnten sie jederzeit umgesiedelt oder zu Fronarbeiten herangezogen werden. Ihre Arbeitskraft war somit im Besitz von Privatleuten.
Doch dieser Privatisierung waren Grenzen gesetzt. Zwar durften die Landbesitzer ihr Land verkaufen und vererben, doch behielten sich die Könige ganz entscheidende Einschränkungen vor.

Zum einen waren hohe Abgaben und Steuern an die Zentralgewalt abzuliefern. Darüber hinaus drohte beispielsweise König Neferirkare in einem Dekret seinen Beamten an, daß sie bei Fehlverhalten oder Illoyalität *„ihr Haus, ihre Felder, ihre Hörigen und alle Dinge, die in ihrem Besitz sind"* verlieren. Das bedeutet nichts geringeres, als daß der König es sich vorbehielt, jeden Privateigentümer an Produktionsmitteln zu enteignen und somit aus der herrschenden Klasse der Produktionsmittelbesitzer wieder auszustoßen. Auch das Einsetzen in Ämter, welche gewöhnlich mit dem Nutznieß der zum Amt gehörigen Ländereien verbunden waren, lag ausschließlich in der Macht des Königs.
Im Alten Reich gab es somit nur ein eingeschränktes Privateigentum. Damit ist eines der wichtigsten Kriterien für eine freie Marktwirtschaft nicht ausreichend nachzuweisen. Demzufolge ist das altägyptische Wirtschaftssystem als ein zentral gesteuertes System zu verstehen, das jedoch gewisse individuelle Freiheiten erlaubte. Dieses eingeschränkte Privateigentum ist auch für die folgenden Epochen der ägyptischen Geschichte charakteristisch und sogar noch mit gewissen Lockerungen in der Ramessidenzeit zu beobachten.
Parallel zum Ansteigen der wirtschaftlichen Macht der Beamten läuft eine Veränderung im Konsumverhalten dieser Schicht. Jetzt, seit der 5. Dynastie, waren die Beamten in der Lage, aus den Einkünften ihrer Ländereien Handwerker zu entlohnen und für sich Dinge herstellen zu lassen. Diese Privataufträge mußten ebenso entlohnt werden wie öffentliche, es sei denn, man verpflichtete die Handwerker zur Zwangsarbeit. Das durften jedoch die Beamten niemals, da das ausschließliches Privileg des Pharao war. Die Lohnhöhe für geleistete Arbeit war jedoch staatlich festgelegt, was besonders im Neuen Reich eindeutig zu belegen, und auch für die früheren Epochen als sicher anzunehmen ist. Als Entgelt fungierten seit dem Alten Reich Brot, Bier, Kleidung, Salben und Öle, aber auch Getreide und Kupfer, das später zum hauptsächlichen Zahlungsmittel wurde.
Die Festsetzung der Lohnhöhe stellte einen starken Eingriff in das freie Wirtschaften der Handwerker und ihrer Auftraggeber dar. Doch wurden so die politisch unterlegenen Arbeiter gut vor Beamtenwillkür geschützt. Außerdem wurde ihnen ein Mindesteinkommen garantiert, was zu ihrer wirtschaftlichen Sicherheit beitrug. Gerade das ist typisch für eine Zentralverwaltungswirtschaft (vgl. dazu unten im Kapitel „Arbeiterlöhne und Sollerfüllung").
Besondere Bedeutung kommt in jedem Wirtschaftssystem der Entwicklung der Warenpreise zu. Für die Zeit der 19. und 20. Dynastie kann eine relative Konstanz der Preise festgestellt werden (vgl. dazu das Kapitel „Warenpreise und Grabbau"). Leider liegen aus der Zeit vor den Ramessiden nur ganz vereinzelt Preisangaben vor, so daß sichere Aussagen kaum zu machen sind.

In der Tendenz ist jedoch sicher, daß diese Preise identisch mit denen der späteren Zeit sind. Das bedeutet, daß sich über Jahrtausende hinweg die Bewertung von bestimmten Gütern nicht oder nur geringfügig verändert hat. Eine solche Konstanz der Warenpreise ist in einer freien Marktwirtschaft völlig undenkbar, ja nicht einmal im Trend ist solche Unveränderlichkeit der Preise zu erwarten. Damit erscheint sicher, daß im Alten Ägypten die Preise staatlich fixiert waren. Nur ein einziger Text aus dem Mittleren Reich deutet das an, wenn gesagt wird, daß ein Bauer in die nächste Stadt zur Behörde zieht, um seine Waren bewerten zu lassen.
Zu allen Zeiten war die persönliche Freiheit stark beschnitten. Zwangsarbeit, Frondienste, Umsiedlungen von ganzen Dörfern usw. waren an der Tagesordnung. Die freie Wahl eines Berufes konnte auf Befehl des Königs oder eines hohen Beamten jederzeit unterbunden werden. Nicht einmal die freie Wahl des Wohnortes war den Menschen zugestanden. Immer stand das Interesse des Landbesitzers oder des Staates im Vordergrund. In solch einer stark reglementierten innenpolitischen Situation ist ein freies Wirtschaften völlig undenkbar. Staatliche Eingriffe verhinderten weitgehend unerwünschtes Anhäufen von zuviel wirtschaftlicher Macht in der Hand eines einzelnen.
Dennoch lassen zumindest die Texte aus Deir el Medineh in einigen Teilbereichen gewisse ökonomische Freiheiten erkennen. So konnte jedermann frei entscheiden, wann er welche Güter von wem erwirbt. Es gab also eine eingeschränkte Konsumentensouveränität. Ebenfalls lassen sich bescheidene Ansätze eines freien Unternehmertums erkennen. Beispielsweise war es den (Staats-)Handwerkern durchaus gestattet, in ihrer Freizeit Waren zu produzieren und diese auf lokalen Märkten zu verkaufen. Hirten durften Rinder oder Esel vermieten und sogar verkaufen, obwohl die Herden im Staats- oder Tempelbesitz waren. Diese Einnahmen stellten eine Art Prämie oder Zusatzentlohnung für eine erfolgreiche Aufzucht von Tieren dar. Ebenfalls wurden private Dienstleistungen (Barbiere, Gaststätten usw.) angeboten und entsprechend entlohnt.
Dennoch waren all diesen unternehmerischen Aktivitäten so enge Grenzen gesetzt — besonders durch die Preis- und Lohnfestsetzungen —, daß man ganz bestimmt nicht von einer privaten Marktwirtschaft sprechen darf.
Fast alle Bereiche der Wirtschaft waren staatlich gelenkt und kontrolliert. Die Staatsverwaltung bestimmte die Verteilung der Güter an die Menschen. Bestimmte Bereiche, wie der gesamte Außenhandel oder die Gewinnung von Rohstoffen, waren immer im Monopol des Königs und bildeten sogar weitgehend seine ökonomische Machtbasis. Nur in geringem Maß war eine individuelle Korrektur der staatlichen Güterverteilung durch einen reglementierten Markthandel möglich. Doch auch dieser geringe Handel erlaubte es den Menschen, individuelle Bedürfnisse zu entwickeln und zu befriedigen, ohne daß der Staat etwas dagegen unternahm.

Dieses hier skizzierte Wirtschaftssystem ist vom Alten Reich bis hin in die Spätzeit zu verfolgen, nur geringfügige Veränderungen und Anpassungen an neue Gegebenheiten sind in einzelnen Epochen zu erkennen. Es war die Basis für die gewaltigen Leistungen, zu denen die altägyptische Kultur in der Lage war. Daß das zu Lasten des größten Teils der Menschen ging, sei dabei nur am Rande angemerkt.
Nach diesem kurzen Überblick über die wirtschaftsgeschichtliche Problematik wollen wir uns nun der Entwicklung der Arbeitersiedlung von Deir el Medineh zuwenden und damit in die Präsentation der Fakten eintreten. Am Beispiel der Nekropolenarbeiter des Neuen Reichs soll versucht werden, die oben skizzierte Entwicklung zu beweisen.

Die Entwicklung der Arbeitersiedlung von Deir el Medineh

Das Dorf der Nekropolenarbeiter befindet sich in einem sanften Tal inmitten des hoch aufragenden Bergmassivs des thebanischen Westgebirges. Neben einem direkten Weg vom Nilufer zur Ortschaft konnte eine Vielzahl von Pfaden festgestellt werden, die vor Jahrtausenden schon benutzt wurden, wie zahlreiche Felsinschriften und Kritzeleien beweisen. Um zu ihren Arbeitsstätten zu gelangen, dem Tal der Könige oder den Gräberbergen in Theben-West, mußten die Arbeiter eine ca. 80 m hohe Felswand überqueren. Die Zeichnungen an den Pfaden zeigen Darstellungen von Königen und Göttern, aber auch von den Arbeitern selbst und sogar von Tieren und Pflanzen. Kurze Inschriften nennen den Namen desjenigen, der ‚hier gewesen' war, aber auch besondere Ereignisse, die gerade eingetreten waren, wie Besuche von hohen Beamten oder sogar des Königs. Da einige dieser Graffiti eine Datierung tragen, sind sie neben den Ostraka und Papyri eine schier unerschöpfliche — und noch lange nicht vollständig ausgeschöpfte — Quelle über die Lebensumstände der Nekropolenarbeiter während des Neuen Reichs.

Der steile Weg zur Arbeitsstätte war beschwerlich und nahm einige Stunden in Anspruch, wie man sich heute leicht vor Ort überzeugen kann. Daher ging man schon bald dazu über, im Tal der Könige kleine Hütten aus Nilschlammziegeln zu erbauen, in denen die Handwerker übernachten konnten, so daß sie nur noch an ihren freien Tagen in das Dorf zurückkehrten. Dennoch war die Siedlung nicht entvölkert, denn zurückgeblieben waren ja die Frauen und Kinder der Männer, die ‚auf Montage' waren, und Alte und Kranke, die nicht arbeitsfähig waren.

Das ganze Areal ist heute wie damals vollständig ohne Pflanzenbewuchs, und weit und breit gab es keine Wasserstelle. Daher war man gezwungen, vor dem Eingang des Dorfes einen Brunnen von beachtlicher Tiefe anzulegen, aus dem das lebensnotwendige Wasser für Mensch und Tier geschöpft wurde. Doch war die Kapazität schon bald nicht mehr ausreichend, um die immer größer werdende Zahl von Menschen zu versorgen, so daß Wasser vom Nil ins thebanische Gebirge gebracht werden mußte. Ein wohlorganisiertes Wassertransportsystem durch hauptamtlich angestellte Wasserträger mit ihren Eseln war über Jahrhunderte hinweg in der Lage, den Bedarf des ganzen Dorfes zu decken. Niemals hören wir aus den Texten Klagen über eine unzureichende Wasserversorgung, ganz im Gegensatz zur Versorgung mit anderen Lebensmitteln und Werkzeugen, die häufig Grund zur Klage gab.

Blick auf die Arbeitersiedlung von Deir el Medineh von Westen. Man erkennt deutlich die Umfassungsmauer und die noch bis zu 1 m anstehenden Hausmauern. Im Vordergrund Eingänge zu den Gräbern der Nekropolenarbeiter.

Systematisch angelegte Arbeitersiedlungen, wie wir sie in Deir el Medineh und besonders auch in Amarna vor uns haben, stehen in der Entwicklung des Alten Ägypten natürlich nicht ohne Vorbilder da. Bereits in der 4. Dynastie lebten die Arbeiter, welche die Pyramiden von Giza erbauten, in kasernenähnlich angelegten Dörfern, die im Grundriß einem römischen Kastell oder einer hellenistischen Polis ähnelten. Ähnliche Ortschaften sind auch aus der Zeit des Mittleren Reichs bekannt, wie die Arbeitersiedlung von Illahun am Rande des Fayum. Dabei ist gerade Illahun das älteste Beispiel für die planmäßige Architektur solcher Siedlungen. Schon hier finden

Die Arbeitersiedlung von Deir el Medineh

a Eingang
b Hauptstraße
c Umfassungsmauer der frühen 18. Dynastie
d Ziegel mit Namen Thutmosis' I.
e Erweiterungsanlagen
f Nebenstraßen
g parallel zur Hauptstraße angelegte Straße
h Ramessidische Erweiterung
i Haus des Vorarbeiters Qaha
k sekundäre Anbauten, wahrschienlich ramessidisch

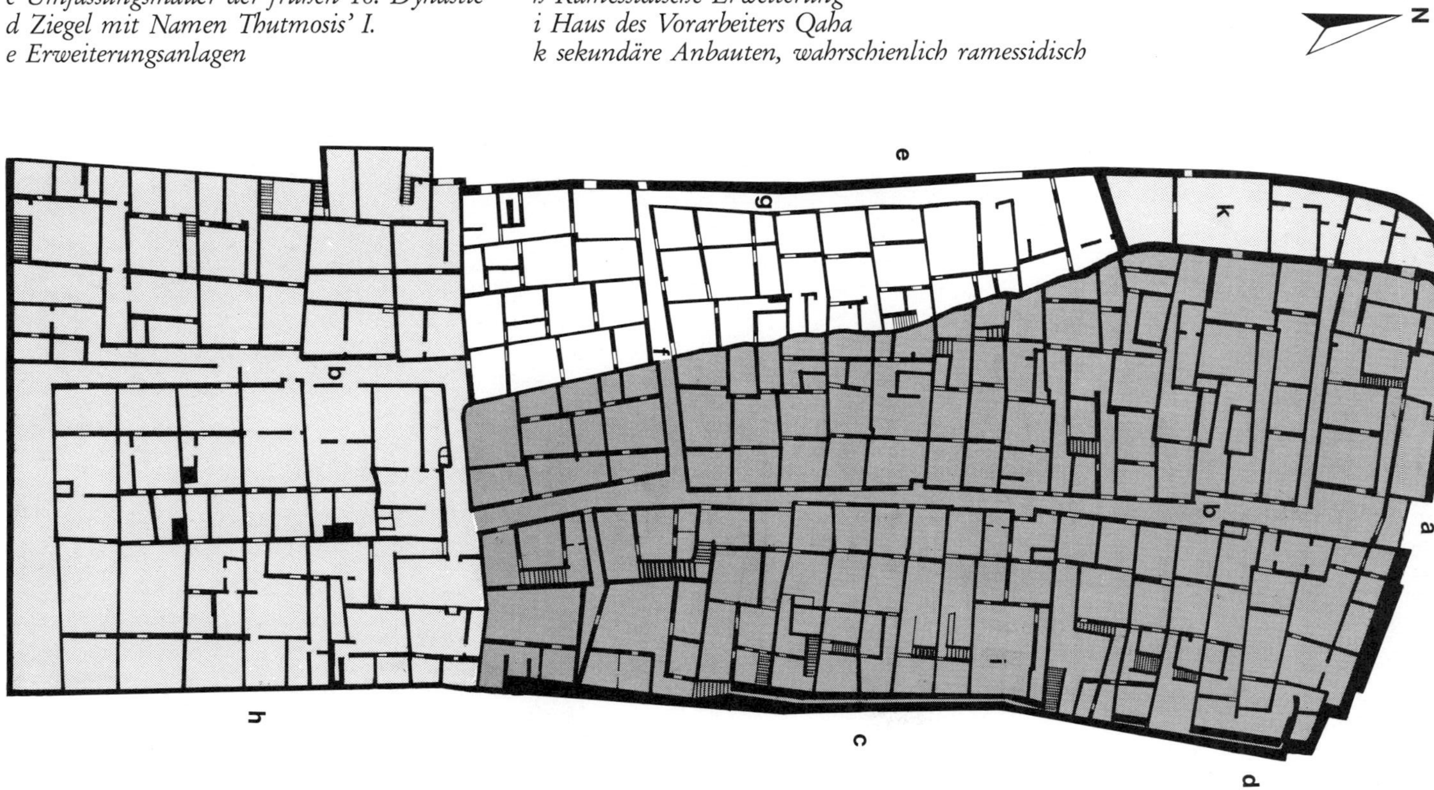

wir die schachbrettartige Anordnung von Straßen und Wohnhäusern, deren Größe fast immer gleich war. Auch Deir el Medineh und besonders das Arbeiterviertel von Amarna waren so angelegt, daß ohne weiteres von einer architektonischen Tradition der Städteplanung gesprochen werden darf. Die Anlagen unterscheiden sich stark von den gewachsenen Städten wie Memphis oder Theben, wo die planende Hand des Städtebauers kaum wahrnehmbar ist.

Deir el Medineh wurde zu Beginn des Neuen Reichs gegründet. In dem Augenblick, als die Könige beschlossen hatten, ihre aufwendigen Gräber im Tal der Könige anzulegen, war die Unterbringung der notwendigen Arbeitskräfte in diesem Gebiet unumgänglich. Geographisch war ein Tal etwa auf halbem Weg vom Fruchtland zum Bergmassiv am günstigsten, wenn auch Versorgungsschwierigkeiten in Kauf genommen werden mußten. Die Ortschaft wurde sicherlich in kürzester Zeit erbaut, und bis zum Ende der 20. Dynastie wohnten dort die Nekropolenarbeiter und ihre Familien. Erst mit Einsetzen starker innenpolitischer Wirren und bürgerkriegsähnlicher Zustände nach der 20. Dynastie gab man das Dorf auf. Die Arbeiter siedelte man in den festungsartig ausgebauten Tempel von Medinet Habu, den Totentempel Ramses' III., um, wo schon seit langem die Nekropolenverwaltung residierte. Doch war Deir el Medineh damit noch lange keine Geisterstadt, denn die religiösen Kulte und Zeremonien feierte man auch später noch in den Heiligtümern am Dorf. Obwohl die Häuser langsam verfielen, erbaute man noch in ptolemäischer Zeit direkt vor dem Ortseingang einen Tempel für die Göttin Hathor, die Herrin der Nekropole, der noch heute gut erhalten ist. Damit kann festgestellt werden, daß die Kontinuität in der Entwicklung Deir el Medinehs vom 16. Jahrhundert v. Chr. bis zum 1. Jahrhundert v. Chr. archäologisch zu beweisen ist.

Von 1923–1951 hat eine französische Expedition das Gebiet um Deir el Medineh systematisch archäologisch erforscht. Die Resultate und Funde dieser Grabungen wurden sorgfältig publiziert und damit der wissenschaftlichen Analyse zugänglich gemacht, die noch lange nicht als abgeschlossen gelten darf. Die französischen Grabungen erbrachten unzählige Funde aus dem Dorf selbst und auch aus den umliegenden Gräbern der Arbeiter, so daß wir sehr gut über die Geschichte der Siedlung und die Anlage der Wohnhäuser informiert sind. Neben inschriftlichem Material wurden Möbel, Hausrat, Gefäße und Kleidungsstücke der Menschen gefunden. Aufgrund der klimatischen Bedingungen in Ägypten sind auch organische Ma-

---

Blick auf die Arbeitersiedlung von Deir el Medineh. In der Mitte sieht man deutlich den Verlauf der Hauptstraße, im Vordergrund verläuft die Parallelstraße (G) der Erweiterungsphase.

terialien oft erstaunlich gut erhalten. Manche Körbe oder Stoffe wirken so, als wären sie gerade hergestellt worden und das, obwohl sie über 3000 Jahre alt sind.

Ähnlich sorgfältig ist auch die Stadtanlage von Amarna erforscht worden, zu der ebenfalls eine Arbeitersiedlung gehörte. Dadurch wird ein Vergleich beider Arbeiterstädte ermöglicht, was interessante Aufschlüsse zum Leben und Treiben der Menschen erbringt.

Die ältesten Teile Deir el Medinehs stammen aus der frühen 18. Dynastie. Die Nordostecke der großen Umfassungsmauer enthielt ganze Reihen von Nilschlammziegeln mit dem Namen Thutmosis' I. und bildet daher den ältesten Teil der Siedlung. Damals war der Ort noch sehr viel kleiner und bescheidener angelegt als der Plan zeigt, der ja die Größe des Dorfes während der Ramessidenzeit wiedergibt. Die Mauern aus der 18. Dynastie sind an ihrer größeren Dicke leicht von den späteren zu unterscheiden. Diese erste Siedlung war axial ausgerichtet, die Wohnhäuser der Arbeiter lagen zu beiden Seiten der breiten Hauptstraße. Erst im Verlauf der 18. Dynastie wurden Erweiterungsmaßnahmen notwendig, da die Zahl der Handwerker erheblich erhöht worden war, um die immer größer werdenden Grabanlagen der Herrscher und ihres Hofstaates überhaupt in angemessener Zeit fertigzustellen.

Man erweiterte dabei das Dorf im Süden durch den Anbau einiger Häuser. Um den Ort auch nach Westen ausdehnen zu können, plante man eine Nebenstraße, die in eine parallel zur Hauptstraße verlaufende Straße einmündete, an der somit noch einmal 8 Häuser errichtet werden konnten. In der Ramessidenzeit wurde die Zahl der Arbeiter erneut drastisch erhöht — in der Zeit Ramses' III. verdoppelte man die Zahl sogar —, und man mußte daher das Dorf erneut vergrößern, um genügend Wohnungen zur Verfügung zu haben. Da sich im Norden, Osten und Westen andere Bauten bis fast an die Umfassungsmauer herangeschoben hatten, blieb nur die Möglichkeit einer Erweiterung der Anlage nach Süden. Dazu führte man die alte Hauptstraße erst im rechten Winkel abknickend weiter, parallel zur jetzt abgerissenen hinteren Umfassungsmauer, die in der Karte gestrichelt eingetragen ist. Dann, nach einem weiteren rechtwinkligen Knick, führte die Hauptstraße direkt auf den südlichen Teil der Umfassungsmauer zu. Dort bog sie wieder im rechten Winkel nach Osten ab und endete schließlich in der Südostecke des Dorfes. So, wie die Straße verlief, wären ohne Probleme weitere Erweiterungen der Siedlung möglich gewesen. Doch bestand dazu nach der Zeit Ramses' III. kein Bedarf mehr, da die Zahl der Arbeiter kontinuierlich abgebaut wurde. Als gegen Ende der 20. Dynastie erneut mehr Handwerker in Deir el Medineh wohnen sollten, brauchte man nur die alten unbewohnten Häuser instandzusetzen und den neuen Familien zuzuweisen.

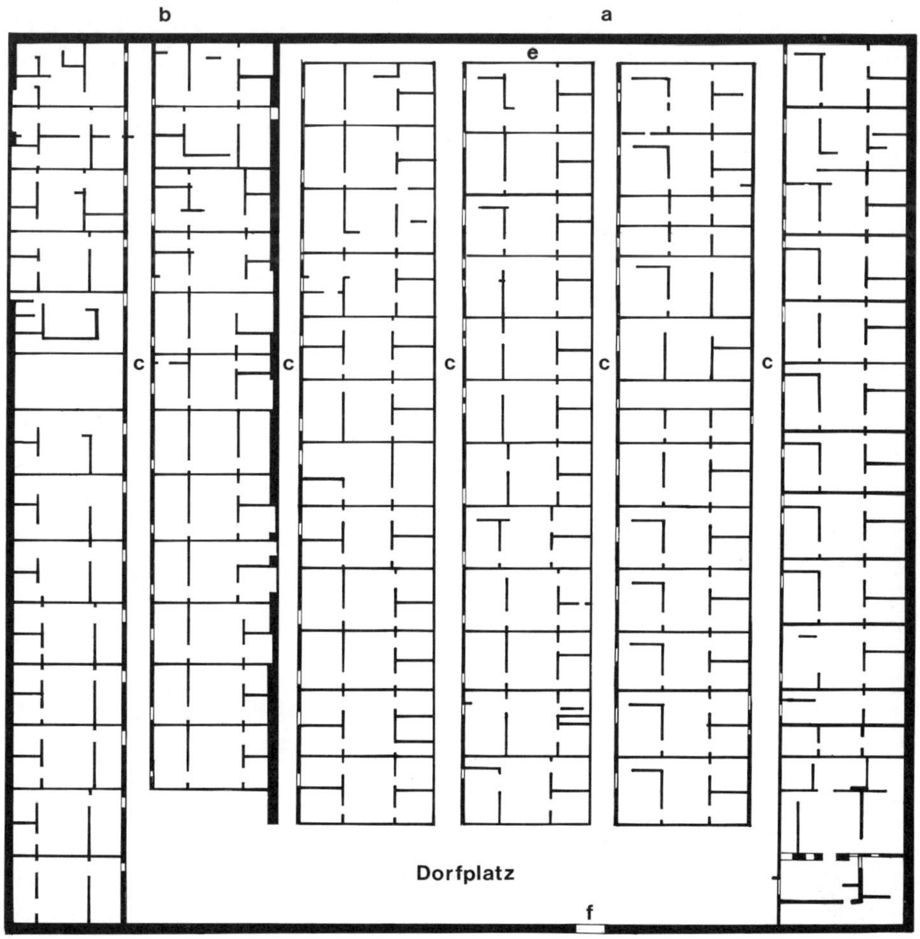

Die Arbeitersiedlung von Amarna

a älteste Anlage
b Erweiterung
c Parallelstraßen
e Nebenstraßen
f Eingang

Die in der Umfassungsmauer verbauten Ziegel tragen die Namen fast aller Könige der 18. Dynastie mit Ausnahme der der Amarnaherrscher, die ihre Gräber ja nicht in Theben, sondern in Amarna anlegen ließen. Der letzte Name eines Königs, der auf Ziegeln genannt ist, ist der Ramses' II., auf den höchstwahrscheinlich die Haupterweiterung des Dorfes zurückgeht, da sein Name ausschließlich im südlichen Teil der Umfassungsmauer auftaucht. Vergleicht man den Grundriß der Arbeitersiedlung von Deir el Medineh mit dem von Amarna, so fällt auf, daß das Arbeiterviertel in Amarna weitaus planmäßiger angelegt ist. Zur ältesten Bauphase gehören die vier Reihen von Wohnhäusern im östlichen Teil der Siedlung. Die beiden westlichen Häuserzüge wurden erst später hinzugefügt, um dem wachsenden Bedarf an Wohnungen für Arbeiter gerecht zu werden. Wenn auch der Grundriß unterschiedlich gestaltet ist, so waren doch beide Siedlungen etwa gleich groß, d. h. etwa 70 Familien lebten in diesem Bereich. Auch die Häuser hatten eine ähnliche Grundfläche, und in der Regel gab es vier Räume pro Haus. Ganz ähnlich ist auch die Arbeitersiedlung von Illahun angelegt, nur in ihren Ausmaßen war sie etwas bescheidener, und die Häuser hatten eine kleinere Grundfläche. Einen ähnlichen Befund haben die Grabungen an den Pyramidenstädten des Alten Reichs erbracht, bei denen jedoch der Grundrißplan nicht in der Konsequenz eingehalten worden ist wie in Amarna. Betrachten wir nun die einzelnen Häuser etwas eingehender. Dabei muß man vom archäologischen Material aus Amarna ausgehen, da die Häuser bestens publiziert und seit neuestem analysiert worden sind. In der Wohnqualität schlug sich ganz offensichtlich die soziale Stellung des Hauseigentümers nieder. Das ist auch in anderen Städten zu beobachten. Sowohl Größe als auch Ausstattung und Bauweise der Wohnhäuser und verschiedener Nebengebäude waren die entscheidenden Indikatoren für die soziale Schicht, der der Eigentümer angehörte. Insgesamt sind in Amarna 532 Wohnhäuser im gesamten Stadtbereich ausgegraben und veröffentlicht worden, wobei die 74 Arbeiterhäuser nicht eingerechnet sind, da sie offensichtlich eine Sonderstellung einnehmen.

Die kleinsten Häuser hatten eine durchschnittliche Größe von nur knapp 20 m² und wurden von Dienern bewohnt. Die Handwerker in Amarna lebten in Häusern von 25–84 m², während die hohen Beamten in regelrechten Palästen von immerhin 600–800 m² Grundfläche residierten, wobei Höfe, Gärten und Nebengebäude nicht einmal eingerechnet sind. Die Größe der Wohnhäuser in der Arbeitersiedlung lag mit ca. 50 m² Grundfläche und vier Räumen innerhalb der oben gegebenen Spanne für Handwerkerhäuser allgemein. Vergleicht man diese Angaben mit den Verhältnissen in Deir el Medineh, so kann man feststellen, daß dort die Häuser im Durchschnitt 60–70 m² Grundfläche besaßen und somit etwas größer als die vergleichbaren Bauten in Amarna waren. Dieser Unterschied dürfte mit der großen Problematik in Amarna zu erklären sein, daß innerhalb kürzester Zeit eine ganze Stadt aus dem Boden gestampft werden sollte, so daß auf die Komfortwünsche der untersten Schicht keine Rücksicht genommen werden konnte.

Bei einigen Deir el Medineh-Häusern kennt man aufgrund von Inschriften die Hausbesitzer. So kann beispielsweise das Haus Deir el Medineh VIII NE dem Vorarbeiter Qaha zugewiesen werden, der in der Zeit Ramses' II.

amtierte. Mit seinen ca. 125 m^2 Grundfläche war es das größte Haus der Siedlung, was durchaus der sozialen Stellung seines Besitzers entsprach. Die 8 Räume, von denen zwei mit Steinsäulen zur Abstützung des Daches versehen waren, boten dem Vorarbeiter und seinen Angehörigen einen standesgemäßen Komfort, wobei unklar ist, ob seine persönliche Dienerschaft im selben Haus oder auswärts wohnte. Vergleicht man nun dieses Haus mit entsprechend ausgestatteten Häusern gleicher Größe in Amarna, deren Besitzer ebenfalls inschriftlich nachweisbar sind, so kann man feststellen, daß

Säulenhalle des Hauses des Nekropolenschreibers Butehajamun aus der späten 20. Dynastie. Das Haus befindet sich auf dem Gelände des Tempels von Medinet Habu aus der Zeit Ramses' III., der als Verwaltungsgebäude in der späten 20. Dynastie genutzt wurde.

der Vorarbeiter der Nekropolenarbeiter sozial den leitenden Handwerkern von Amarna gleichgestellt war.
Auch die Raumaufteilung und die Ausstattung der einzelnen Häuser waren recht ähnlich — man geht sicher nicht fehl in der Annahme, daß auch Mobiliar und Hausrat weitgehend identisch waren. Vier Räume waren das Minimum, doch konnte die Zahl der Zimmer auch 8–10 erreichen. Bei den größeren Hausanlagen, die es in Deir el Medineh ja nicht gegeben hat, kamen diverse Nebengebäude, Wirtschaftsräume, Höfe, Gartenanlagen und Stallungen hinzu. Alle Häuser, auch die kleinsten und unwichtigsten, besaßen ein festes Dach, das über eine kleine Treppe zu erreichen war. In allen ägyptischen Städten spielte sich ein Teil des Lebens, besonders in den kühlen Abendstunden, auf den Dächern der Wohnhäuser ab, sofern keine Gartenanlage vorhanden war, was als besonderer Luxus galt.
Die Häuser waren innen und außen verputzt und konnten innen bunt bemalt sein, was sowohl für Amarna als auch für Deir el Medineh zutrifft. Reste des Verputzes mit Farbspuren sind in beiden Orten gleichermaßen entdeckt worden. Doch ist sicher, daß nicht alle Häuser so aufwendig verziert waren, besonders ärmliche Behausungen hatten nicht einmal einen Verputz. Ebenfalls zur Grundausstattung eines Wohnhauses gehörte die Feuerstelle, viele Häuser besaßen sogar gemauerte Öfen und Herde. Die Küche, zu der ein kleiner Vorratsspeicher gehörte, befand sich in Deir el Medineh im hinteren Teil des Hauses, während die eigentlichen Wohnräume den vorderen Teil ausmachten. Manche Häuser verfügten über erhöhte, aus Ziegeln gemauerte Sitze und Schlafstätten, wobei das bei den größeren Häusern die Regel war, während bei den kleineren auf diesen Luxus verzichtet werden mußte. Die erhöhten Schlafstätten boten einen guten Schutz vor Schlangen und Skorpionen. Auch ein gepflasterter Boden mit steinernen Türschwellen gehörte ohne Zweifel bereits zum gehobenen Wohnkomfort in Deir el Medineh.
In keinem der kleineren Häuser konnten Badeanlagen oder Aborte festgestellt werden. Diesen Luxus konnten sich nur die reichen Besitzer von Palästen und Villen leisten — unsere Handwerker mußten zum Baden einen der Kanäle oder den Nil aufsuchen, die Notdurft wurde außerhalb des Dorfes im Gebirge verrichtet. Die Verwendung von Stein als Baumaterial für Schwellen, Architrave, Türstürze oder Säulen gehörte gleichfalls in den Bereich des Luxus in den Villen der Beamten.
Raumaufteilung und Funktion der Räume waren in allen Arbeiterhäusern recht ähnlich. Von der Straße aus betrat man einen Vorraum, der manchmal, wie oben erwähnt, einen erhöhten Schlafbereich besaß und somit als Schlafzimmer genutzt wurde. Der Schlafbereich der Eltern war wahrscheinlich von dem der Kinder und etwaiger anderer Bewohner abgeteilt. An diesen Vor-/Schlafraum schloß der eigentliche Wohnraum an. Dieses

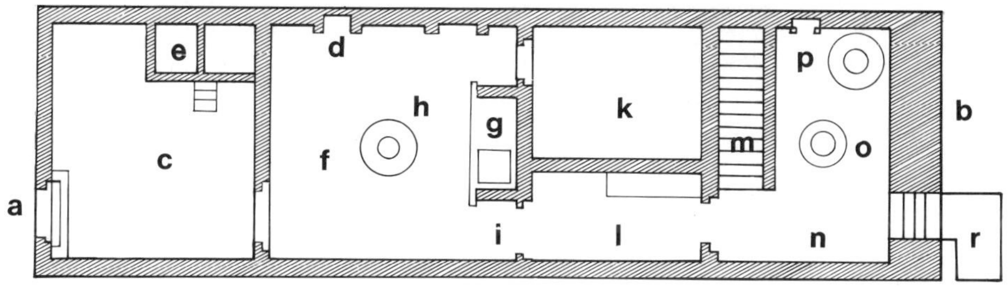

Das typische Wohnhaus in Deir el Medineh

a Straße
b Umfassungsmauer
c Schlafraum
d Wandnischen zur Aufbewahrung von Mobiliar
e erhöhter, gemauerter Schlafbereich
f Wohnraum
g gemauerte Sitzbank
h Säule
i Treppe zum Keller (nicht in allen Häusern)
k Nebenraum, oft als Stall genutzt
l Korridor, oft als Stall genutzt
m Treppe zum Dach
n Küche
o Feuerstelle
p Vorratsgefäß
r Vorratskammer

Zimmer war gewöhnlich das größte des Hauses und enthielt in der Mitte eine Säule zur Abstützung des Daches. In Wandnischen und in Truhen bewahrten die Menschen die vielen Dinge des täglichen Lebens auf. Manche Wohnzimmer enthielten eine erhöhte, aus Nilschlammziegeln gemauerte Sitzbank, wiederum als Schutz vor gefährlichem Kriechgetier. Entweder direkt vom Wohnzimmer oder von einem kleinen dahinter liegenden Raum aus führte die gemauerte Treppe in den Keller, wo leicht verderbliche Vorräte kühl gelagert werden konnten. Es schloß sich ein weiterer Nebenraum an, der als Stall genutzt werden konnte, falls die Familie Haustiere besaß, was zumindest in Deir el Medineh recht selten der Fall war, wie die Texte ausweisen. Von diesem Raum aus gelangte man über eine gemauerte Treppe — oft aus Stein — auf das Dach des Hauses. Dort befanden sich Sitzgelegenheiten, und gemauerte Zinnen boten einen willkommenen Schutz vor Wind und Sand. Stoffmarkisen gaben Schatten und schützten vor der brennenden Sonne Ägyptens.
Im hintersten Raum befand sich die Küche mit ihren großen Vorratsgefäßen für Wasser und Lebensmittel. In der Mitte, unter freiem Himmel, war

die Kochstelle gemauert. Manche Häuser in Deir el Medineh hatten hinter der Küche einen weiteren Vorratsraum, der in das Mauerwerk der Umfassungsmauer eingelassen war, an die sich alle Häuser direkt anlehnten. Im Gegensatz zu den Häusern in Amarna, die bis zu drei Stockwerke haben konnten, waren die Häuser in Deir el Medineh alle eingeschossig gebaut. Ein entscheidender Nachteil war allen kasernenförmig angelegten Arbeitersiedlungen gemeinsam. Es gab praktisch keinen Platz für Höfe oder gar Gärten. Sowohl in Amarna als auch in Deir el Medineh sind keinerlei Spuren von Bepflanzungen im Bereich der Arbeiterquartiere erhalten. Keine Baumgruben, ja nicht einmal primitiv angelegte Beete und keine Blume verschönten das triste graubraun der Ziegel. Wahrscheinlich haben die Bewohner daher ihre Häuser innen bunt bemalt, so daß diese Verzierung als Ersatz

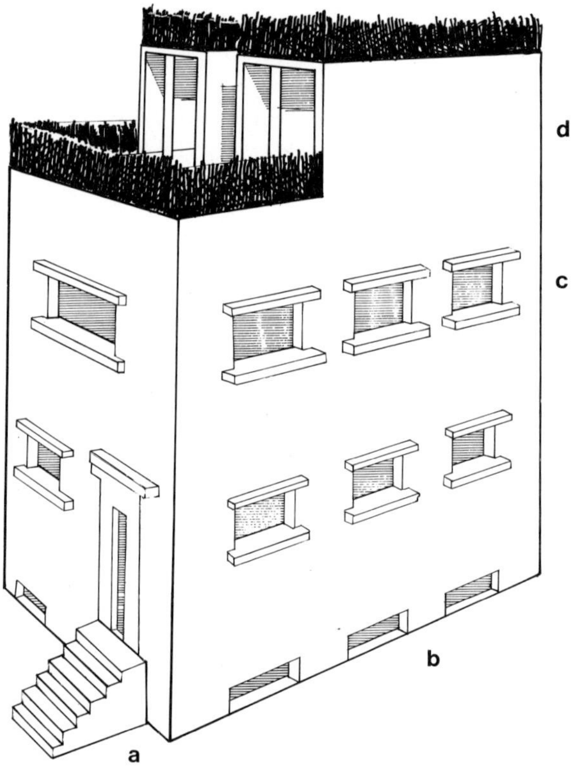

Das typische Amarnahaus

a Treppe zum hochgelegenen Eingang
b Erdgeschoß mit Stallungen, Aufenthaltsräumen und Küche
c Erste Etage mit Schlafräumen
d Dachterrasse mit Windschutz

Zwei Kehrbesen, wahrscheinlich aus Deir el Medineh. Aufgrund der klimatischen Bedingungen, sind auch organische Materialien aus der Zeit der Pharaonen noch gut erhalten. Pelizaeus-Museum, Hildesheim.

für natürliche Lebensqualität herhalten mußte. In den wüstennahen Ortschaften des modernen Ägyptens finden wir noch heute eine ganz ähnliche Situation. Im Gegensatz zu Deir el Medineh besaßen viele auch der kleineren Stadthäuser von Amarna wenigstens ummauerte Höfe, was zur Verbesserung des Raumklimas beitrug. Gartenanlagen mit eigenem Teich und Brunnen sind naturgemäß nur in den großen Villen belegt, und sogar da stellte die Anlage eines Gartens einen so großen Luxus dar, daß nur etwa 4 % aller Häuser in Amarna solch eine Anlage aufwiesen. Natürlich konnte sich kein Einwohner von Deir el Medineh diesen Luxus leisten.

Die architektonische Anlage des Dorfes spiegelte ganz offensichtlich die soziale Gliederung der Arbeiterschaft wider. Die Vorarbeiter und Schreiber hatten die größten Häuser, wie das beim Haus des Vorarbeiters Qaha zu erkennen ist. Die Hauptstraße trennte das Dorf in eine rechte und eine linke Seite, was offensichtlich die Gliederung der Arbeiterschaft architektonisch aufnahm. Man muß annehmen, daß die Arbeiter der rechten Seite auch im Dorf die Häuser der Seite rechts von der Hauptstraße bewohnten, und die Arbeiter der linken Seite ebenso.

Das Fragment einer Wandmalerei aus einem thebanischen Grab des Neuen Reiches zeigt einen Garten mit Teich und reichem Baumbestand. Solche Anlagen gab es in Amarna, aber nicht in Deir el Medineh, da nur die höchsten Beamten sich solche Villen mit Gärten leisten konnten. British Museum, London.

Die soziale und wirtschaftliche Lage der Arbeiter

Die Organisation der Handwerker in Deir el Medineh

So wie alle Lebensbereiche war im Alten Ägypten auch der Produktionsprozeß bis ins letzte Detail durchorganisiert, so daß individuelle Aktivitäten auf ein Mindestmaß beschränkt waren. Andererseits muß man jedoch berücksichtigen, daß ohne eine straffe Organisation der Bau der gewaltigen Pyramiden, Tempel und Grabanlagen kaum denkbar gewesen wäre. Wenn man überlegt, welche Probleme beispielsweise beim Grabbau zu lösen waren, wird das ganz offenkundig. Zur richtigen Zeit mußten in ausreichender Menge Werkzeuge und Material am Bauplatz vorhanden sein, und ausgebildete Spezialisten, aber auch einfache Hilfsarbeiter mußten bereitstehen und ihre Versorgung und Entlohnung gesichert sein. Es ist schon erstaunlich, mit welchem Geschick und mit welcher Präzision die altägyptische Verwaltung diese Probleme zu lösen imstande war.
In Deir el Medineh lebten und arbeiteten zwischen 32 und 120 Handwerker mit ihren Familien, deren Organisation uns aus vielen Texten bekannt ist. Die gesamte Arbeiterschaft war in eine rechte und eine linke Seite unterteilt, die jeweils einem Vorarbeiter, dem „Großen der Arbeitstruppe" unterstand. Da in den Texten die rechte Seite gewöhnlich zuerst genannt wird, kann man annehmen, daß diese sozial etwas besser gestellt war, obwohl eine Bevorzugung in den Versorgungsgütern oder im Arbeitslohn nicht festzustellen ist.
Amt und Titel des Vorarbeiters waren in der Regel erblich, der Sohn folgte also seinem Vater nach dessen Ausscheiden im Amt nach. Diesen Vorgang schildert ein Papyrus aus der späten 19. Dynastie, der uns noch mehrmals beschäftigen wird:
„Ich bin der Sohn des Vorarbeiters Nebnefer. Mein Vater verstarb. An seiner Stelle wurde mein Bruder Neferhotep (Vorarbeiter). Doch der Feind tötete den Neferhotep. Daraufhin gab Paneb fünf Diener (von denen) meines Vaters an Paraemhab, der (gerade) als Vezir (amtierte, und wurde so Nachfolger) meines Vaters. Die Stelle gehörte ihm doch gar nicht!"
Bei dem Papyrus handelt es sich um eine Art Memorandum, in dem die Verbrechen des Paneb in loser Reihenfolge notiert wurden, gerade so, wie es dem Verfasser einfiel. Mord, Totschlag, Vergewaltigung, Grabraub, Majestätsbeleidigung, Bestechung und vieles mehr wurden dem Paneb vorgeworfen. In unserer Textstelle beklagt also der Sohn des verstorbenen Vorarbeiters, daß er zwar der rechtmäßige Nachfolger seines Vaters sei, nachdem sein älterer Bruder im Krieg getötet worden ist, daß aber Paneb, von dem in anderem Zusammenhang noch mehrfach zu berichten sein wird, durch Bestechung des Vezirs sich unrechtmäßig das Amt des Vorarbeiters ver-

schafft habe. Interessant ist dabei, daß der Vezir also die Entscheidung über die Ämtervergabe in der Arbeitersiedlung hatte. Doch wird hier bewiesen, daß jener sich dabei nicht an das bestehende Recht hielt — ein Vorwurf der Bestechlichkeit auch an den Vezir, der jedoch zur Abfassungszeit des Textes schon längst nicht mehr lebte.

Den beiden Vorarbeitern der rechten und linken Seite unterstand jeweils ein Stellvertreter. Meistens finden wir Söhne der Vorarbeiter in dieser Position, konnten sie doch auf diese Art am besten die Pflichten ihres zukünftigen Amtes erlernen. Ausnahmsweise wurden auch einfache Arbeiter zum Stellvertreter befördert, wohl als Belohnung für besondere Verdienste oder aufgrund besonderer Eignung. Eigenartig ist, daß aus diesem Amt keine direkten materiellen Vorteile zu ziehen waren, denn die Stellvertreter erhielten denselben Lohn wie die einfachen Arbeiter. Doch dürfte dieser Posten mit einem nicht unerheblichen Gewinn an sozialem Prestige verbunden gewesen sein.

Hauptaufgabe der Vorarbeiter und ihrer Stellvertreter war die Überwachung der Arbeiten am Königsgrab, wie ein Brief aus der Zeit Ramses' II. erkennen läßt:

„Der Wedelträger zur Rechten des Königs, der Königsschreiber, der Vorsteher der Stadt und Vezir Chay spricht zum Vorarbeiter Nebnefer: Man bringt dir diesen Brief, um zu sagen: Du sollst sehr, sehr achtsam sein bei der sehr sorgfältigen Ausführung eines jeden Auftrags des ‚Großen Ortes des Pharao, er lebe, sei heil und gesund' (also der Nekropole), in welchem du bist. Veranlasse nicht, daß man dich tadelt!

Und erkundige dich nach der Zahlung für die Arbeiterschaft, welche dem Schatzhaus Pharaos, er lebe, sei heil und gesund, obliegt. Lasse nichts davon zurückgehalten werden! Mir haben nämlich Vertreter der Nekropole wegen eurer Zahlungen, die dem Schatzhaus Pharaos, er lebe, sei heil und gesund, obliegen, geschrieben: ‚Veranlasse, daß man sie uns bringt!'"

Hier scheint sich der genannte Vorarbeiter an den Zahlungen für seine Arbeiter vergriffen zu haben, was dem Vezir zu Ohren gekommen ist, der den Vorarbeiter daraufhin ermahnt, nichts zurückzuhalten. Man sieht, daß die Vorgesetzten durchaus die Möglichkeit hatten — und auch wahrnahmen —, sich auf Kosten ihrer Untergebenen zu bereichern. Das ging, wie wir später noch sehen werden, sogar so weit, daß sie die Arbeiter unentgeltlich für sich arbeiten lassen konnten.

Selbstverständlich waren die Vorarbeiter auch für die Werkzeuge der Hand-

Die wundervolle Holzstatuette zeigt den Vorarbeiter Cha, der am Ende der 18. Dynastie Chef in Deir el Medineh war. Der Blumenschmuck ist original und stammt von der Bestattung. Ägyptisches Museum, Turin.

werker verantwortlich. Nach Gebrauch mußten diese ihre Meißel und Hämmer wieder an die Verwaltung zurückgeben, was vom Vorarbeiter überwacht wurde:

„Jahr 25 (Ramses' III.), 3. Monat der Sommerzeit, Tag 16. Heute Übergabe seiner Werkzeuge, die der Arbeiter Imenemipet gemacht hat, an den Vorarbeiter Chons. Dieser sprach: ‚Es sind zu wenig!' in Gegenwart (als Zeugen) des Vorarbeiters Iniherichau und des Schreibers Imennacht. Ich habe 10 Tage zugebracht, indem ich täglich sagte: ‚Gib sie her!'. Doch er hat es bis heute noch nicht getan."

Hier versuchte anscheinend ein Arbeiter, einige Geräte auf die Seite zu schaffen, was jedoch an der Aufmerksamkeit seines Chefs scheiterte. Werkzeug aus Metall stellte ja einen erheblichen Wert dar, so daß die Versuche, sie zu stehlen, zahlreich waren.

In bestimmten Abständen hatten die Vorarbeiter über den Verlauf der Arbeiten an den direkten Vorgesetzten, den Vezir, Bericht zu erstatten. Ein Bericht dieser Art liegt uns in leider recht fragmentarischem Zustand vor:

„Der Vorarbeiter Hay schreibt seinem Herrn (dem Vezir), unserem Herrn: Ich teile unserem Herrn mit, daß wir in der Art und Weise arbeiten, die uns der Vezir befohlen hatte. Wir sind in keiner Weise (beim Arbeiten) müde. Möge sich unser Herr zu uns begeben auf seinem Wege, um den Gott Amun erscheinen zu lassen in – – –. Angefertigt wurde die Statue – – –, von der er (der Vezir) gesprochen hatte: ‚Veranlasse, daß sie angefertigt werde!'. Es ist eine Statue für Pharao, er lebe, sei heil und gesund."

Neben der Beaufsichtigung der Arbeit und der Sorge für das Arbeitsmaterial hatten die beiden Vorarbeiter die Funktion eines Dorfschulzen inne. So präsidierten sie oft bei Gerichtsverhandlungen, bezeugten Verträge aller Art zwischen den Dorfbewohnern, reichten Beschwerden der Arbeiter an die vorgesetzten Behörden weiter usw. Auch bei den religiösen Zeremonien im Dorf kam ihnen entscheidende Bedeutung zu. Letztlich kann man formulieren, daß die Vorarbeiter für das reibungslose Funktionieren des Zusammenlebens der Dorfgemeinschaft verantwortlich waren.

Die bedeutendste Persönlichkeit neben den Vorarbeitern war der Nekropolenschreiber. Er war hauptsächlich für die verwaltungstechnische Seite des Arbeitsablaufs zuständig.

Rangmäßig dem Vorarbeiter gleichgestellt, erstellte der Schreiber die vielen Listen, in denen die Versorgungsgüter für die Handwerker registriert wurden. Er führte die Register der Arbeiter und der Arbeit, er notierte, wer wa-

---

Der Schreiber Chetj sitzt in der typischen Haltung. Auf dem Schoß hält er eine Papyrusrolle und in der rechten Hand die Schreibbinse (nicht mehr erhalten). Der Beruf des Schreibers war hoch angesehen und bildete die Ausgangsposition für jede Beamtenkarriere. Die Figur stammt aus der 5. Dynastie. Pelizaeus-Museum, Hildesheim.

rum wann von der Arbeit ferngeblieben und wer anwesend war. Er schrieb Kauf-, Leih- und Erbverträge für die Einwohner, die meistens Analphabeten waren, er protokollierte bei Gerichtsverhandlungen, schrieb Briefe, bemalte und beschriftete im Auftrag solventer Dorfbewohner Särge, Möbel, Stoffe usw. Dadurch konnte er sein Gehalt, das er vom Staat bezog, deutlich aufbessern.

Der Schreiber war eine Respektsperson im Dorf, die sich gerade durch die Kenntnis der Hieroglyphenschrift vor der Masse auszeichnete. Bezeichnend ist auch, daß es für beide Seiten der Arbeiterschaft nur einen einzigen Schreiber gab. Im Gegensatz zu den Vorarbeitern wohnte er auch nicht im Dorf selbst, sondern außerhalb — das Wohnhaus des Nekropolenschreibers Butehaiamun lag beispielsweise im Tempel von Medinet Habu, dem Totentempel Ramses' III.

Manchmal amtierten in Deir el Medineh auch mehrere Schreiber gleichzeitig — dann jedoch immer für beide Seiten, nie war ein Schreiber nur der rechten oder nur der linken Seite speziell zugeordnet. Die Tätigkeit der Schreiber bezeugt ein Ostrakon aus der Zeit Ramses' VI.:

„Jahr 2, 3. Monat der Sommerzeit, Tag 9. Dieser Tag: Registrierung der Nekropolenarbeiter durch die Nekropolenschreiber Hori und Imennacht, durch die Vorarbeiter Nachtemmut und Iniherichau und die Schreiber Imennacht und Hori-scheri hinter dem Tor (des Dorfes, auf dem Versammlungsplatz).“

Und weiter heißt es im Text über den Vezirschreiber:

„Er kam und saß in der Scheune der Nekropolenverwaltung. Er registrierte alle Männer der Arbeiterschaft. Verzeichnis der Abgabe von Salböl an die Arbeiterschaft: (Es sind) 16 Männer und 46 Frauen.“

Der (oder die) Nekropolenschreiber waren demnach für die gesamte Verwaltung des Dorfes zuständig. Darüber hinaus finden wir sie, ähnlich wie die Vorarbeiter, bei Gericht, als Zeugen für Verträge usw.

Allgemein genoß der Schreiberberuf im Alten Ägypten eine sehr hohe Wertschätzung, war dieser Titel doch der Einstieg in die erstrebenswerte Beamtenlaufbahn. Wenn wir auch niemals hören, daß speziell die Nekropolenschreiber befördert worden sind, so ist das bei Schreibern in anderen Verwaltungen gut zu belegen.

In einer Weisheitslehre heißt es treffend:

„Ein Schreiber auf irgendeinem Posten des Palastes — er leidet in ihm keine Not!“ Und weiter: *„Wenn er (der Schreiber) zu wachsen begonnen hat, aber noch ein Kind ist, grüßt man ihn schon. Er wird ausgesandt, um Aufträge auszuführen; ehe er noch zurückgekommen ist, hat er sich schon mit einem Gewand bekleidet.“*

Nach der Beschreibung der sozialen und administrativen Oberschicht in der Handwerkersiedlung wollen wir uns nun den untergeordneten Rängen zuwenden. Da sind zuerst die Wächter zu nennen. Diese gehörten nicht direkt zur Handwerkerschaft, hatten jedoch aufgrund ihrer Aufgaben engste Beziehungen zum Dorf. Die Zahl der Wächter schwankte. In einigen Perioden ist nur einer für beide Seiten der Arbeitstruppe belegt, während zu anderen Zeiten jeder Seite ein eigener Wächter zugeteilt war. Ihre eigentlichen Aufgaben sind nicht mehr ganz sicher zu ermitteln, doch scheinen diese niederen Verwaltungsangestellten u. a. mit der Getreideausgabe an die Arbeiter befaßt gewesen zu sein. Jedenfalls sind Wächter in diesem Zusammenhang mehrfach in den Verwaltungsdokumenten dieser Zeit erwähnt. Auch oblagen ihnen Lagerung und Schutz der Werkzeuge und des Arbeitsmaterials, aber auch bestimmter Versorgungsgüter wie z. B. Kleidung o. ä. Man kann daher diese Wächter als eine Art Lagerverwalter unter der Aufsicht der Vorarbeiter und des Schreibers bezeichnen.

Das für die Arbeitersiedlung zuständige Magazin befand sich außerhalb des Dorfes. Mit einiger Wahrscheinlichkeit lag es am Fuß des thebanischen Westgebirges am Rande des Fruchtlandes und damit ganz in der Nähe der großen Totentempel der Pharaonen. Durch diese Lage bedingt, ist es nur natürlich, daß die Magazinverwalter, also die Wächter, nicht in Deir el Medineh selbst, sondern in der Nähe ihrer Arbeitsstätte wohnten.

Wächter finden wir auch als Gerichtsbeisitzer, als Zeugen bei Verträgen aller Art und sogar als Mitglieder von Kommissionen, die die Gräber zu inspizieren hatten, um Beschädigungen oder gar Ausplünderungen festzustellen.

Wenig Prestige und keine allzu hohe soziale Stellung war durch das Amt eines Türhüters von Deir el Medineh zu erlangen. Jeder Seite der Arbeiterschaft war solch ein Pförtner zugeteilt, die dann einem Oberpförtner unterstanden. Ihre Hauptaufgabe bestand, wie der Titel schon nahelegt, in der Bewachung des Ortseingangs. Der Pförtner mußte von einer Art Pförtnerloge aus aufpassen, wer wann das Dorf verließ oder es betrat. Die Arbeitszeit der Türhüter scheint in zwei Schichten geteilt gewesen zu sein, eine Tages- und eine Nachtschicht von jeweils 12 Stunden:

„Kein Pförtner war hier außer Psarpot, denn Sanehem schlief gerade und der Pförtner Sunero kam erst am Mittag. Er kam (erst), als schon acht Stunden des Tages vergangen waren.“

Dieser Text ist recht interessant, denn er zeigt, daß hier sogar drei Pförtner amtierten, von denen einer wahrscheinlich der Chef war. Leider wissen wir nicht, wer von den Dreien das war. Einer, Psarpot, versah seinen Dienst korrekt, während Sanehem noch schlief, sicher weil er Nachtschicht gehabt hatte. Der dritte Türsteher, der eigentlich zusammen mit Psarpot Dienst gehabt hätte, kam erst am Mittag mit achtstündiger Verspätung zur Arbeit. Das bedeutet doch, daß sein Arbeitsbeginn um vier Uhr morgens war, also sicher noch, bevor die Arbeiter selbst zu den Gräbern abmarschierten, was auch ganz logisch erscheint.

Neben dieser eben beschriebenen Haupttätigkeit waren die Türhüter Mädchen für alles. Sie wurden als Boten verwendet und waren oftmals als Gerichtsdiener eingesetzt, was nicht immer ganz ungefährlich war, wie ein Text aus der 20. Dynastie erkennen läßt. Danach war ein Arbeiter vom Gericht für schuldig befunden worden und sollte endlich seine Schulden bezahlen, die er schon vor einiger Zeit gemacht hatte:
„Er (der Richter) schickte den Pförtner Chaemwase, indem er sagte: ‚Geh zu dem (Haus des Verurteilten)! Bringe alles, was du dort findest!' Doch er (der Verurteilte) verprügelte den Chaemwase und ergriff die Kleider, die er (Chaemwase) aus seinem Haus geholt hatte. Er (der Verurteilte) nahm sie fort."
Und hat seine Schuld immer noch nicht bezahlt, wie der Text trocken feststellt. Man erkennt an diesem Textbeispiel, daß den säumigen Handwerker die offizielle Mission des Pförtners als eine Art Vollstreckungsbeamter des Gerichts nicht weiter beeindruckt hat. Im Gegenteil, er verdrischt ihn und nimmt die schon beschlagnahmten Dinge wieder an sich. Leider wissen wir nicht, wie der Fall schließlich ausging, da der Text nach dieser Stelle abbricht; wir wollen hoffen, daß der Gläubiger doch noch zu seinem Recht gekommen ist.
Einmal finden wir die Pförtner von Deir el Medineh als eine Art Leibwache des Nekropolenschreibers, als dieser über Land reiste, um von den Bauern die Getreidesteuer einzutreiben. Die Türhüter wurden gelegentlich abkommandiert, die Versorgungsgüter für die Arbeiter ins Dorf zu bringen; als Vertrags- und Eideszeugen werden sie ebenfalls mehrfach erwähnt.
Damit die Nekropolenarbeiter sich ausschließlich auf den Bau der Grabanlagen konzentrieren konnten, hatte man ihnen eine ganze Reihe von verschiedenen Serviceleuten zugeordnet. Jene hatten die Aufgabe, die Arbeiter mit allen notwendigen Dingen zu versorgen. Dieses Personal lebte außerhalb von Deir el Medineh, irgendwo am Rande des Fruchtlandes in Theben-West und wurde von denjenigen staatlichen Institutionen entlohnt, die für die Lieferungen nach Deir el Medineh zuständig waren. Die Serviceleute konnten Ortsfremde sein, aber durchaus auch ehemalige Arbeiter, die z.B. im Rahmen von Belegschaftsverminderungen das Dorf verlassen mußten:
„Der Schreiber Paser sagte: ‚Folgendermaßen sprach der Vezir: Laß diese 60 Männer, irgendeine Auswahl von euch, hier in der Arbeitstruppe. Der Überschuß aber soll hinausgeschickt werden (aus dem Dorf). Ordne an, daß sie eure Serviceleute werden, die für euch tragen (Lieferungen aller Art).'"
Auch die Diener waren spezialisiert. So gab es Fischer und Holzfäller, die Brenn- und Bauholz nach Deir el Medineh transportierten. Spezielle Wasserträger versorgten die Einwohner mit Trinkwasser, das von den Nilkanälen in die Ortschaft getragen werden mußte. Gärtner und ihre Gehilfen lieferten den Menschen frisches Gemüse, und für die große Wäsche standen

den Arbeitern mehrere Wäscher zur Verfügung. Töpfer und sogar ein Konditor sorgten für das Wohl der Handwerker, Schmiede reparierten oder fertigten Werkzeuge und Geräte, aber auch Gefäße und andere Metallgegenstände. Spezielle Gipsmacher schafften Gips heran, der zum Glätten der Wände in den Gräbern benötigt wurde. Auch Ärzte und Zauberer fehlten nicht im Dorf.

Man sieht, daß von seiten der Staatsverwaltung alles getan wurde, um die Handwerker und ihre Familien zu versorgen, um ihr Wohlergehen zu sichern und somit den Arbeitsprozeß ohne Störungen ablaufen zu lassen. Doch damit nicht genug. Die Handwerkerschaft besaß noch zusätzlich zu

Modell eines Bäckers vor seinem Backofen, 6. Dynastie. Zum Schutz gegen die Hitze des Ofens hält er die Hand vor das Gesicht. Pelizaeus-Museum, Hildesheim.

den Serviceleuten Diener und Dienerinnen, die immer wieder in den Lohnlisten aufgeführt werden. Dabei scheint es Diener für die Arbeiterschaft als Gruppe gegeben zu haben, während andere für einzelne Arbeiter persönlich tätig waren. Ob in diesen Dienern jedoch Sklaven in dem Sinne zu sehen sind, daß der Herr die absolute Gewalt über diese Menschen hatte, ist stark zu bezweifeln, besonders, weil sie eben in den Lohnlisten genannt werden, also einen festen Lohn erhielten, was für Sklaven immerhin ungewöhnlich wäre. Hinzu kommt noch der Umstand, daß diese Diener auch als Landbesitzer auftraten, also sogar Eigentum erwerben durften.

Die Zahl der Diener und der Serviceleute schwankte naturgemäß stark und richtete sich direkt nach der Anzahl der zu versorgenden Personen. Ein Text aus der Zeit Ramses' III. belegt eine recht hohe Zahl von Personal: *„Erklärung durch den Pförtner Chaemwase vor dem Nekropolenschreiber und den beiden Vorarbeitern: ‚So wahr Amun dauert, so wahr der Herrscher dauert. Ich werde einsetzen: 12 Wasserträger nach rechts und 12 nach links, Summe 24; ich werde einsetzen: 10 Fischer nach rechts und 10 nach links, Summe 20; ich werde einsetzen: 7 Holzfäller nach rechts und 7 nach links, Summe 14; ich werde einsetzen: 6 Gärtner nach rechts und 6 nach links, Summe 12; einen Konditor nach rechts und einen nach links, Summe 2 Männer; Töpfer: 4 Mann nach rechts und 4 nach links, Summe 8 Mann; Wäscher: 4 Mann nach rechts und 4 nach links, Summe 8 Mann.'"*

Das waren immerhin 88 Mann, zu denen noch jeweils zwei Schmiede und Gipsmacher, die hier nicht genannt sind, hinzukamen, so daß 92 Personen die Arbeiterschaft versorgten. Das ist eine gewaltige Zahl, wenn man sich überlegt, daß in der gleichen Zeit nur 40 Arbeiter und zwei Vorarbeiter in Deir el Medineh mit ihren Familien lebten. Mehr als zwei Serviceleute standen somit im Durchschnitt einer Familie zur Verfügung — eine erstaunliche Zahl. Hinzu kam ja auch noch eine leider unbekannte Zahl von Dienern und Dienerinnen. Selbstverständlich waren auch die Dienstleute bestens organisiert. Aus dem Text geht hervor, daß jeder Seite eine bestimmte Zahl von Leuten zugewiesen wurde. Diese unterstanden jeweils einem Chef, also einem Oberholzfäller, Oberfischer usw.

Die erwähnten Diener und Dienerinnen hatten, wie oben bereits angedeutet, wohl einen sklavenähnlichen Status, denn sie konnten verkauft oder vermietet werden. Doch hören wir auch von Freilassungen, ja sogar von der Aufnahme dieser Personen in die Familie ihrer Herren. Die meisten ‚Sklaven' kamen als Kriegsgefangene nach Ägypten, wie beispielsweise eine Stiftung König Thutmosis' III. an den Amuntempel von Karnak zeigt: *„Ich (Pharao) versah [sein (des Amun) Haus mit Arbeitshäusern], ausgestattet mit Hörigen. Ich füllte sie (die Arbeitshäuser) mit meiner Beute der nördlichen und südlichen Fremdländer, mit den Kindern der Häuptlinge von Syrien und den Kindern der Häuptlinge von Nubien."*

Inschriften dieser Art finden sich in fast allen Tempeln Ägyptens, angebracht von den meisten Pharaonen des Neuen Reichs. Als Geschenk des Königs oder durch Kauf kamen diese Kriegsgefangenen auch in Privatbesitz. So berichtet ein Schiffsoffizier namens Iahmose nach erfolgreichen Kämpfen unter König Thutmosis III.:
„Da nahm ich einen Mann und drei Frauen gefangen. Seine Majestät gab sie mir als Diener (Sklaven?). Dann belagerte man drei Jahre lang Scharuhen, dann eroberte es seine Majestät, und ich erbeutete dort zwei Frauen und eine Hand (als Zeichen eines getöteten Feindes). Da gab man mir das ‚Ehrengold der Tapferkeit', und man gab mir die Gefangenen als Diener."
Insgesamt bekam unser Iahmose immerhin 19 ‚Sklaven', was im weiteren Text aufgelistet ist. Andere Beamte oder Priester erhielten entsprechend ihrer sozialen Stellung viel größere Mengen an ‚Sklaven'. So berichtet ein Bauleiter, daß er 150 Personen in seinem Besitz habe, ein untergeordneter Priester erwähnt 13, ein Speisetischverwalter 43 usw. Man kann sich aufgrund der Zahlen gut vorstellen, daß in den Haushalten der obersten Beamten, wie des Vezirs, einige Hundert ‚Sklaven' lebten und arbeiteten.
Das Gesagte erlaubt, die Art und Weise, auf die die Diener schließlich auch nach Deir el Medineh gelangten, zu rekonstruieren. Der König schenkte diese Personen einer Verwaltung, in diesem Fall dem Vezirat, und von dort aus kamen sie dann in die Arbeitersiedlung, wo die Dienerinnen hauptsächlich als Müllerinnen und Bäckerinnen eingesetzt wurden. Einmal haben wir auch eine genaue Zahlenangabe von Dienern in einem Arbeiterhaushalt. Der Graveur Qeni berichtet, daß in seinem Haus immerhin sieben Erwachsene und drei Kinder als ‚Sklaven' lebten. Die Zahl dürfte bei den Vorarbeitern und Schreibern aufgrund ihrer höheren sozialen Stellung entsprechend größer anzusetzen sein.
Mit der Arbeitskraft dieser ‚Sklaven' wurde im Dorf ein schwunghafter Handel getrieben. So bezahlte einmal eine Frau diverse Waren mit der Verpfändung ihr zustehender Arbeitstage von Dienern:
„Jahr 3, 3. Monat der Sommerzeit, Tag 21; Tag der Vergabe, welche die Städterin (– – –) gemacht hat, ihrer Arbeitstage (im Sinne von ‚ihr zustehende Tage') an den Arbeiter Ani. Jeweils 10 Tage im Monat, macht 120 Tage im Jahr, macht (in vier Jahren) 480 Tage. Verzeichnis des Silbers (d. i. Geld), das ihr der Arbeiter Ani gegeben hat: (Folgt eine Liste von Gegenständen, deren Wert in Silber ausgedrückt ist)."
Bei diesem Text ist die hochinteressante Feststellung zu treffen, daß hier nicht etwa ein Mensch verkauft wurde, sondern allein seine Arbeitskraft, diese aber über einen Zeitraum von immerhin vier Jahren hinweg.
All diesen Beamten und Angestellten der Nekropolenverwaltung oblag die Organisation und Bürokratie der Handwerkertruppe. Zu diesem Zweck wurden täglich lange Listen geführt, welche die Versorgung der Arbeiter

mit Gütern und Arbeitsmaterial belegen. Da wurden Brot, Fisch und Holzlieferungen notiert und lange Anwesenheitslisten geschrieben, da gab es Listen, die die Abwesenheit einzelner Arbeiter vermerkten und dabei auch gleich ihre Entschuldigungen, warum sie nicht zur Arbeit erschienen waren usw. usw. Das tägliche Leben jedes einzelnen Handwerkers von Deir el Medineh war bis ins Detail verplant und durchorganisiert.
Einige dieser Listen sollen auszugsweise vorgestellt werden, um einen Eindruck von der altägyptischen Bürokratie zu vermitteln. Zuerst eine Abrechnung von Holzfällern:
„Empfangen des Holzes für den 3. Monat der Achetzeit, Tage 11–20: (Holzfäller) Imenchau: 500 Einheiten von seinem Rest und 250 (Einheiten), Summe 750 (Einheiten Holz).
(Holzfäller) Paiu: 500 von seinem Rest und 150, Summe: 650; (Holzfäller) Sobekmesu: 16 Sack Mist, macht 640 Holz, Gesamtsumme also 2040 (Einheiten Holz).“
Hier lieferte jeder Holzfäller eine bestimmte, vorher von der Verwaltung festgesetzte Menge an Holz. Wenn bei einer Lieferung das Soll nicht erfüllt wurde, mußte — wie unser Beispiel zeigt — der Rest nachgeliefert werden. Statt Holz lieferte Sobekmesu 16 Säcke mit Mist als Brennmaterial, was vom Schreiber sofort in Holzeinheiten umgerechnet wurde, um es vergleichbar zu machen. Zum Schluß steht die Gesamtrechnung der Lieferung, wonach für den Zeitraum von 10 Tagen, also eine Woche, 2040 Einheiten Holz an die Arbeiterschaft ausgegeben wurden.
Am umfangreichsten waren die An- und Abwesenheitslisten, die es den kontrollierenden Beamten leicht ermöglichten, jederzeit die genaue Zahl der Arbeitenden, und damit die Summe der zu leistenden Arbeit, zu erfassen. Ein Ausschnitt aus solch einer Liste, von denen Dutzende bekannt sind, sei nun präsentiert. Sie stammt aus der Zeit des Königs Amenmesse, der am Ende der 19. Dynastie regiert hat.
„Jahr 3, 4. Monat der Peretzeit, Tag 27: Vorarbeiter Neferhotep: krank; Nebnefer, Sohn des Wadjmose: krank; Nebnefer, Sohn des Nachi: krank; Imenemipet: beim Bierbrauen für (die Göttin) Hathor; Rahotep: krank.
4. Monat der Peretzeit, Tag 28: Vorarbeiter Neferhotep: krank; beide Nebnefer: krank; Rahotep: krank; Pendua: beim Opfer für (die Göttin) Henutmehi; Imenemipet: gleichfalls; der Maler Neferhotep: bei seinem Fest (wohl ein persönliches Fest wie z. B. Geburtstag).“
In diesem Stil gehen die Eintragungen noch über Monate hinweg, so daß wir einen recht guten Einblick in die Materie erhalten. Köstlich sind teilweise die Entschuldigungen einzelner Arbeiter. Sie waren oft krank, was aufgrund der harten Arbeitsbedingungen nicht erstaunt, oder sie opferten verschiedenen Gottheiten und waren bei bestimmten Festen, wie unser Textbeispiel zeigt. Arbeitsfreie Tage bei religiösen Festen wurden ganz un-

terschiedlich gegeben. Bei den großen Festen wie dem Amunfest, dem Neujahrsfest oder dem Hathorfest, um nur einige zu nennen, ruhte die Arbeit in der Nekropole vollständig. Bei weniger wichtigen oder individuellen Festen wurden nur einzelne Handwerker von der Arbeit freigestellt, in unserem Fall ein gewisser Pendua mit seinem Kollegen Imenemipet.
Neben diesen Entschuldigungen gab es noch viele andere, um vom Dienst fernzubleiben, was immer minutiös vermerkt wurde. So fehlten die Arbeiter auch bei Krankheit von Familienmitgliedern oder auch, um nahe Verwandte, die gestorben waren, zu bestatten. Sehr oft hören wir, daß Arbeiter für ihre Vorgesetzten zu arbeiten hatten und daher abwesend waren, was von der Administration anscheinend stillschweigend geduldet wurde, denn über etwaige Sanktionen erfahren wir so gut wie nichts. Sehr menschlich mutet eine Entschuldigung an, wonach ein Handwerker beim Bierbrauen war. Die folgenden Tage war er dann aus einem sehr einleuchtenden Grund abwesend: „betrunken", wie der Text lakonisch verzeichnet.
Etwas schwieriger ist es für den modernen Menschen zu verstehen, warum ein Mann nicht arbeiten konnte, nur weil seine Frau oder Tochter ihre Regel hatte. Doch ist gerade dieser Entschuldigungsgrund recht beliebt. Wahrscheinlich wurde die Menstruation als Krankheit angesehen, was zum Fehlen berechtigte. Einmal fehlte auch einer, weil er an seinem Haus baute!
Alle diese Gründe für die Abwesenheit wurden von den Schreibern festgehalten. Wenn jemand aber unentschuldigt fehlte, taucht in der Liste nur ein trockenes „abwesend" auf. Das Fehlen scheint keine Nachteile für die Arbeiter gebracht zu haben, denn wir hören weder von Lohnkürzungen noch von sonstigen Bestrafungen aller Art. Die Bürokratie nahm das einfach zur Kenntnis und damit hatte es sich!
In bescheidenem Umfang waren die Handwerker an der Verwaltung auch selbst beteiligt. Bei kleineren Vergehen wie Diebstahl, Zahlungsrückständen oder Zahlungsverweigerungen bildete die gesamte Arbeiterschaft (oder auch nur Teile davon) zusammen mit den Vorgesetzten das Gerichtskollegium.
Eine Besonderheit bildete die Einteilung von sogenannten Wachhabenden. Natürlich, wie nicht anders zu erwarten, wurden ein Arbeiter von der rechten und einer von der linken Seite die Wache. Dabei waren der Reihe nach alle Handwerker des Dorfes einmal dran. Waren schließlich alle einmal an der Reihe gewesen, begann der erste wieder usw. Dabei war die Reihenfolge festgelegt und wurde nur in besonderen Fällen verändert, beispielsweise bei Veränderung der Gesamtzahl der Wachhabenden oder auch bei größeren Umorganisationen. Dieser Turnus der Wache war unabhängig von den Wochentagen, auch an den Sonn- und Feiertagen mußten die Wachen amtieren. Das wird dann verständlich, wenn man sich die Aufgaben dieser Wachhabenden anschaut. Sie nahmen im Dorf die täglich eintreffenden Versor-

gungsgüter in Empfang und verteilten diese an ihre Kollegen. Es ist einsichtig, daß das auch an den Feiertagen geschehen mußte, ja mehr noch, gerade an diesen Tagen bekamen die Arbeiter häufig Sonderzuteilungen, um die Feste auch richtig feiern zu können.
Mit Ausnahme der Vorarbeiter und Schreiber waren alle Mitglieder der Arbeiterschaft zu diesem Dienst eingeteilt. Die Wachhabenden hatten den Vorteil, daß sie an diesen Tagen eben nicht mit den anderen zu den Baustellen hinausgehen mußten, um schwerste körperliche Arbeiten zu verrichten. Eine Wachhabendenliste aus dem Jahr 31 Ramses' III. notiert:
„3. Monat der Peretzeit, Tag 1: (Wache) des Iriaa; 2 Krüge Bier, 1 (Schale) Datteln für links; aus der Hand des (Holzfällers) Ptahmesu: 200 Einheiten Holz.
Tag 2: (Wache) des Horischeri; aus der Hand des Ptahmesu: 300 (Einheiten) Holz.
Tag 3: (Wache) des Iierniutef
Tag 4: (Wache) des Aninacht; 16 Pesen-Brote, 10 Bit-Brote, 2 Krüge Bier, 2 (Schalen) Datteln und aus der Hand des Ptahmesu: 300 (Einheiten) Holz.“
Gerade aus der Zeit Ramses' III. und seines Nachfolgers besitzen wir eine ganze Reihe von diesen Wachhabendenlisten. Zufällig sind fast ausschließlich die Listen der Wachhabenden der rechten Seite erhalten geblieben, während uns diejenigen für die linke Seite nur sporadisch begegnen. Doch waren sie ganz ähnlich aufgebaut.
Nachdem bisher ausführlich die Organisation und Verwaltung der Arbeitersiedlung von Deir el Medineh beschrieben worden ist, stellt sich die Frage, wie dieses Dorf in die allgemeine Staatsverwaltung integriert war. Oftmals ist in der Ägyptologie die Vermutung geäußert worden, daß die Nekropolenarbeiter etwas ganz besonderes darstellten, eben weil sie mit der äußerst wichtigen Aufgabe, die Königsgräber zu bauen, betraut waren. Ob sie jedoch wirklich eine bevorzugte Stellung innehatten, entzieht sich völlig unserer Kenntnis, da wir die Organisation der großen Werkstätten in den Tempeln oder im Königspalast nicht kennen. Daher kann aufgrund des fehlenden Materials nichts Konkretes zu diesem Thema ausgesagt werden.
Sicher ist, daß Deir el Medineh direkt dem Vezir unterstand, denn er erhielt die Berichte über den Arbeitsverlauf, und direkt an ihn wandten sich die Arbeiter mit ihren Problemen. Der Vezir wurde in den Briefen immer mit „unser Herr“ angeredet, was diese Unterordnung zeigt. Als oberster Chef der Nekropolenverwaltung war der Vezir auch für die Versorgung der

---

Pyramidion vom Grab des Schreibers Mose, 19. Dynastie. Der Schreiber kniet im Anbetungsgestus vor der aufgehenden Sonne. Nach den Vorarbeitern war der Nekropolenschreiber der ranghöchste Beamte der Arbeitersiedlung. Pelizaeus-Museum, Hildesheim.

Handwerker zuständig. Auf seinen Befehl hin lieferten die großen Institutionen Versorgungsgüter und Arbeitsmaterial an die Nekropolenarbeiter. Das Schatzhaus, das altägyptische Finanzministerium, lieferte Metalle, kostbare Steine, Öle und bestimmte Lebensmittel (z. B. Honig, Wein o. ä.), aber auch Kosmetika, Stoffe usw. Aus der Scheune, dem Landwirtschaftsministerium, kamen das Getreide und andere Grundnahrungsmittel; die königlichen Magazine schickten Geräte, Kleidung, Nahrung und Materialien. Der Vezir war somit zwar der oberste Leiter der Nekropolenverwaltung, doch die eigentliche Versorgung oblag den untergeordneten Dienststellen. Das ging sogar so weit, daß die großen thebanischen Tempel zu Lieferungen für die Arbeiter herangezogen werden konnten, wenn die Staatsverwaltung ihren Pflichten nicht mehr nachkommen konnte oder wollte. Diesen Tatbestand können wir gut in der 20. Dynastie erkennen, wo der mächtige und reiche Tempel des Amun von Karnak fast ausschließlich die Versorgung der Arbeitersiedlung übernommen hatte, was sicherlich mit der gleichzeitigen Schwäche der staatlichen Dienststellen zu erklären ist. Der Amuntempel garantierte dem regierenden Pharao somit eine würdige Bestattung und damit das Weiterleben nach dem Tode — welch Anspruch und was für ein enormer Machtzuwachs offenbaren sich darin!

Mehrfach wurde schon der Vezir genannt, so daß es sinnvoll erscheint, etwas ausführlicher auf dieses Amt einzugehen. Das Vezirat gehörte zu den ältesten Ämtern im Alten Ägypten und wurde schon in der 3. Dynastie eingerichtet, also in der Zeit, in der die erste Staatsverwaltung geschaffen wurde. Dieses höchste Staatsamt bekleideten in der frühen Zeit ausschließlich die königlichen Prinzen, die dadurch als Stellvertreter ihres Vaters fungierten. Doch schon bald, etwa in der Zeit der großen Pyramidenbauer in der 4. Dynastie, tauchten die ersten Nichtprinzen als Vezire auf, und auch später wurden die Vezire in der Regel nicht mehr aus der Königsfamilie rekrutiert. Als im Mittleren Reich die Verwaltung reformiert und weiter ausgebaut wurde, tauchten zum ersten Mal zwei Vezire gleichzeitig auf, die jeweils eine Landeshälfte verwalteten: ein Vezir war für Oberägypten, sein Kollege für Unterägypten zuständig. Diese Zweiteilung des Vezirats finden wir grundsätzlich auch im Neuen Reich, von einigen Ausnahmen abgesehen.

Über den Aufgabenbereich der Vezire des Neuen Reichs sind wir ausgesprochen gut informiert, da in den Vezirgräbern der frühen 18. Dynastie ein besonderer Text angebracht wurde — er ist im Grab des Vezirs Rechmire aus der Zeit Thutmosis' III. fast vollständig erhalten —: die sogenannte ‚Dienstordnung des Vezirs'.

Nach der Beschreibung der Amtskleidung des Vezirs und des Vezirbüros geht der Text zuerst auf die richterliche Funktion dieses höchsten Beamten der Staatsverwaltung ein:

„Wenn einer prozessiert mit einem von jeder Art von Leuten, die mit ihm auf gleicher Rangstufe stehen, dann soll einer nach dem anderen gehört werden. Nicht lasse man zu, daß der Hintenstehende vor dem Vorstehenden angehört werde."
Wenig später heißt es dann:
„Jeder, der nicht unschuldig befunden wurde in irgendwelchen (Anklagen o. ä.), deretwegen er (der Vezir) ihn verhört hat; und auch derjenige, der ihm die Anklage nicht widerlegen konnte bei seinem Verhör, das deswegen abgehalten worden war: er wird in das Register eingetragen, das sich im Hauptgefängnis befindet."
„Kommt nun ihr Fall zum zweiten Mal zur Verhandlung, so faßt man eine Meldung ab und stellt sie zu, daß es schon im Strafregister steht und man liest, warum sie im Register eingetragen sind gemäß ihrer Verfehlung."
Dieses Prinzip des Zurückgreifens auf Präzedenzfälle, das wir ja heute z. B. aus dem gegenwärtigen englischen Recht gut kennen, war typisch für die altägyptische Rechtsprechung, wie wir noch später aus einem Prozeß in Deir el Medineh sehen werden. Der Vezir fungierte als oberster Richter in großer Eigenverantwortung und war seinerseits nur dem Wort des Königs verantwortlich. Denn der Pharao konnte selbstverständlich jede Entscheidung eines Beamten verändern, was in der Praxis aber recht selten vorkam. Letztlich war der König die höchste Instanz der Rechtsprechung, er konnte bei Streitigkeiten von jedem jederzeit angerufen werden.
Der Vezir war der oberste Leiter der Staatsverwaltung:
„Man meldet ihm das richtige Öffnen und Schließen der Verwaltungen, und man meldet ihm die Zustände in den nördlichen und südlichen Festungen. Alles, was aus der Palastanlage herausgehen soll, darf nur herausgehen, nachdem es ihm gemeldet worden war. Ebenso kann nur alles in den Palast hineingehen, was hineingehen soll, wenn es ihm gemeldet worden ist."
Die Büros der Staatsverwaltung befanden sich gewöhnlich im Palast, daher die Bezugnahme auf jenen. Hier war jedoch nicht gemeint, daß alles, was dem König täglich in seine Wohnanlage geliefert wurde, durch das Vezirbüro laufen sollte. Denn dafür waren bestimmte königliche Palast- und Vermögensverwalter zuständig, die dem König direkt unterstanden. Vielmehr handelte es sich um die Erfassung und die korrekte Abrechnung aller Staatseinnahmen bzw. — ausgaben, wofür der Vezir verantwortlich war.
Gleichzeitig war der Vezir der oberste Polizeichef in seinem Verwaltungsbereich. Täglich mußte er zur Audienz beim König erscheinen, um den Bericht über die ‚Lage der Nation' zu erstatten:
„Es tritt ein (in den Palast), um sich nach den Angelegenheiten des Herrschers zu erkundigen, während ihm (dem Vezir) täglich die Lage der beiden Länder (d. i. Ober- und Unterägypten) in seiner Wohnung gemeldet wird."
Später, nach Empfang besagter Meldungen,

„gibt dann der Vezir den Befehl, jede Tür der Verwaltungsgebäude öffnen zu lassen, um alles, was hereinkommen will, eintreten zu lassen und was herausgehen soll ebenso, unter der Aufsicht seines Läufers, der es aufschreibt.“
Danach wurde die Zuständigkeit des Vezir für alle Akten ausführlich beschrieben, in die er unbeschränkt Einsicht hatte. Minutiös wurde vorgeschrieben, wie gewöhnliche Akten im Unterschied zu Geheimakten behandelt werden mußten. Der Vezir war auch für die korrekte Feldervermessung zuständig, besonders für die Grenzfestlegungen der einzelnen Äcker,

Relief im Grab des Vezirs Ramose, 18. Dynastie, Zeit Amenophis' III. Der Vezir war u. a. der oberste Vorgesetzte der Nekropolenarbeiter. Er war oberster Richter für die Handwerker, und er war zuständig für die korrekte Versorgung und Entlohnung der Handwerker.

die er aufgrund der Eintragungen in den Akten des Katasteramts zu überwachen hatte. Ihm unterstanden die Verwaltungen in den einzelnen Bezirken, den Städten und Dörfern im ganzen Land. Daneben war der Vezir Leiter der Steinbruchexpeditionen, und er beaufsichtigte das Fällen von Bäumen. Nach dem König war er der oberste Heerführer, wobei er jedoch mehr für die Organisation und Verwaltung der Armee zuständig war, was jedoch nicht hieß, daß der Vezir im Kriegsfall nicht auch Truppenkontingente befehligte. Ramses II. setzte beispielsweise den unterägyptischen Vezir in seiner Schlacht gegen die Hethiter als Heerführer ein.
Der Vezir beaufsichtigte das Eintreiben der Steuern und Abgaben im ganzen Land, aber auch die korrekte Versorgung der Menschen gehörte zu seinen Pflichten, was wir ebenfalls in Deir el Medineh sehen werden. Natürlich überwachte er die Ablieferungen der Tribute der unterworfenen Völker, und er wurde ganz allgemein als Stellvertreter Pharaos bezeichnet, dem alle Besonderheiten im Land, wie z. B. Regenfall o. ä., zu melden waren. Auch im religiösen Bereich spielte der Vezir eine herausragende Rolle. War er doch als Stellvertreter des Königs beim Kult zugegen, oder er überwachte den korrekten Ablauf des Rituals, oder wir finden ihn als Organisator der großen Götterfeste. Kurzum, der Vezir war der wichtigste Mann im Alten Ägypten, manchmal sogar mächtiger als der König selbst!
Zum Schluß sei noch auf eine besondere Berufsgruppe hingewiesen, die Polizei der Nekropole. Für die Aufrechterhaltung der Ordnung in Deir el Medineh und für die Bewachung der Nekropole von Theben-West waren Polizisten zuständig. Unter der Leitung von meistens zwei Oberpolizisten, die dem Vezir unterstanden, amtierten gewöhnlich acht einfache Polizeibeamte. Einmal, gegen Ende der 20. Dynastie, wohl als Reaktion des Staates auf die großen Grabplünderungen und aufgrund innerer Unruhen, die auch Deir el Medineh nicht verschont hatten, hören wir von sechs Oberpolizisten und 18 einfachen. Sie bewachten das Dorf und die Königsgräber, wie ein Text aus dieser Zeit erkennen läßt:
„Die beiden Oberpolizisten kamen und sagten: Leute, die Feinde sind, waren gekommen. Sie erreichten den Ort Perneby, und sie zerstörten alles, was dort war, und verbrannten die Einwohner. Der Hohepriester des Amun befahl uns: Bringt die Polizisten von Perneby und jene, die im Süden sind, und jene von der Nekropole und laßt sie hier stehen, um die Gräber zu bewachen.“
In diesem Fall hatte der Hohepriester des Amun von Karnak die Verteidigung der Nekropole gegen nicht näher bezeichnete Feinde organisiert. Die Polizeikräfte der ganzen Region unterstanden in dieser speziellen Situation den beiden Polizeichefs von Deir el Medineh. Wenige Tage nach diesen Vorfällen warnte einer der beiden Oberpolizisten die Nekropolenarbeiter:
„Geht nicht hinauf (zur Arbeit), bis ihr gesehen habt, was geschieht. Ich selbst werde eilen und sehen und hören, was sie (die Verteidiger) sagen.“

Polizisten wurden gern als Boten verwendet. So meldete ein Oberpolizist den Handwerkern den Tod König Sethos' II. und den Regierungsantritt Siptahs am Ende der 19. Dynastie. Manchmal überwachten sie auch die Ausgabe der Rationen an die Arbeiter, und sie nahmen regen Anteil am Handel in der Arbeitersiedlung, denn sehr häufig sind sie in den Kauf- und Mietverträgen erwähnt. Die Polizisten lebten außerhalb des Dorfes und gehörten auch nicht zur Arbeitertruppe direkt, was naturgemäß eine recht große Unvoreingenommenheit gegenüber den einzelnen Arbeitern bedeutete, die bei Streitfällen, die die Polizei zu schlichten hatte, nicht unwichtig war.
Zusammenfassend kann gesagt werden, daß die Organisation der Handwerker recht einfach strukturiert, dabei jedoch durchaus in der Lage war, die anfallenden Probleme zu lösen. Eines dieser Probleme, das immer im Mittelpunkt des Interesses stand, war die Versorgung der Einwohner von Deir el Medineh mit den Dingen des täglichen Bedarfs, wie der folgende Abschnitt zeigen wird.

Die Versorgung

Ein großes Problem stellte sich den Behörden bei der Versorgung der Menschen mit Nahrungsmitteln, Kleidung, Geräten und Materialien. Grundsätzlich sind in historischer Zeit noch die alten redistributiven Strukturen zu beobachten, nach denen die Verteilung aller Produkte geregelt war. Der Begriff ‚redistributive Strukturen', der von der Anthropologie entwickelt worden ist, beinhaltet ein ganz bestimmtes System der Verteilung, das typisch für straff organisierte Gemeinwesen ist. In der Theorie werden alle Produkte in eine Zentrale gebracht und dort gelagert. Nach bestimmten Kriterien werden diese Güter an die Menschen zurückverteilt, während aus dem in der Zentrale verbleibenden Überschuß die herrschende Schicht versorgt werden kann. Außerdem dient dieser Überschuß zur Finanzierung allgemeiner Projekte wie Bauten, Bewässerungsanlagen usw. Zu allen Zeiten fand dieses Grundprinzip des Wirtschaftens im Alten Ägypten immer Anwendung.

In seiner reinen Form dürfte es jedoch nur in vorgeschichtlicher Zeit zu finden sein, später wurde es zwangsläufig den neuen Gegebenheiten und veränderten Machtstrukturen angepaßt. Teilweise verzichtete man auf die mühsamen und aufwendigen Transporte zur Zentrale und errichtete stattdessen überall im Land lokale Zentren mit eigenen Verwaltern. Die Verwaltung erfaßte auch nicht alle produzierten Güter, da die private Herstellung weitgehend ausgenommen war. Dennoch versuchte man, das Grundprinzip staatlicher Verteilung so weit wie möglich beizubehalten, da die Machtausübenden auf diese Art ein starkes Druckmittel gegenüber der Masse des Volkes in Händen hielten. Die Kontrolle über die Verteilung bildete im Alten Ägypten ohne Zweifel einen wichtigen Bereich der Herrschaft.

Der König und seine Beauftragten kontrollierten den größten Teil der Gesamtproduktion Ägyptens. Im Gegenzug oblag ihm aber die Verpflichtung, alle Menschen mit allem zu versorgen, was sie zum Leben und für ihre Arbeit benötigten. Gab es Stockungen in diesem recht komplizierten Verteilungsmechanismus, waren Streiks, Aufruhr und sogar Aufstände der unzufriedenen Massen die Folge, wovon die Texte immer wieder berichten. Im allgemeinen darf man jedoch davon ausgehen, daß die Versorgung durch die staatlichen Instanzen weitgehend funktionierte, denn das System als solches wurde niemals in Zweifel gezogen. Das gilt auch für die Umbruchzeiten am Ende des Alten Reichs und in der Amarnaperiode.

Die Mengen der Versorgungsgüter, auf die jeder Ägypter einen Rechtsanspruch hatte, waren genau festgelegt. Das war durchaus ein Vorteil für die politisch machtlosen Teile der Bevölkerung, denn diese Mengenfestlegun-

gen gaben eine nicht unbeträchtliche wirtschaftliche Sicherheit, war doch das Existenzminimum garantiert, und sie boten einen gewissen Schutz vor Beamtenwillkür.
Qualität und Quantität der Versorgungsgüter richteten sich zum einen nach der Bedürftigkeit des Empfängers, zum anderen aber auch nach seiner sozialen Stellung. Sonderzuteilungen für besondere Leistungen, also eine Art Prämiensystem, waren ebenso möglich. Bei bestimmten religiösen Festen zeigten sich die Pharaonen durch Erhöhung der Zuteilungen gewöhnlich recht großzügig. Dabei konnten diese Sonderzuweisungen ein Mehrfaches der regulären Lieferungen ausmachen, was die Texte aus der Ramessidenzeit belegen. Bei allen Versorgungsleistungen seitens des Staates muß man immer berücksichtigen, daß diese zusätzlich zum garantierten Lohn erfolgten.
Sehr schwierig ist die Einschätzung der in den Quellen genannten Mengen, die an bestimmte Personen ausgegeben wurden. Meistens wird nicht gesagt, für wieviele Personen die Ration zu reichen hatte. Es bleibt ungewiß, ob sie nur für den eigentlichen Empfänger oder für ihn und seine Familie oder gar für seinen ganzen Haushalt gedacht war.
Des weiteren sind einige der angegebenen Maßeinheiten für uns unverständlich. Beispielsweise ist es kaum möglich, das Gewicht und die Größe der vielen Backwaren zu bestimmen. Das Volumen der Gefäße und Behältnisse, in denen Nahrungsmittel angeliefert wurden, läßt sich heute nicht mehr exakt ermitteln, so daß die erhaltenen Zahlen leider meistens keine große Aussagekraft haben. Dennoch soll unter Vorbehalt versucht werden, die wenigen sicheren Aussagen zusammenzustellen und auszuwerten.
Als Mindestmengen erhielten z. B. die Matrosen eines großen Transportschiffes in der Ramessidenzeit täglich 2 einfache Brote oder 1 Weißbrot, das qualitativ hochwertiger war. Ein Schüler bekam täglich immerhin schon 3 Brote und 2 Krüge Bier, wie es in der Lehre des Cheti extra vermerkt wurde. Hierbei kam sicher zum Tragen, daß der Schüler ja ein angehender Schreiber war, dem aufgrund dieser Position eine bessere Versorgung zustand. Einem Bittsteller ohne Landbesitz teilte ein König einmal eine Tagesration von 5 Broten und 2 Krügen Bier zu, was sicher wegen der Bedürftigkeit in dieser Höhe erfolgte. Der ‚beredte Oasenbauer' erhielt vom König sogar 10 Brote und 2 Krüge Bier. Diese große Ration war ohne Zweifel die Belohnung dafür, daß der Bauer durch seine witzig vorgetragenen Klagen dem Pharao und seinem Hofstaat ein paar vergnügliche Stunden bereitet hatte. Bei der Bemessung wird offensichtlich, daß 10 Brote mehr waren, als er verzehren konnte, so daß vom Rest seine Familie und eventuell sogar sein ganzer Haushalt versorgt werden konnten.
Die älteste echte Versorgungsliste, sie noch erhalten ist, stammt aus der Regierungszeit Sesostris' I. aus der 12. Dynastie. In seinem 38. Regierungsjahr hatte Sesostris eine große Expedition in das Wadi Hammamat ausgeschickt,

Versorgung von Soldaten, Grab des Haremhab, 18. Dynastie. Sehr selten ist in den Gräbern die Arbeiterversorgung dargestellt. Hier betreten Soldaten durch einen großen Eingang in gebeugter Haltung das Versorgungsbüro. In den Händen haben sie weiße Leinenbeutel, um die erhaltenen Lebensmittel transportieren zu können.

um Baumaterial zu holen. Die Expedition bestand aus 18 000 Mann. Eine lange Felsinschrift in der Nähe der Steinbrüche berichtet über die täglichen Mengen an Brot und Bier, die zur Versorgung dieser Menschenmassen notwendig waren:

„Der Expeditionsleiter und Herold Imeni	*200 Brote*	*5 Krüge Bier*
die 3 ‚Großen der 10 von Oberägypten', jeder	*100 Brote*	*3 Krüge Bier*
die 30 Offiziere, jeder	*30 Brote*	*1 Krug Bier*
die 20 Bürgermeister, jeder	*100 Brote*	*5 Krüge Bier*

der Vorsteher aller Arbeiten des Königs	*100 Brote*	*3 Krüge Bier*
der Domänenvorsteher der Verwaltung	*50 Brote*	*2 Krüge Bier*
der Domänenvorsteher des Schatzhauses	*50 Brote*	*2 Krüge Bier*
8 Schreiber, jeder	*30 Brote*	*1 Krug Bier*
der Bürovorsteher	*30 Brote*	*1 Krug Bier*
10 Siegler, jeder	*15 Brote*	*3/4 Krug Bier*
der Mineur	*15 Brote*	*3/4 Krug Bier*
30 Jäger, jeder	*15 Brote*	*3/4 Krug Bier*
60 Zimmerleute, jeder	*20 Brote*	*1/2 Krug Bier*
17000 Arbeiter, jeder	*10 Brote*	*1/3 Krug Bier*"

Die Zahlen lassen die gewaltigen Mengen an Versorgungsgütern erkennen, die in diesem Fall von der Scheunenverwaltung bereitgestellt werden mußten. Fast 6000 Liter Bier und knapp 176000 Brote je Tag mußten gebraut, gebacken und vor allem transportiert werden. Wenn auch Bäcker und Brauer der Expedition angehörten, so war allein der Transport des Getreides und des Wassers eine gigantische Aufgabe, besonders wenn man berücksichtigt, daß das Wadi Hammamat eine wasserlose Wüstenregion war und ist.

Besonders interessant sind die unterschiedlichen Mengen der Lieferungen an bestimmte Personengruppen, da daraus die soziale Stellung abzuleiten ist. Mit großem Abstand erhielt der Expeditionsleiter, der als einziger auch namentlich genannt wurde, die größten Mengen an Brot und Bier. Dann folgten die 20 Bürgermeister und schließlich der Vorsteher aller Arbeiten des Königs und die drei ‚Großen der 10 von Oberägypten', Beamte mittleren Ranges in der Zentralverwaltung. In der mittleren Führungsebene dieser Expedition befanden sich die beiden Domänenvorsteher, die 30 Offiziere, die Schreiber und der Bürovorsteher. Die 10 Siegler gehörten bereits in die untere Ebene der Leitung und wurden mit der gleichen Menge versorgt wie die hochspezialisierten Fachleute, der Mineur, die Jäger und die Zimmerleute. Die Masse der Arbeiter und Träger erhielt natürlich die kleinste Menge, die sicher nur den eigenen Tagesbedarf gedeckt haben wird.

Zwei Erklärungsmöglichkeiten für die hohen Zahlen an Brot und Bier für die Expeditionsleitung bieten sich an. Wahrscheinlich diente die Menge von z. B. 200 Broten und 5 Krügen Bier für den Expeditionsleiter zur Aufrechterhaltung eines angemessenen Lebensstandards. Davon konnte er ohne weiteres 15–20 Diener und Dienerinnen versorgen, die in seinem engsten Gefolge mitgereist sein werden. Das gleiche galt auch für die anderen Beamten, deren Gefolge ihrem Rang entsprechend kleiner war, was in den geringeren Zuweisungen zum Ausdruck kam. Die Zimmerleute und Jäger werden von ihren Rationen ihre Gehilfen und Lehrlinge versorgt haben.

Die zweite Möglichkeit wäre, daß die angegebenen Werte nur Richtwerte darstellten. Es ist denkbar, daß der Leiter statt 200 Brote den Gegenwert in Form von höherwertigen Genußmitteln erhielt, wie es aus Deir el Medineh bekannt ist. Dann wäre sein persönlicher Lebensstandard höher als der aller anderen Teilnehmer gewesen, Diener und Gefolge hätten dann aber nicht versorgt werden können. Wie dem auch sei, entscheidend bleibt die Tatsache, daß unterschiedliche Positionen im gesellschaftlichen Gefüge des Staates unterschiedliche Versorgungsleistungen bewirkten.

Durch einen glücklichen Umstand ist ein langer und sehr gut erhaltener Papyrus entdeckt worden, der heute in Kairo aufbewahrt wird. Dieser Text läßt uns einen Blick hinter die Kulissen der königlichen Palastverwaltung werfen. Neben den Einnahmen und Ausgaben an Versorgungsgütern von den einzelnen Unterabteilungen des Palastes enthält das Dokument mehrere Listen von Personen, die täglich vom Palast versorgt wurden. Wenn auch diese Listen nicht ganz vollständig sind, so erhält man dennoch einen guten Eindruck vom Umfang dieser Lieferungen. Dabei ist zu berücksichtigen, daß die innenpolitische Situation zu dieser Zeit, der 13. Dynastie, die ansonsten nur schlecht belegt ist, außerordentlich verworren war. Die Könige wechselten in schneller Reihenfolge, viele Herrscher amtierten nur einige Monate, ihre Macht war entsprechend gering. Das alles führte dazu, daß ein großer persönlicher Aufwand nicht mehr zu finanzieren und der Personenkreis, der versorgt werden mußte, recht klein war. Stellenweise liest sich der Text wie die Abrechnung eines Beamtenhaushalts des Mittleren oder Neuen Reichs und nicht wie die des Königshofes.

Wir erfahren, daß vier Königsschwestern, das waren Nebenfrauen des Pharao, jeweils 1 Krug Bier pro Tag erhielten. Dieselbe Menge bekamen auch die Bediensteten dieser Königinnen. Das heißt, wir haben hier Lieferungen vor uns, die zum direkten Verzehr bestimmt waren. Kleinere Mengen an Brot, Kuchen, Bier, Fleisch und Datteln erhielten die ranghohen Staatsbeamten. Der Vezir ist genannt, Truppenkommandeure, Sekretäre, Richter, der Schatzmeister und sein Stellvertreter und eine ganze Reihe von rangniedrigeren Beamten und Schreibern. Die Hauptkönigin, der Kronprinz und seine Schwester, 9 Nebenfrauen und eine kleinere Zahl von Hofbediensteten bekamen täglich ihre Ration aus den Palastmagazinen, wobei die Zahlen für die Königinnen etwa gleich groß sind. Während der Kronprinz eine deutlich kleinere Menge bekam, möglicherweise war er noch sehr jung, erreichten die Lieferungen für die Prinzessin eine enorme Höhe, denn sie erhielt fast ein Drittel mehr als die Hauptfrau. Vielleicht spielt hier hinein, daß diese Prinzessin für die Erbfolge oder sogar für die Herrschaftslegitimation von besonderer Bedeutung war, was wir leider nicht genau sagen können, denn die Familienverhältnisse der diversen Königsfamilien der 13. Dynastie liegen völlig im dunkeln.

Als sich eine Delegation ranghoher nubischer Fürsten für einige Zeit im Palast als Gast aufhielt, wurde sie in die Verteilung aufgenommen. Wie alle anderen auch, erhielten die nubischen Gesandten Brot, Bier und Datteln

Modell einer Müllerin, 6. Dynastie. Das Verarbeiten der Getreideration war grundsätzlich Aufgabe der Frauen. Nur wenn im großen Stil in den Palast- oder Tempelmühlen Korn gemahlen wurde, erledigten Männer die körperlich schwere Arbeit. Pelizaeus-Museum, Hildesheim.

aus den Magazinen. Eine Sonderzuteilung für alle Empfangsberechtigten gab es bei großen Festen. Da konnten an die Palastbewohner Süßigkeiten, Enten, Gänse, Fleisch und vor allem Wein ausgegeben werden. Sogar der Blumenschmuck für die Festveranstaltungen wurde genau abgerechnet.

Kehren wir nach unserem kurzen Ausflug in die Versorgung der Staatsspitze zu den einfachen Leuten, den Handwerkern und Bauern und ihren Familien zurück. Ramses II. ließ in einem Anflug von Gigantomanie in ganz Ägypten gewaltige Tempelanlagen errichten. Der Bau riesiger Felstempel,

Höfe und Hallen und der Bau einer neuen Hauptstadt, der Ramsesstadt im Ostdelta, verschlangen Unsummen. Ganze Heerscharen von Arbeitern mußten versorgt werden, um die ehrgeizigen Pläne des Monarchen zu realisieren. Daher wundert es niemanden, daß gerade Ramses II. sich besonders um das Wohl seiner Handwerker kümmern mußte. Das ging sogar so weit, daß er sie regelrecht hofierte, wie eine Steleninschrift aus seiner Regierungszeit zeigt:
„Die Scheunen sollen überfließen an Getreide, damit nicht ein Tag des Mangels an Lebensunterhalt eintritt. Es ist für jeden von euch monatlich festgesetzt, und ich fülle euch die Magazine mit allen Dingen an Brot, Fleisch, Kuchen für euren Unterhalt, Sandalen, Kleidern und allerlei Salben zum Salben eurer Häupter für alle zehn Tage, die Kleidung aber für jedes Jahr und die Sandalen für eure Füße täglich. Nicht soll einer von euch einschlafen, indem er aus Not seufzt. Ich gebe euch zudem viele Leute, die euch gegen Mangel versorgen: Fischer, um Fische zu bringen, zudem Gärtner, um Gemüseabrechnungen zu machen. Ich lasse Gefäße herstellen auf der Töpferscheibe, um Behälter herzustellen zum Wasserkühlen für euch im Sommer. Auch fährt für euch Oberägypten nach Unterägypten und Unterägypten nach Oberägypten mit Emmer, Gerste, Weizen, Salz und Bohnen ohne Zahl."
Den eigentlichen verwaltungstechnischen Ablauf dieser versprochenen Lieferungen kennen wir genau aus Deir el Medineh. Zuständig waren die staatlichen Verwaltungen. Die Scheune lieferte Getreide, Mehl und Brot und natürlich das Bier, das Schatzhaus lieferte Materialien, Kleidung, Sandalen, Öle, Salben, Fleisch und Fisch, also die höherwertigen Produkte.
Im Alten Ägypten gab es eine unwahrscheinliche Vielfalt von Backwaren. Neben den großen Normalbroten, dem Hauptnahrungsmittel der Arbeiter, gab es Weißbrote, Kuchen und allerlei Gebäck. Durch Zugabe von Datteln und Früchten konnte der Geschmack beliebig variiert werden. Auch die Form der Brote war vielfältig: runde, spitze, ovale und längliche Brotlaibe sind aus den vielen Darstellungen bekannt.
Die Anlieferungen von Brot und Bier erfolgten ziemlich unregelmäßig. Da man sich höchstwahrscheinlich am realen Bedarf orientierte, schwankten die gelieferten Mengen zum Teil ganz beträchtlich. Im Normalfall erhielten die Nekropolenarbeiter pro Tag 1 Brot und ein kleines Quantum Bier. Ihre Frauen und Kinder wurden gesondert versorgt. Diese Mengen waren für den täglichen Bedarf ausreichend, so daß niemand hungern mußte. Zusätzlich wurde Öl ausgegeben, und als besondere Kostbarkeit dürfte Honig gegolten haben, der jedoch wegen seines hohen Wertes nicht zur üblichen Versorgung zählte, ebenso wie Wein und Weihrauch. Früchte wurden nur sehr selten ins Dorf gebracht, wahrscheinlich waren die Probleme mit der geringen Haltbarkeit zu groß.
Zur allgemeinen Versorgung gehörten immer Datteln, die in frischem oder

getrocknetem Zustand in genormten Säcken angeliefert wurden. Ein einfacher Arbeiter bekam 1/4 Sack pro Monat, während die Vorarbeiter und Schreiber 3/4 Sack erhielten. Frisches Gemüse bereicherte den Speiseplan unserer Dorfbewohner und wurde in sehr kurzen Abständen angeliefert, wobei in den Listen als Mengeneinheit das Bündel genannt ist. Wir kennen zwar nicht die Menge in Kilogramm ausgedrückt, die sich hinter einem Bund Gemüse verbarg, doch da im Durchschnitt 4–6 Bund ausreichend für etwa 20 Personen waren, muß das Bund recht groß gewesen sein. Vielleicht war es die Last, die ein Gärtner ohne weiteres tragen konnte. Wir finden Lieferungen von Bohnen, Kohl, Kräutern, Zwiebeln und Lauch in den Abrechnungen.

Da Fleisch, ähnlich wie Wein und Honig, recht teuer war und nur zu besonderen Anlässen ausgegeben wurde, war der Fisch zur Deckung des Proteinbedarfs der Menschen unabdingbar. Mehrere Fischer arbeiteten ausschließlich für die Nekropole und versorgten die Arbeiter mit Fischen. Ca. 250 kg für etwa 40 Personen wurden pro Monat abgerechnet, doch schwankten auch diese Zahlen je nach Zahl der zu versorgenden Personen recht stark. Salz und andere Gewürze wurden nur in kleinen Mengen als Sonderzuteilungen geliefert.

Außer mit Lebensmitteln mußten die Menschen auch mit den meisten anderen Dingen versorgt werden, die sie selbst ja nicht herstellen konnten. Das Brenn- und Bauholz lieferten spezielle Holzfäller, wobei die in den Rechnungen genannten Maßeinheiten völlig unklar bleiben. Da die Mengenangaben ziemlich groß waren, bis zu 1600 Einheiten pro Lieferung, können die Recheneinheiten wohl nicht allzu groß gewesen sein. Dabei darf man nicht außer Acht lassen, daß Holz in wüstennahen Regionen sehr selten und kostbar war und ist. Alle aus Holz hergestellten Fertigprodukte gehörten nicht zur regulären Versorgung der Arbeiter und mußten vom Lohn gekauft werden, das gilt auch für Flechtwaren aller Art.

Anders war die Situation bei der Bekleidung. Jedem Arbeiter stand einmal im Jahr eine Kleidungslieferung zu, wie das der obige Text zum Ausdruck bringt. Das heißt, jedermann wurde vom Staat von Kopf bis Fuß neu eingekleidet. Berücksichtigt man jedoch die schwere Arbeit, bei der die Kleidung stark in Mitleidenschaft gezogen wurde, so ist offensichtlich, daß die jährliche Ausgabe von neuen Kleidern durch den Staat nicht den tatsächlichen Bedarf decken konnte. Auch etwaige Sonderlieferungen waren da lange nicht ausreichend. Es ist daher kein Wunder, daß das Anfertigen oder der Kauf von Kleidung in den Texten einen breiten Raum einnimmt. Da die schmutzige Wäsche auch einmal gesäubert werden mußte, gehörten zur Nekropolenverwaltung Wäschereien, die den Handwerkern anscheinend kostenlos zur Verfügung standen.

Eine Ausnahme bildeten die aus Leder oder Papyrus hergestellten Sandalen,

die zur allgemeinen Versorgung gehörten. Doch da, bedingt durch die Arbeit im Fels, das Schuhwerk nie lange hielt, existierte im Dorf ein reger Sandalenhandel, wobei die Preise allerdings nicht allzu hoch waren. Handel trieben die Leute ausschließlich mit Ledersandalen, Papyrussandalen hatten allem Anschein nach keinen Marktwert und gehörten zu den täglichen Lieferungen.
Nachdem wir bisher die Versorgungsleistungen des Staates an seine Angestellten betrachtet haben, wollen wir nun zum Schluß noch etwas auf die Situation im halbstaatlichen und privaten Bereich eingehen. Grundsätzlich galt ein Gleichheitsgebot, wonach Arbeiter, die beispielsweise für einen Tempel oder einen Beamten arbeiteten, die gleichen Versorgungs- und Lohnansprüche hatten wie ihre Kollegen im Staatsdienst.
Den Tempeln flossen in Form von Schenkungen hohe Vermögenswerte zu. Hinzu kamen Einnahmen aus den großen Opfern an Naturalien seitens des Königs und der Beamten. Dadurch waren die Tempel wirtschaftlich weitgehend unabhängig und konnten selbständig Arbeiten durchführen lassen — unter der Bedingung, daß die Handwerker und ihre Familien versorgt und angemessen entlohnt wurden.
Die Beamten unterlagen ganz ähnlichen Vorschriften. Aus ihren Diensteinkünften mußten sie ihre Untergebenen versorgen und darüber hinaus ihren sicher recht aufwendigen Haushalt bestreiten. Sie selbst konnten jedoch mit regelmäßigen Zuweisungen vom König rechnen, und sie hatten zusätzlich die Möglichkeit, an den großen Opfern in den Tempeln zu partizipieren. Der Teil der Opfergaben, der im Tempel selbst nicht verbraucht werden konnte, wie Nahrungsmittel aller Art, wurde wieder ausgegeben und erhöhte das Einkommen auch der Beamten, obgleich den Löwenanteil natürlich die Priester für sich einbehielten. Daher war es für jeden Beamten von wirtschaftlichem Interesse, wenn er als Pfründe eine Priesterstellung in einem der großen Tempel des Landes erhielt. Fast in jeder Titelreihe tauchen ein oder mehrere Priestertitel auf, was den Anspruch des Titelträgers auf entsprechende Anteile an den Tempeleinkünften sicherte.
Der König selbst konnte einem Beamten das Anrecht auf Teile des Opfers gewähren. Bei der Einsetzung des Hohepriesters des Aton, Merire, sprach Echnaton:
„Ich gebe dir diese Würde mit den Worten: Du sollst die Versorgung Pharaos, deines Herrn, im Atontempel essen."
Damit erhielt Merire seinen Rechtsanspruch auf Versorgungsleistungen aus der Masse der Opfergaben im Atontempel von Amarna.
Die Versorgung spielte auch im Totenkult eine ganz entscheidende Rolle. Es war schon im Alten Reich üblich, Teile aus dem Vermögen testamentarisch in eine Totenstiftung einzubringen. Den Nutzen hatte dann der ebenfalls im Testament bestimmte Totenpriester, der vom Verstorbenen auf die-

Modell einer Schlachterei, Mittleres Reich. Man erkennt, daß an der Schlachtung und anschließenden Zerteilung des Rindes mehrere Personen beteiligt waren. Ein gutes Beispiel für soziale Kooperation. Diese Schlachtereien befanden sich in großen Städten und in den Tempeln und Palästen. Pelizaeus-Museum, Hildesheim.

se Art und Weise versorgt werden konnte. Als Totenpriester fungierten Familienangehörige, aber auch Untergebene, die für ihre Treue belohnt werden sollten. Besonders interessant war es natürlich, Totenpriester eines Königs zu werden, da damit selbstverständlich ein großer Reichtum verbunden war.

Ganz ähnlich war die Situation auch im privaten Bereich. Aus Deir el Medineh hören wir immer wieder von testamentarisch verbrieften Legaten für nahe Verwandte, aber auch für Freunde und Kollegen. Zu Lebzeiten mußte ein Ehemann seine Frau versorgen. Bei der Heirat erwarb die Frau einen rechtlichen Anspruch auf bestimmte, vorher festgelegte Versorgungsleistungen seitens des Ehemanns. Daß die Kinder von ihren Eltern versorgt werden mußten, war auch im Alten Ägypten eine soziale Pflicht, der sich niemand entziehen konnte. Darüber hinaus setzten die Handwerker oft ihren Eltern oder Großeltern kleine Renten aus, um das Wohlergehen der älteren Generation sicherzustellen. Verwitwete oder geschiedene Frauen konnten jederzeit ohne Probleme in die Sicherheit ihrer Familie zurückkehren, auch kranke oder alleinstehende Familienangehörige mußten wieder in die Familie aufgenommen und versorgt werden.

Das Einkommen eines im Produktionsprozeß stehenden Mannes war in aller Regel so hoch, daß er seiner Familie ein Auskommen sichern konnte. Für den Staat hatte das den Vorteil, daß man sich um die Alten und Kranken wenig zu kümmern brauchte; eine staatliche Altenversorgung war daher überflüssig. Die Beamten waren natürlich weitaus besser gestellt, denn sie erhielten die Einkünfte aus ihrem Vermögen bis an ihr Lebensende und mußten daher ebenfalls nicht vom Staat versorgt werden. Alles in allem kann man feststellen, daß das altägyptische Verteilungs- und Versorgungssystem so weitreichend und umfangreich ausgebaut war, daß in normalen Zeiten jedermann ausreichend zum Leben hatte.

Doch was passierte, wenn einmal die Versorgung ausblieb? Welche Möglichkeit besaßen die Arbeiter, Druck auf die Verwaltung auszuüben, um zu ihrem Recht zu kommen? Antwort darauf gibt ein langer Papyrus, der von Arbeiterdemonstrationen und Arbeitsverweigerungen berichtet. Streik als Mittel zur Durchsetzung von Forderungen ist, wie man sieht, keine Erfindung der modernen Industriegesellschaft. Schon 1100 v. Chr. hatten Arbeiter mit diesem Kampfmittel Erfolg im Kampf gegen eine korrupte und unfähige Staatsbürokratie.

Die Arbeiterstreiks in der Zeit Ramses' III.

„An den Wedelträger zur Rechten (Pharaos), den Vorsteher der Stadt (d. i. Theben) und Vezir Ta. Der Schreiber (der Nekropole) Neferhotep schreibt seinem Herrn in Leben, Heil und Gesundheit. Dieses ist ein Brief, um meinen Herrn wissen zu lassen: Ich teile meinem Herrn mit, daß ich an den Gräbern der Königskinder arbeite, deren Errichtung mein Herr befohlen hatte. Ich arbeite sehr sorgfältig und ganz vortrefflich mit schönen und trefflichen Fortschritten. Mein Herr braucht um sie (die Gräber) nicht besorgt zu sein, denn ich arbeite sehr ordentlich, und ich bin keineswegs müde.
Ich teile meinem Herrn mit, daß wir (die Handwerker) äußerst elend geworden sind. Alle Sachen für uns, die dem Schatzhaus, der Scheune und dem Magazin obliegen, sind weggelassen worden. Nicht leicht ist aber das Schleppen von Steinen. Man hat uns die sechs Oipe (d. i. 1 1/2 Sack) Gerste wieder fortgenommen, um sie uns als sechs Oipe Dreck zu geben! Möge mein Herr handeln, daß unser Lebensunterhalt (uns) gewährt wird! Denn wir sind schon am Sterben, wir werden kaum noch am Leben bleiben, denn man gibt sie uns nicht, nämlich irgendwelche Sachen (also Versorgungsgüter und Löhne).“
Mit diesem besonders im letzten Abschnitt sehr eindringlichen Schreiben des Nekropolenschreibers an seinen Chef, den Vezir Ta, begannen Arbeiterauseinandersetzungen, die Deir el Medineh und ganz Theben für Monate in Atem halten sollten.
Was war geschehen? Welche Umstände führten zu Arbeitsverweigerungen und Streiks? Wir erfahren aus diesem Brief, daß die Handwerker korrekt, sorgfältig und schnell die Aufträge des Vezirs erfüllten. Dennoch klappten Versorgung und Entlohnung nicht, ja viel schlimmer, statt Gerste bekamen sie als Lohn nur Dreck und das, nachdem sie schon die gute Gerste erhalten hatten. Aber diese war wieder weggeholt und ausgetauscht worden. Von wem, bleibt zwar ungesagt, doch kann das eigentlich nur von einem höheren Staatsbeamten veranlaßt worden sein.
Der für die Lieferungen im Dorf zuständige Beamte, in diesem Fall war es der Nekropolenschreiber Neferhotep, wandte sich schließlich an den Vezir persönlich und bat ihn um Abhilfe. Daß die Arbeiter „schon am Sterben“ seien, dürfte zwar übertrieben gewesen sein, doch war ihre Situation gegenüber früher sicher schlechter geworden, und genau darauf machte der Schreiber mit drastischen Worten aufmerksam. Für sein diplomatisches Können spricht sein Stil, der sehr zuvorkommend ist, und geschickt stellte er an den Anfang seines Schreibens den Bericht über die besonders sorgfältige und schnelle Arbeit an den Gräbern. Bisher zogen die Arbeiter demzufolge keinerlei Konsequenzen aus ihrer Notlage, im Gegenteil, durch beson-

dere Leistungen versuchten sie, die Ungerechtigkeit der Situation deutlich hervortreten zu lassen. Dennoch scheint diese Notlage nicht beseitigt worden zu sein, denn einige Zeit später erhielt der Nekropolenschreiber Imennacht erneut eine Klage der Arbeiterschaft:

„Jahr 29 (Ramses' III.), 2. Monat der Überschwemmungszeit, Tag 21. An diesem Tag: Entgegengenommen die Klage der Arbeiterschaft durch den Schreiber Imennacht. 20 Tage des Monats sind (mittlerweile) vergangen, ohne daß uns die Getreideration (also der Lohn) gegeben worden ist.

Er (der Schreiber) begab sich zum Totentempel des Haremhab, der zum Amuntempel (von Karnak) gehört. Man brachte daraufhin 46 Sack Emmer und gab es ihnen im 2. Monat der Überschwemmungszeit, Tag 23.

Man ernannte den Vezir Ta zum Vezir Ta von Ober- und Unterägypten."

Also gab es schon wieder Ärger mit den unpünktlichen Lohnzahlungen an die Arbeiter. Wir erfahren aus der Datierung, daß sich das ganze gegen Ende der 32jährigen Regierungszeit Ramses' III. abspielte, nämlich in seinem 29. Regierungsjahr.

Doch durch die schnelle Reaktion des Schreibers Imennacht konnte Schlimmeres vorerst verhindert werden. Er begab sich sofort persönlich zum Totentempel des Königs Haremhab, empfing dort den Lohn für die ihm anvertrauten Handwerker und bezahlte 46 Sack Emmer an sie aus. Das war zwar nur ein Bruchteil des gesamten Lohns, doch die Arbeiter waren aufs erste zufriedengestellt.

Interessant ist dabei, daß einer der Tempel eines verstorbenen Königs für die Zahlungen aufkam, die eigentlich den staatlichen Stellen oblagen. Da der genannte Totentempel des Haremhab, wie alle anderen Totentempel auch, organisatorisch zum großen Amuntempel von Karnak gehörte, belieferte also diese Anlage direkt die Arbeiter. Das läßt erkennen, wie der Tempel des Reichsgottes Amun seinen Einfluß steigerte: Er übernahm mehr und mehr die Staatsaufgaben. Das war für den König, dem der Tempel nominell unterstand, so lange ungefährlich, wie die Priesterschaft loyal blieb. Es wurde jedoch, und das zeigen die Ereignisse wenige Jahrzehnte später drastisch genug, brandgefährlich für den Pharao und seine Herrschaft, wenn der Tempel begann, eigenständige Politik zu betreiben, wozu seine enorme wirtschaftliche und natürlich religiöse Macht ihn in die Lage versetzte. Denn dann konnte der Tempel auf ein Heer von Abhängigen zurückgreifen, die ihm zwangsläufig loyal waren, wie eben auch die Handwerker von Deir el Medineh, die ja Staatsangestellte waren und deren Loyalität eigentlich dem König gelten sollte.

Ein weiteres Faktum läßt der obige Brief erkennen. Die lapidare Notiz, daß man (d.i. der König, der in diesen Dokumenten immer nur indirekt als ‚man' genannt wird) den Vezir Ta zum Vezir beider Landesteile ernannt hatte, läßt den Versuch des Staates erkennen, durch Machtkonzentration den Unruhen entgegenzuwirken. Wie oben bereits dargelegt, gab es in der Regel zwei gleichzeitig amtierende Vezire. Der eine verwaltete Unterägypten, also das Delta. Er residierte in der Hauptstadt Memphis, später dann, seit der Zeit Ramses' II., in der von diesem neu erbauten Ramsesstadt. Der andere Vezir wohnte in Theben und war für ganz Oberägypten zuständig, also das Niltal südlich von Memphis bis nach Elephantine, der klassischen Südgrenze Ägyptens.

Nur ganz außergewöhnliche Ereignisse, die vielleicht der Herrschaft gefährlich werden konnten, führten dazu, daß manchmal nur ein einziger Vezir über beide Landesteile als Leiter der Verwaltung herrschte. Hier hing diese Maßnahme sicherlich mit den zu erwartenden inneren Unruhen zusammen. Man hoffte wohl, daß ein Vezir mit überragender Machtfülle am besten geeignete Maßnahmen ergreifen könne, um diese Unruhen wirkungsvoll zu bekämpfen. Man war anscheinend nicht in der Lage, den Grund für diese Krise zu beseitigen, indem die fehlenden Rationen und Versorgungsgüter an die unzufriedenen Arbeiter gegeben wurden. Es sind in dieser Zeit zwar nur aus Deir el Medineh selbst Streiks belegt, doch dürfte diese Situation auch in anderen Dörfern und Städten eingetreten sein, wo es zu ähnlichen Unruhen gekommen sein dürfte, auch wenn unsere Quellen darüber nichts aussagen. Das liegt ganz sicher ausschließlich an der unzureichenden Beleglage, mit der jeder Altertumswissenschaftler permanent zu kämpfen hat. Aber einzig und allein wegen einiger Dutzend streikender Arbeiter im Tal der Könige hätte niemand ernsthafte organisatorische Veränderungen im Staatsapparat vorgenommen, sondern einfach Polizei oder Soldaten dorthin geschickt, um die Ruhe wiederherzustellen. Die Maßnahme der Zusammenlegung des Vezirats zeigt doch gerade, wie gefährlich die Situation in Ägypten in dieser Zeit geworden war. Die notleidende Arbeiterschaft rebellierte. Vergessen war die regelrechte Hofierung dieser Bevölkerungsschicht durch den Pharao Ramses II., der wörtlich in einer Stele sagte: *„Oh, ihr Handwerker, ausgesucht, geschickt und stark, die für mich Denkmäler in großer Zahl errichten, die kundig sind in jeder Arbeit mit Stein, die vertraut sind mit Granit. Ihr tüchtigen und fleißigen beim Bauen meiner Monumente. Oh, ihr vollkommenen Arbeiter, die nicht faul sind, die wachsam sind bei der Arbeit und die ihre Pflicht gewissenhaft und tüchtig erfüllen. Hört, was ich euch zu sagen habe; denn es ist nützlich für euch, so daß die Tat sei gemäß der Rede: Eure Versorgung wird überfließen, nicht wird es einen Mangel geben. Zahlreich wird eure Nahrung sein, ich habe euren Unterhalt gemacht als einen, der in jeder Beziehung ordentlich ist, damit ihr gerne für mich arbeitet. Ich bin einer, der fest ist als Beschützer eures Unterhalts, gewichtiger ist die Versorgung in euren Händen als die Arbeit, im Wunsche euch zu versorgen, um euch aufzuziehen. Denn ich kenne eure wahrhaft mühselige Arbeit, bei der der Arbeiter nur jubelt, wenn sein Bauch voll ist."*

Diese fast väterliche Sorge des großen Ramses für seine Handwerker muß den Arbeitern Jahrzehnte später wie Hohn vorgekommen sein — oder wie ein Relikt aus einem längst vergangenen goldenen Zeitalter. Wie sehr hatte sich die Wirklichkeit verändert. Statt Getreide bekamen sie Dreck, statt Kleider zu tragen, gingen sie in Fetzen, die Speicher und Scheunen waren leer, statt von Getreide überzufließen, wie Ramses es befohlen hatte. Und der Wunsch, daß niemand sich zum Schlafen niederlegen soll, indem er aus Mangel seufzt, entpuppte sich für die Arbeiter der Zeit Ramses' III. mehr als Wunschtraum denn als Realität.
Wir kennen die Gründe nicht, die zur offensichtlichen Verschlechterung der Situation der Arbeiter geführt hatten. Wahrscheinlich waren es in erster Linie rein organisatorische Probleme, die nicht mehr gelöst werden konnten. Hinzu kommt, daß gerade Ramses II. die Handwerker bevorzugt haben wird, um seine gigantische Bauwut austoben zu können — genau das aber war von seinen Nachfolgern nicht mehr beabsichtigt. Außerdem hatte Ägypten wegen der Bedrohung durch die Fremd- und Seevölker erhebliche außenpolitische Probleme zu lösen. Ramses III. gelang es zwar, diese Angreifer zu vernichten, doch nur unter erheblichen Verlusten an Menschen und Material. Vielleicht spürte man die Auswirkungen dieser Anstrengungen noch Jahre später in Ägypten.
Daneben scheint es starke innenpolitische Kräfte gegen Ramses III. gegeben zu haben, denn kurze Zeit nach dem Ausbruch der Arbeiterunruhen fiel er einer Harimsverschwörung zum Opfer und wurde ermordet. Vielleicht hatten politische Gegner des Königs bewußt Streiks herbeigeführt, um dem Herrscher zu schaden und den Boden für eine Machtübernahme zu bereiten. Doch muß dieses leider im Bereich der Vermutungen und Spekulationen verbleiben.
Wie dem auch sei, kurz nach dem Eingreifen des Schreibers, der den Arbeitern wenigstens einen Teil ihres Lohns besorgt hatte, blieben die Zahlungen endgültig aus, und es kam zu regelrechten Arbeitsverweigerungen und Demonstrationen in Deir el Medineh.
„Jahr 29, 2. Monat der Winterzeit, Tag 10. An diesem Tag: Streik (ausgedrückt durch die Formulierung: Passieren der Mauern) durch die Arbeiterschaft. Sie sagten: ‚Wir sind hungrig! 18 Tage des Monats sind (schon) vergangen!'
Und sie setzten sich nieder an der Rückseite des Totentempels Thutmosis' III. Da kamen der Nekropolenschreiber, die beiden Vorgesetzten, die beiden Stellvertreter, die beiden Verwaltungsbeamten und riefen ihnen zu: ‚Kommt herein (d. i. in den Tempel)!' Sie schworen große Eide und sagten: ‚Wir haben Worte (Nachrichten) Pharaos.'
Man blieb tagsüber an dieser Stelle, verbrachte jedoch die Nacht in der Nekropole."
Die Arbeiter waren wütend. Schon wieder waren mehrere Tage, 8 statt der fehlerhaften 18, vergangen, ohne daß ihre Rationen geliefert worden waren.

Im Grab des Vezirs Rechmire, 18. Dynastie, sind zahlreiche Handwerksszenen erhalten. Hier werden Ziegel hergestellt und zum Trocknen ausgelegt. Ob die Arbeiter außerhalb von Deir el Medineh ebenfalls gestreikt haben, wissen wir nicht. Es ist jedoch gut denkbar.

Sie rotteten sich zusammen, verließen ihre Arbeitsplätze und zogen zum Totentempel Thutmosis' III., der ganz in der Nähe des Ramesseums liegt, wo die Handwerker gewöhnlich ihren Lohn erhielten. Doch die Vorgesetzten kamen zu ihnen und schworen große Eide, daß sie Nachrichten vom König hätten, was besagte, daß die Lieferungen bald zu den Arbeitern gelangen würden. Dennoch verblieben die mißtrauischen Handwerker am Tempel und kehrten erst nachts nach Hause zurück. Doch natürlich, wer hätte es anders erwartet: Es passierte nichts, keine Rationen, keine Nachricht vom König, gar nichts. Die Empörung der belogenen und betrogenen Menschen stieg und entlud sich am folgenden Tag in einer erneuten Demonstration.

Diesmal zog man direkt zum Ramesseum und belagerte regelrecht den Tempel. Doch wieder nichts, weder Lohn noch Nachricht vom König. Man kann sich gut vorstellen, wie die Stimmung immer gereizter und gefährlicher wurde. Nun ließen sich die Arbeiter nicht mehr mit Floskeln abspeisen oder besänftigen. Sie blieben auch in der Nacht am Ramesseum und drangen sogar in die Anlage ein! Diesmal war es der Oberpolizist, der im Sinne der Handwerker handelte. Er bat beim Bürgermeister von Theben um Audienz, fuhr nach Theben und schilderte diesem Beamten die Lage und die Nöte der Arbeiterschaft. Der Bürgermeister versprach Hilfe und schickte sofort Beauftragte zu den Streikenden, die sich die Klagen direkt anhörten:

„Wegen des Hungers und wegen des Durstes sind wir hierher gekommen (ins Ramesseum). Es gibt keine Kleidung, keine Salbe, keinen Fisch und kein Gemüse. Schickt zu Pharao, unserem guten Herrn, deswegen. Und schickt zum Vezir, unserem Vorgesetzten, damit Nahrung für uns bereitgestellt (wörtlich: gemacht) werde. Die Rationen für den 1. Monat der Winterzeit wurden ihnen an diesem Tag übergeben."

Erst nach Einschaltung höchster Stellen — der Bürgermeister von Theben war einer der höchsten ägyptischen Beamten in dieser Zeit — gelang es den Arbeitern, den seit zwei Monaten überfälligen Lohn für den 1. Monat der Winterzeit zu erhalten. Plötzlich wurde der Lohn geliefert, nur kurze Zeit nach den Verhandlungen. Also war durchaus Getreide vorrätig, das von den zuständigen Stellen jedoch zurückgehalten worden war. Auch nach dieser Teillieferung trat keine Ruhe im Dorf ein. Im Gegenteil, schon am nächsten Tag wurde erneut gestreikt, und man versammelte sich am Magazin der Nekropole, wohl um die rückständigen Lieferungen in Empfang zu nehmen. Diese waren jedoch noch nicht eingetroffen, und der Oberpolizist Monthmose selbst drängte die Handwerker dazu, wiederum Druck auf die zuständigen Instanzen der Verwaltung auszuüben, als er sagte:

„Seht, ich sage euch meine Meinung. Steht auf, nehmt eure Werkzeuge, verschließt eure Türen, holt eure Frauen und Kinder, und ich selbst werde vor euch hergehen zum Totentempel Sethos' I., und ich werde euch dort bis morgen sitzen lassen."

Ein Vertreter der Staatsmacht, einer der beiden Polizeichefs von Deir el Medineh, stellte sich selbst an die Spitze der Handwerker, um ihnen zu ihrem Recht zu verhelfen. Dennoch erreichten diese Demonstrationen wenig. Noch am 16. Tag desselben Monats wurde gestreikt, und erst danach, am 17., wurden endlich die ausstehenden Rationen geliefert. Sofort trat Ruhe ein, und die Arbeiter gingen wie gewohnt ihrer Tätigkeit nach.

Aber etwas ganz Entscheidendes war geschehen. Zum ersten Mal in der Geschichte stellten Menschen, die sich in fast vollständiger wirtschaftlicher Abhängigkeit zur Staatsmacht befanden, fest, daß sie Forderungen durchsetzen konnten, wenn sie einig waren und zäh verhandelten. Zum ersten Mal erlebten die sonst unterlegenen Arbeiter ihre Macht. Sie lernten das Kampfmittel Streik als Möglichkeit der Gegenwehr gegen Beamtenwillkür und Übervorteilung kennen und wandten es in Zukunft häufig und mit Erfolg an.

Man muß dabei jedoch sehen, daß es bei diesen Arbeitskämpfen im Alten Ägypten vorerst ausschließlich um die Lösung ökonomischer Probleme ging. In dieser frühen Phase der Auseinandersetzungen hören wir noch nichts von Streiks zur Durchsetzung politischer oder sozialer Forderungen. Vielleicht war gerade die Beschränkung ihrer Forderungen auf rein wirtschaftliche Probleme der Grund dafür, daß die Arbeiter Erfolge hatten, ja daß sogar ihre Vorgesetzten, die Vorarbeiter, Schreiber und Polizeichefs von Deir el Medineh, sich solidarisch mit den Streikenden erklären konnten. Schließlich fehlten ihre Lohnzahlungen ebenso wie die der einfachen Arbeiter. Und gerade, weil die Streiks nicht politisch motiviert waren und daher auch nicht am Herrschaftssystem an sich rüttelten, hören wir auch nichts von direkten staatlichen Maßnahmen. Keine Armee oder Polizeitruppe wurde in Marsch gesetzt, um die Streiks zu unterbinden. Die einzige Reaktion war, daß vorsichtshalber das Vezirat in die Hände eines einzigen Mannes gelegt wurde, doch irgendwelche direkten Konsequenzen für die Streikenden scheint diese Maßnahme nicht gehabt zu haben.

Möglichkeiten einer harten Reaktion des Staates waren sicher gegeben. Mehr noch, die Kenntnis dieser Möglichkeiten gehörte natürlich zur Grundausbildung der Könige, wie uns die Lehre für König Merikare aus der 1. Zwischenzeit zeigt. Da heißt es an einer Stelle ganz lapidar:

„Ist die Masse wütend, so gebe man sie ins Arbeitshaus!“

Noch drastischer formuliert derselbe Text an anderer Stelle, was mit Aufrührern zu geschehen habe:

„Vertreibe ihn, töte seine Kinder, tilge seinen Namen, vernichte seine Familie, und tilge die Erinnerung an ihn aus und auch die Anhänger, die ihn lieben. Denn ein Streitsüchtiger ist einer, der seine Stadt in Unruhe versetzt, da er aus der Jugend Anhänger werden läßt!“

Man kann mit Sicherheit davon ausgehen, daß die Könige im Ernstfall genau so handelten, wie diese Lehre es sagt. Natürlich wurden Aufrührer getötet, und die Sippenhaftung ist uns auch aus anderem Zusammenhang im Alten Ägypten bekannt. Dennoch, keine dieser harten Maßnahmen kam gegen die Streikenden zur Anwendung. Man gab den Arbeitern ihren Lohn und stellte auf diese Art und Weise vorerst Ruhe und Ordnung wieder her. Man sah diese Arbeitsverweigerungen eben nicht als Revolte oder gar als den Beginn einer Revolution an, sondern als das, was sie auch nur waren, nämlich Ausdruck der Klagen über die rapide schlechter werdenden wirtschaftlichen Bedingungen eines Teils der Bevölkerung. Es waren sicher keine Kampfaktionen gegen die bestehende Ordnung. Doch zurück zu den Vorgängen in unserer Arbeitersiedlung.

Nachdem die Lieferungen an Lohn und Versorgungsgütern im Dorf eingetroffen waren, herrschte wieder Ruhe. Doch nur wenige Tage später, am 1. Tag des 3. Monats der Winterzeit, wurde erneut gestreikt, und die Arbeiter setzten sich in der Nähe des Königsgrabes nieder:

„Gehen, um sie (zurück) zu holen, durch die drei Vorgesetzten. Da rief der Arbeiter Mose, Sohn des Aanacht: ‚So wahr Amun dauert, so wahr der Herrscher dauert, der, dessen Macht größer ist als der Tod. Sollten sie mich heute von hier wegholen, so soll er (der Herrscher) niederliegen, nachdem er sein Grab verflucht hat. Ich werde nicht (weichen)!‘ Die Prügelstrafe wurde ihm gegeben wegen seines Eides im Namen Pharaos dort.“

Dieser Vorgang ist bezeichnend. Der Arbeiter Mose erhielt die Prügelstrafe nicht etwa, weil er sich zum Wortführer der protestierenden Arbeiterschaft gemacht hatte oder weil er sich geweigert hatte, seinen Platz zu verlassen, wie ihm befohlen worden war, sondern er wurde bestraft, weil er sich der Majestätsbeleidigung strafbar gemacht hatte. In seiner zitierten Eidesformel ist mit „er“ natürlich Pharao gemeint, und das war ohne Zweifel eine schlimme Beleidigung, die auch sofort geahndet wurde. Der ganze Vorfall kennzeichnet jedoch die Stimmung unter den Streikenden, die schon mehr als gereizt war und nicht mehr vor Gesetzesübertretungen zurückschreckte. Kein Wunder, denn der letzte Streik lag erst wenige Tage zurück, und schon wieder blieben die Lohnlieferungen aus. Da ist es durchaus verständlich, daß sich der Zorn, aber auch die ohnmächtige Wut der Menschen in solchen Entladungen äußerten. Dennoch scheinen die besonnenen Elemente überwogen zu haben, denn nach dieser Geschichte kam es nicht mehr zu Auseinandersetzungen dieser Art, und die Streiks eskalierten nicht, wie zu befürchten war, in Handgreiflichkeiten oder Schlimmerem.

Noch etwas fällt an dieser Textstelle auf. Diesmal verweigerten die Handwerker die Arbeit, ohne daß sich die Vorgesetzten solidarisierten. Ganz im Gegenteil holten jene sie ab — oder versuchten es wenigstens — und wandten sich damit ganz offensichtlich gegen ihre Untergebenen. Ich glaube, man kann diesen Streik durchaus als „wilden Streik“ ansehen, der eben nicht legal war und daher sofort unterbunden werden sollte. Diesmal sind die Gründe für die Arbeitsniederlegung nicht genannt. Sollten hier vielleicht erstmals politische Motive aufgetaucht sein, die dann im offiziellen Bericht unterdrückt wurden? Möglicherweise ist die Fortsetzung der Streiks in diesem Sinne zu interpretieren:

„Gehen, um die Mauern zu passieren durch die Arbeiterschaft (also Streik) zur

Rückseite des Dorfes. Die drei Vorgesetzten machten ein großes Geschimpfe gegen sie vom Tor des Dorfes aus. Der Nekropolenschreiber Imennacht (einer der erwähnten Vorgesetzten) schickte die beiden Verwaltungsbeamten und die beiden Stellvertreter (der Vorarbeiter) aus. Der Verwaltungsbeamte Reschutpeteref kam und sagte zu uns (also den Vorgesetzten, die dieses Protokoll verfaßt haben): ,So sprachen Qenna, der Sohn des Ruti, und Hay, der Sohn des Huy: ›Wir werden nicht zurückkommen, sagt das euren Vorgesetzten!‹
Sie standen dabei vor ihren Kollegen (und fuhren in ihrer Rede fort): ›Wirklich, nicht wegen des Hungers passierten wir die Wälle. Wir haben eine wichtige Erklärung abzugeben:
»Wahrlich, Böses ist getan worden an diesem Platz Pharaos!«‹
So sagten sie. Dann gingen wir (die ausgeschickten Beamten), um ihre (der Arbeiter) Erklärung zu hören, und sie sagten uns, daß sie es in Wahrheit gesagt hätten.'"
Diesem Text zufolge wurde jetzt gestreikt, weil in der Nekropole, dem Platz Pharaos, etwas ,Böses' passiert war. Leider verschweigt der Text, was denn nun konkret geschehen war, doch muß es sehr schlimm gewesen sein, da es einen Streik nach sich zog. Entscheidend ist die Aussage, daß nicht wegen des Hungers gestreikt wurde, also nicht wie sonst aus rein wirtschaftlichen Gründen. Wahrscheinlich geht man in der Interpretation etwas zu weit, wollte man gleich von politisch motivierten Arbeitsniederlegungen sprechen, doch scheinen die ökonomischen Gründe — zumindest in diesem speziellen Fall — in den Hintergrund getreten zu sein. Dafür spricht auch, daß die Vorgesetzten nicht gemeinsam mit den Arbeitern handelten, wie das vorher schon mehrfach zu beobachten war. Sondern jetzt standen sie eindeutig gegen die Arbeiterschaft, sie akzeptierten also den Streikgrund nicht. Wir wissen nicht, wie diese Situation danach bereinigt werden konnte, doch hören wir für längere Zeit nicht mehr von Streiks, so daß zu vermuten ist, daß die Staatsmacht und — als ihr Organ — die Vorgesetzten diesen Streik beendeten. Ich glaube nicht, daß die Forderungen der Arbeiter diesmal erfüllt wurden.
Im 4. Monat der Winterzeit, Tag 28, kam der Vezir Ta nach Theben. Eigentlich hatte er vom König den Auftrag erhalten, die Götterfiguren des südlichen Landesteils in die Hauptstadt zu bringen, die dort für die Feier des Regierungsjubiläums des Königs benötigt wurden. Doch bei seiner Fahrt traf er auf eine Abordnung der Handwerker von Theben. Er war ja ihr direkter Chef, und daher trugen sie ihm erneut ihre Klagen über ausbleibende Lieferungen vor. Ja, sie gingen sogar so weit, den Vezir zu beschuldigen, er selbst habe ihnen ihren Lohn gestohlen. Das war jetzt zu viel, und voller Empörung wies Ta diese Vorwürfe weit von sich und sagte der Abordnung:
„Ich kam nicht etwa, weil nichts zu euch zu bringen war. Und was euren Vorwurf anbetrifft ,Nimm nicht unsere Rationen fort!': Gab ich, der Vezir, etwa

den Befehl, sie fortzunehmen? Habe ich nicht gegeben, was jemand wie ich zu tun hat (wie es meine Pflicht war)? Wenn es geschah, daß nichts in den Scheunen war, so habe ich euch das gegeben, was ich (dennoch) gefunden habe."
Wie es scheint, wollte der Vezir sich an Theben vorbeimogeln, um Streitereien aus dem Wege zu gehen. Doch die Arbeiter stellten ihn und machten ihm bittere Vorwürfe. Natürlich stritt der Vezir alles ab und sagte sogar, daß er schließlich immer noch etwas für sie gefunden habe, obwohl die Speicher leer waren. Das sieht nach einer sehr vorgeschobenen Begründung aus, denn immer, wenn in Theben gestreikt wurde, war plötzlich auch Getreide für die Arbeiter vorhanden. Man kann sich vorstellen, daß die Handwerker mit ihren Beschuldigungen nicht ganz unrecht hatten und daß das Getreide entweder aufgrund mangelnder Sorgfalt oder allgemeiner Unfähigkeit oder gar aufgrund bewußter Unterschlagung seitens der zuständigen Beamten nicht bis zu den Handwerkern gelangte.
Natürlich hatte es auch in früheren Zeiten schon Unregelmäßigkeiten gegeben. Doch hatten diese nicht zum Streik geführt, da der Vezir selbst sich um die Bezahlung der Arbeiter gekümmert hatte. So schrieb der Vezir Cha, der in der Zeit Ramses' II. amtierte, an den Vorarbeiter Nebnefer:
„Du sollst sehr, sehr achtsam sein bei der sehr sorgfältigen Ausführung jedes Auftrags der Nekropole, wo du bist. Veranlasse nicht, daß man dich tadelt.
Und erkundige dich nach der Zahlung für die Arbeiterschaft, welche dem Schatzhaus Pharaos obliegt. Laß nichts davon zurückgehalten werden. Mir haben nämlich die Vertreter der Nekropolenverwaltung wegen eurer Zahlung, die dem Schatzhaus Pharaos obliegt, geschrieben:
‚Veranlasse, daß man sie (die Zahlung) uns bringt.'
Ich werde nach dem Norden gehen zu dem Ort, an dem man ist (d. i. wo Pharao sich befindet), und ich werde Pharao euren Bedarf wissen lassen. Siehe, ich werde veranlassen, daß der große Schreiber Paser auftragsgemäß in die Stadt (d. i. Theben) kommt. Wenn er zu euch zur Verwaltungsstelle der Nekropole kommt, so kommt ihm dort(hin) entgegen und sendet ihn dann wegen eures Befindens (gemeint ist Wunsches) zu uns (zurück)."
Welch ein Unterschied! Hier der sorgfältige Beamte, der die Klagen seiner Untergebenen ernst nimmt und sogar einen Vertreter zu ihnen schickt, um Abhilfe zu schaffen. Dort der Vezir, der sich am liebsten an Theben und seiner Verpflichtung vorbeidrücken will, um Ärger zu entgehen. Hier der korrekte und pflichtbewußte Leiter der Staatsverwaltung, dort ein Vezir, der verdächtigt wird, selbst die Arbeiter zu betrügen. Die Zeiten haben sich deutlich verändert, und die Situation für die Arbeiter ist nicht mehr mit früher zu vergleichen.
Dennoch scheint die Beschwerde beim Vezir Ta etwas genützt zu haben, denn es wurden daraufhin jedem Handwerker zwei Sack Emmer als halbe Ration für den Monat gegeben, wenn auch mit einiger Verzögerung, aber

das verwundert ja schon nicht mehr. Natürlich waren die Arbeiter, wie der Text deutlich erkennen läßt, mit der Halbierung ihres Lohns unzufrieden. Das wäre sicher nicht der Fall gewesen, wenn gleichzeitig der Getreidewert erhöht worden wäre, doch trat diese Maßnahme erst Monate später in Kraft, so daß die augenblickliche Situation der Arbeiter deutlich verschlechtert war (vgl. dazu unten im Kap. „Arbeiterlöhne und Sollerfüllung"):

„Jahr 29, 1. Monat der Sommerzeit, Tag 2. Geben der zwei Sack Emmer an die Arbeiterschaft als Lohn für den 1. Monat der Sommerzeit durch Imenhau und Userhat. Dann sprach der Vorarbeiter Chonsu zur Arbeiterschaft:

‚Seht, ich sage euch, nehmt den Lohn und steigt hinab zum Hafen (und) zur Verwaltungsstelle. Laßt die Kinder des Vezirs es ihm erzählen.'

Als der Schreiber Imennacht die Lohnausgabe an sie beendet hatte, wandten sie sich zum Hafen gemäß dem, was er (der Vorarbeiter) ihnen gesagt hatte. Aber als sie die erste Mauer passiert hatten, kam der Schreiber Imennacht und sagte zu ihnen:

‚Geht nicht (weiter) zum Hafen! Wahrlich, ich habe euch zwei Sack Emmer in dieser Stunde gegeben. Aber falls ihr jetzt geht, so werde ich euch ins Unrecht setzen vor jedem Gerichtshof, zu dem ihr deswegen gehen solltet.'

Und ich brachte sie wieder hoch."

Aus dem letzten Satz erfahren wir, daß der Schreiber Imennacht selbst der Verfasser dieser Zeilen und damit wohl des ganzen Papyrus war. Diesmal scheint die Situation in der Arbeitersiedlung endgültig verworren. Die Arbeiter waren mit der halben Lohnzahlung unzufrieden. Nachdem sie diese auf Veranlassung des Vezirs erhalten hatten, hetzte der Vorarbeiter sie auf. Denn erst auf dessen Rat hin marschierten sie in Richtung Hafen und Verwaltungsstelle, natürlich, um dort den ausstehenden Restlohn zu fordern. Unterwegs aber wurden sie vom Nekropolenschreiber aufgehalten. Er machte ihnen die Unrechtmäßigkeit ihrer Lage klar, denn nach seinen Worten gab es keinen Grund mehr für einen Streik, nachdem er selbst ihnen gerade den halben Lohn ausbezahlt hatte. Im Gegenteil, wenn sie den Streik fortgesetzt hätten, so wären sie im Unrecht gewesen, und jedes Gericht hätte auf Antrag des Schreibers ihre Forderungen abgewiesen. Dieser Vorgang wirft einen interessanten Aspekt auf hinsichtlich der rechtlichen Möglichkeiten, die die einfachen Leute hatten. Dieser Aspekt wird uns im Kapitel über die Rechtspflege in Deir el Medineh noch beschäftigen.

Nur etwas sei hier schon gesagt, da es für das Verständnis der Situation notwendig ist. Die Menschen konnten sich im Notfall an die lokalen Gerichtshöfe wenden, die dann den Fall zu prüfen und zu entscheiden hatten. Doch war es problematisch, wenn ein Beamter gegen einen Arbeiter — in unserem Fall der Schreiber der Nekropole gegen die Arbeiterschaft — Stellung bezog. In diesen Fällen war der Handwerker natürlich ohne Chance. Hier war das ganz sicher so, da der Schreiber auch noch die überzeugenderen Ar-

Steinträger, Grab des Rechmire, 18. Dynastie. Rechmire ließ diese Handwerkerdarstellungen im Zusammenhang mit seiner Aufsichtspflicht über die Werkstätten in seinem Grab anbringen.

gumente hatte. Nach dieser Textstelle war es eben kein gewichtiges Argument, daß nur die Hälfte des Lohns bezahlt wurde. Allein die Tatsache, daß überhaupt Lohn geliefert wurde, nahm den Handwerkern die juristischen Mittel, gegen die zu niedrige Zahlung Einspruch zu erheben. Hier verlangte der Staat die Anerkennung des Lohns — ohne Rücksicht auf die Höhe. Sicherlich stand den Arbeitern der Rest noch zu, doch durfte die Lieferung zu einem späteren Zeitpunkt erfolgen. Durch einen erneuten wilden Streik hätte sich die Situation nur noch weiter verschlechtert. Das sahen die Arbeiter ein und nahmen ihre Arbeit wieder auf.

Lange scheint die Argumentation des Schreibers jedoch nicht gewirkt zu haben, denn nur 10 Tage später brach erneut ein Streik los. Man hungerte wieder in Deir el Medineh. Wie schon seit Monaten klappte die Versorgung nicht, was zu einer dramatischen Verschlechterung der Lage geführt hatte:
„Wir sind hungrig!' (so sagten die Handwerker), sitzend an der Rückseite des Totentempels des Merenptah (ganz in der Nähe des Ramesseums und der Verwaltungsstelle). Sie sprachen den Bürgermeister von Theben an, als er gerade vorbeikam, und er schickte den Gärtner Meniunefer des Oberrindervorstehers, um ihnen zu sagen:
,Ich habe euch diese 50 Sack Emmer zu eurem Lebensunterhalt gegeben, bis Pharao euch die Rationen geben wird.'"
Ein neuer Aspekt tritt jetzt hinzu. Bei ihrem ,Protest-sit-in' am Tempel des Merenptah trafen die Handwerker zufällig den Bürgermeister von Theben. Dieser war zwar für ihre Belange eigentlich nicht zuständig, denn das war allein der Vezir. Dennoch wurde er im Sinne der Arbeiterschaft aktiv. Durch den Gärtner des Oberrindervorstehers (sicher des Ramesseums oder eines der großen Totentempel in Theben-West) ließ er 50 Sack Emmer auszahlen, aber als Kredit, „bis Pharao euch die Rationen geben wird".
Ob dieser Beamte nun aus Mitleid handelte, oder ob er gar auf diese Art die Handwerker als Schuldner seiner wirtschaftlichen Macht eingliedern wollte, wissen wir nicht. Es ist nicht einmal gesagt, ob dieser Kredit zu verzinsen war, was durchaus üblich gewesen wäre, oder ob er in dieser doch angespannten Situation zinslos gegeben wurde, um den guten Willen der Staatsgewalt zu demonstrieren und die Situation zu entschärfen. Wie auch immer, wieder gelang es der Arbeiterschaft, die Verwaltung zur Lohnauszahlung zu zwingen, wenn auch diese 50 Sack Emmer nicht dem vollen Lohn entsprochen haben können, denn in dieser Zeit standen zwischen 36 und 38 Arbeiter auf den Lohnlisten von Deir el Medineh. 50 Sack Emmer wären demzufolge nur etwa 1 1/2 Sack pro Mann gewesen, also deutlich weniger, als ihnen eigentlich monatlich zustand.
Doch auch der Bürgermeister von Theben war nicht immer der Wohltäter, als der er hier erscheint. Ein Eintrag über ihn läßt tief blicken:
„Am Ramesseum. Die Arbeiterschaft fand mich (d. i. der Schreibende) dort. Er (der Erzähler fällt jetzt in die 3. Person) sagte zu ihnen:
,Ich werde nach Theben gehen, um beim Hohepriester (des Amun) eine Anklage gegen den Bürgermeister von Theben vorzubringen. Er gab ihnen (den Handwerkern) nicht das Brot des Gottesopfers von Ramses II. Ein großes Verbrechen ist das, was er tat!'"
Da unterschlug der Bürgermeister von Theben Opferanteile aus einer Opferstiftung Ramses' II., die eigentlich den Arbeitern zustanden, und das alles nur 12 Tage, nachdem er ihnen die Lohnzahlung hatte zukommen lassen. Man sieht ganz deutlich, mit welchen Problemen die Menschen zu kämp-

fen hatten. Nicht genug, daß die Verwaltung nicht in der Lage war, die Löhne korrekt zu bezahlen, nein, dazu unterschlugen andere Beamte gerade die Sonderzuweisungen an die Arbeiter, die die schlimmste Not gemildert hätten. Daß das alles nicht gerade zur Beruhigung der Lage beigetragen haben kann, versteht sich von selbst.

Interessant ist hier wieder die Tatsache, daß sich die Arbeiter nach Karnak an den Hohepriester des Amun wandten und nicht, wie das zu erwarten gewesen wäre, an den Vezir, der als Leiter der Staatsverwaltung auch Vorgesetzter des Bürgermeisters von Theben war. Man kann erneut feststellen, daß die Bedeutung des Amuntempels groß war in dieser Zeit, ja, daß der Tempel mehr und mehr staatliche Aufgaben übernommen hatte. Außerdem war er in diesem konkreten Fall auch direkt betroffen, da ja Opferstiftungen des Tempels an die Handwerker unterschlagen worden waren.

Wahrscheinlich als Folge dieser Arbeitskämpfe unternahm der Staat im Jahr 30 Ramses' III. große Anstrengungen, die Versorgung und Entlohnung der Arbeiter zu sichern. Und innerhalb dieser neuen Politik wurden auch endlich die Rückstände der letzten Monate korrekt abgerechnet und bezahlt, daher beruhigten sich die Gemüter etwas, und man kehrte an die Arbeit zurück — vorerst. Denn unglücklicherweise traten nur ein Jahr später erneut Zahlungsverzögerungen auf, und wieder griffen die Arbeiter zu dem einzigen Druckmittel, über das sie verfügten, und traten erneut in den Streik. Diese Streiks zogen sich über Monate hin. Auch als Ramses III. in seinem 32. Regierungsjahr ermordet wurde, gingen die Arbeiterunruhen in Deir el Medineh weiter. Zu Beginn der Regierung Ramses' IV. hören wir sogar von sehr lange andauernden Streiks, einmal wurde ganze 11 Tage lang nicht gearbeitet — das war der längste Streik, der bisher bekannt geworden ist.

Leider fließen unsere Informationen in den Jahren nach Ramses III. spärlicher. Wenig hören wir über die Streikgründe. Nur einmal werden wieder ‚hungernde' Arbeiter erwähnt, woraus man als Streikgrund ökonomische Schwierigkeiten ableiten darf. Diese waren charakteristisch für das Ägypten der 20. Dynastie, so daß es kaum verwundern kann, daß gerade in dieser Epoche soviel gestreikt wurde. Bis hin in die Endphase der 20. Dynastie hören wir von Arbeiterunruhen, und noch im 3. Regierungsjahr Ramses' X. zogen die erbitterten Arbeiter zum Totentempel Ramses' III., und forderten dort ihre Löhne — ähnlich, wie das schon ihre Kollegen nunmehr 50 Jahre vorher getan hatten.

Nach dem Neuen Reich sind keinerlei Arbeiterstreiks mehr belegt, was aber hauptsächlich an den Quellen liegt. Die Arbeitersiedlung von Deir el Medineh wurde in dieser Zeit aufgegeben, weil die herrschenden Könige sich nicht mehr im Tal der Könige bestatten ließen; also wurden die Handwerker hier nicht mehr gebraucht. Das Dorf wurde entvölkert, und damit versiegen auch unsere Quellen.

Es ist müßig, darüber zu spekulieren, ob solche Streiks auch in früheren Zeiten denkbar gewesen wären, etwa beim Pyramidenbau oder während der Amarnazeit. Wir wissen es nicht und würden es nur erfahren, sollten durch Zufall Dokumente wie der berühmte ‚Streikpapyrus' auch aus anderen Epochen als der Ramessidenzeit aufgefunden werden.

Der Streikpapyrus und eine kleinere Anzahl beschrifteter Steinsplitter bilden die Quellen unseres Wissens über die Arbeiterbewegung im Jahre 29 Ramses' III. Minutiös schildert besagter Papyrus, der heute im Turiner Museum aufbewahrt wird, die Ereignisse, die hier behandelt wurden. Der Text ist recht ordentlich geschrieben, der Papyrus selbst ist gut erhalten, jedoch ist er mit nur 91 cm Länge recht kurz, so daß man davon ausgehen muß, daß nur ein kleiner Teil des Dokuments erhalten ist. Es enthält neben den Nachrichten über die Streiks noch eine ganze Reihe von Eintragungen und Abrechnungen, die aber in diesem Rahmen nicht behandelt zu werden brauchen.

Dieser Text bleibt für die Erforschung der Wirtschafts- und Sozialgeschichte der Ramessidenzeit von hohem Wert, und daß der Papyrus schon in alter Zeit beschnitten wurde, beeinträchtigt seinen Wert in keiner Weise. Denn der Teil mit den Berichten über die Streiks ist glücklicherweise erhalten geblieben. Man kann davon ausgehen, daß gerade zu diesem Textteil nichts fehlt, daß also unsere Informationen zu den Arbeiterunruhen aus dem Jahr 29 Ramses' III. vollständig sind. Das gilt um so mehr, als durch einige Ostraka die Daten und Ereignisse bestätigt werden. Außerdem runden die zitierten Briefe das Bild ab, auch sie sind nur auf Ostraka erhalten geblieben.

Die größte Schwierigkeit bereitet die Tatsache, daß wir im Streikpapyrus ja den offiziellen Bericht über diese Ereignisse haben. Man muß wohl erwarten, daß hier im Sinne des Auftraggebers, also einer Verwaltung, geschönt worden ist. Trotz dieser Einschränkung erlaubt der Text einen Einstieg in die Sozialgeschichte dieser Zeit und ist aus diesem Grund von unschätzbarem Wert für die Ägyptologie.

Ausbildung und Schule

Jede Gesellschaft muß notwendigerweise für eine möglichst umfassende und kontinuierliche Ausbildung der Jugend sorgen, da das eine grundlegende Voraussetzung für das Weiterbestehen der Ordnung ist. Wenn auch die Wege und Methoden stark differieren können, so bleibt doch das Ziel immer dasselbe: das Wissen der Alten soll möglichst vollständig auf die Jugend übertragen werden. Darüber hinaus müssen die Jungen sorgfältig mit den Spielregeln der Gesellschaft vertraut gemacht werden, um Fehlverhalten auf ein Minimum zu reduzieren.

Zahlreiche Quellen ermöglichen es, einen Einblick in die Organisation der Ausbildung im Alten Ägypten zu gewinnen. Wie immer fließen die Informationen aus der Zeit des Neuen Reichs reichlich, während frühere Epochen nur lückenhafte Nachrichten überliefern, so daß man sehr häufig auf Analogieschlüsse angewiesen ist. Die Methode muß auch für die Erforschung der altägyptischen Erziehung angewandt werden, obwohl man sich der Problematik des Analogieverfahrens stets bewußt sein muß.

Unsere Hauptquellen sind eine Reihe von Schülerhandschriften, die von den ABC-Schützen vor Tausenden von Jahren mühsam auf Ostraka und Papyri geschrieben wurden. Manche Texte enthalten eine Reihe von Rechtschreibfehlern, und auch die Grammatik war den jungen Schülern meist ein Buch mit sieben Siegeln — worin sie den meisten modernen Forschern ähneln. Doch im Gegensatz zu unseren Textbearbeitern hatten die altägyptischen Schüler gut ausgebildete und erfahrene Lehrer, die die Fehler korrigierten. Man muß der altägyptischen Schule aus heutiger Sicht dankbar sein, denn viele große Literaturwerke des Alten Ägypten sind nur aus solchen Schülerhandschriften überliefert. Das gilt besonders für die Weisheitslehren, die zum allgemeinen Lehrstoff in altägyptischen Schulen gehörten.

Im pharaonischen Ägypten lag die Ausbildung zu weiten Teilen in privater Hand. Staatliche, allgemeinbildende Schulen gab es in Ansätzen zwar seit dem Alten Reich, doch blieb die Zahl der Schüler aufgrund strenger Auswahlkriterien recht gering in diesen Institutionen. Erst seit dem Neuen Reich traten die Schulen mehr in den Vordergrund, was sicher mit der Neuordnung des Staates in der frühen 18. Dynastie in Zusammenhang zu bringen ist. Vorher lag die Hauptlast der Erziehung bei den Familien oder bei herausragenden Einzelpersönlichkeiten. Handwerksmeister und ganz besonders die ranghohen Beamten bis hin zum Vezir umgaben sich mit Schülern, die als „Söhne“ bezeichnet und in die Familie des Lehrers aufgenommen wurden. Man ist dabei stark an die Ausbildungsverhältnisse der frühen europäischen Neuzeit bis hin in das 19. Jahrhundert erinnert. Nach wel-

chen Kriterien die Lehrer und Meister ihre Schüler auswählten, wissen wir nicht, persönliche Neigungen und Beziehungen spielten sicherlich eine ebenso große Rolle wie Intelligenz und Veranlagung der Kandidaten. Sicher ist, daß dieses Ausbildungssystem von den höchsten Stellen überwacht wurde, denn der Meister brauchte eine Genehmigung seiner vorgesetzten Behörde, wenn er Schüler aufnehmen und unterrichten wollte. Damit war die Qualifikation des Lehrers sichergestellt, und außerdem durften nur solche Personen lehren, deren Ansichten mit der bestehenden gesellschaftlichen Ordnung in Einklang standen. Eine Freiheit der Lehre, wie sie in modernen, freiheitlichen Gesellschaften praktiziert wird, war im Alten Ägypten unerwünscht und konnte von den staatlichen Stellen ohne weiteres unterbunden werden. Die Aufgabe der Lehrer bestand nicht darin, kritische junge Menschen zu erziehen. Vielmehr hatten sie die Idee der Maat und damit die Anpassung der Jugend an die bestehende Ordnung zu fördern.
Ein Märchen, das am Hof des Königs Cheops spielt, gibt Auskunft über den berühmten Weisen und Lehrer Djedi, der von einem königlichen Prinzen im Auftrag des Cheops an den Königshof geholt werden sollte, um den Pharao mit seinem Wissen zu unterhalten:
„Als er (der Prinz Djedefhor) bei Djedi angelangt war, wurde die Sänfte abgestellt, und der Prinz erhob sich, um ihn zu begrüßen. Er fand ihn im Hof seines Hauses auf einer Matte liegend, ein Diener hielt seinen Kopf und rieb ihn, während ein anderer seine Füße frottierte.“
Djedi lebte in Luxus und genoß hohes Ansehen, was besonders dadurch zum Ausdruck kommt, daß ein ranghoher Prinz — Djedefhor war immerhin der Kronprinz — zu ihm geschickt wurde. Der Prinz erhob sich sogar, um dem Weisen Djedi seinen Respekt und seine Achtung zu beweisen, als er ihn begrüßte. Eigentlich wäre es nach dem Hofzeremoniell umgekehrt zu erwarten gewesen. Deutlich wird dieser Vorgang in einer weiteren Textstelle dieses Märchens, in der es heißt:
„Da reichte ihm der Prinz Djedefhor seine Hände und half ihm auf. Er ging mit ihm zum Ufer und reichte ihm dabei seine Hand. Djedi aber sagte: ‚Laß mir doch eine Barke geben, die mir meine Schüler und meine Bücher transportiert.‘ Da stellte man ihm zwei Schiffe zur Verfügung mit ihrer Mannschaft. Djedi selbst aber fuhr in dem Schiff zur Residenz, in dem der Prinz Djedefhor war.“
Offensichtlich erhöhte die Zahl der Schüler das Ansehen des Lehrers. Die Karriere eines Jungen, der bei einem berühmten Meister gelernt hatte, war gesichert, ihm standen alle Ämter offen, da er zweifelsohne zur intellektuellen Elite des Landes gehörte. Interessant ist, daß die Schüler ihren Lehrer begleiten durften, sicher, da auch das ihrer Ausbildung zugute kam. Die Schüler wurden noch als Kinder zu ihren Lehrern geschickt, mußten aber weiter von ihren Eltern versorgt werden, wie ein Text aus dem Neuen Reich anschaulich schildert:

„Sie (die Mutter) gab dich in die Schule, nachdem du so weit warst, daß dich das Schreiben gelehrt werden konnte. Sie sorgte für dich täglich mit Brot und Bier in ihrem Hause."

Dieser Junge kam also in eine der vielen öffentlichen Schulen, die jedoch im Gegensatz zum Privatunterricht bei einem Meister keinen Internatscharakter hatten. Die Kinder kamen zum Essen nach Hause und erhielten sogar Bier, das in Ägypten eine Art Grundnahrungsmittel war.

Die Kinder lernten in der Schule zuerst lesen und schreiben, wobei sie die alten Schriften abschreiben und auswendiglernen mußten. Nachdem sie diesen Teil ihrer Ausbildung erfolgreich abgeschlossen hatten — ob sie eine Prüfung ablegen mußten, ist nicht bekannt — begleiteten sie ihren Lehrer und lernten durch Anschauung die Praxis des Beamtenberufs kennen. Gleichzeitig vervollkommneten sie ihr Wissen auf dem Gebiet des Rechnens. Sie mußten dann im weiteren Verlauf ihrer eher praktisch orientierten Ausbildung den Beamtenlehrer bei seiner Tätigkeit unterstützen und bekamen mehr und mehr Aufgaben übertragen, die sie eigenverantwortlich zu lösen hatten. In diesem Stadium der Ausbildung fungierten sie als Gehilfen ihres Lehrers. Schließlich endete die Schulzeit, meist im Alter von ca. 20 Jahren, und die Absolventen traten als Schreiber in den Beamtenstand ein, wo sie bei guten Leistungen bis in die höchsten Staatsämter aufsteigen konnten. Die besten Schüler behielt der Lehrer gewöhnlich in seinem eigenen Amt, um sie als seine Nachfolger aufzubauen.

Selbstverständlich war es ein weiter und oft dornenreicher Weg bis zum erfolgreichen Abschluß des Studiums, und die altägyptischen Schüler verhielten sich in keiner Weise anders als ihre Leidensgenossen zu allen Zeiten auf der ganzen Welt. Faulheit und Ablenkungen aller Art waren natürlich angenehmer als Disziplin und Lernen. Daher griffen die Lehrer häufig zu drastischen Mitteln, um die Disziplin ihrer Sorgenkinder zu retten. Immer wieder versuchten die Ausbilder, ihre Schüler von der Notwendigkeit einer guten Ausbildung zu überzeugen. Dazu schilderten sie das Leben des Beamten im Vergleich zu anderen Berufen in den schillerndsten Farben, Sie versuchten, die Kinder zum Wettbewerb anzuhalten, sie drohten und sie wandten durchaus körperliche Strafen in großem Umfang an, um die schulischen Leistungen zu erhöhen.

„Du, Schreiber, sei nicht faul, sonst wirst du sofort geduckt werden. Hänge dich nicht ans Tanzen, sonst wird es dir mißlingen. Schreibe mit deiner Hand und lies mit deinem Mund und frage diejenigen um Rat, die mehr wissen als du ... Erfolgreich ist ein Beamter, der in seinen Ämtern erfahren ist, er ist es, der Beförderungen ausspricht ... Sei keinen Tag faul, sonst wird man dich schlagen. Das Ohr eines Jungen sitzt doch auf seinem Rücken, er hört nur, wenn man ihn schlägt! Paß auf und höre zu, was ich dir sage, es wird dir noch nützlich sein."

Die herrliche Metapher, daß das Ohr des Schülers auf seinem Rücken sitzt, verweist auf das hauptsächlich angewandte disziplinarische Mittel, die Prügelstrafe. Ein weiteres Detail des Textes ist recht interessant: Beim Lesen wurde der Text laut gesprochen, so daß Lesen im wahrsten Sinne des Wortes mit dem Ohr gelernt wurde.
Wenn die hier noch sanften Ermahnungen des Lehrers nichts nutzten, so konnte der Ausbilder eine wahre Schimpfkanonade auf den armen Eleven niedergehen lassen, wobei die Wortwahl kaum dazu angetan gewesen sein dürfte, dem Beschimpften einen guten Ton beizubringen, wie in einer Schülerhandschrift belegt ist. Ein hoher Finanzbeamter nahm in diesem Text die Zoologie zu Hilfe, um seinen von der Rolle geratenen Zögling zu verdonnern:
„Man sagt mir, du verläßt die Bücher, gehst davon und fliehst ... Dein Ohr ist taub, und du bist wie ein Esel, wenn er Prügel bekommt. Du bist wie eine Antilope auf der Flucht. Du bist doch nicht ein Jäger der Wüste oder ein Polizist der Nekropole (die im Gegensatz zum Beamten laufen und rennen mußten). Du bist doch kein Tauber, der nicht hören kann und zu dem man mit der Hand sprechen muß!“
Man kann jedoch auch diesen empörten Lehrer verstehen, der ja die volle Verantwortung für seinen Schüler trug, wenn man erfährt, was dieser junge Mann alles angestellt hatte. Statt die Weisheit der Alten zu studieren, hatte er sich lieber mit den Jungen in Bordellen und Spelunken vergnügt!
„Man sagt mir, du verläßt das Schreiben und taumelst in Vergnügungen, du gehst von Gasse zu Gasse, und es stinkt nach Bier, wo du dich herumtreibst. Das Bier vertreibt die Menschen aus deiner Nähe, es läßt deine Seele wandern (in dem Sinne, daß der Betrunkene seiner Sinne nicht mehr mächtig ist). Du bist wie ein krummes Steuerruder im Schiff, das nach keiner Richtung hin gehorcht. Du bist wie ein Tempel ohne seinen Gott, wie ein Haus ohne Brot ... Die Leute laufen vor dir davon, da du ihnen Wunden schlägst. So erkenne doch endlich, daß der Wein verabscheuungswürdig ist, und schwöre dem Rauschtrank ab. Habe doch nicht die Bierkrüge in deinem Sinn, und vergiß endlich das Bier. Man lehrte dich ja schon, hinter der Pfeife her zu singen und zur Flöte zu jodeln, in Versen zur Zither zu sprechen und zum Nezech zu singen. Du bist im Bordell, und die Dirnen umgeben dich. Du stehst und schlägst Purzelbäume, du sitzt vor den Mädchen und bist mit Öl beschmiert, dein Blumenkranz hängt dir am Halse, und du trommelst auf deinen Bauch. Du torkelst und fällst auf den Bauch, du bist mit Kot gesalbt!“

Figur eines Bierbrauers, 6. Dynastie. Sowohl die Ausbildung zum Schreiber als auch die zum Handwerker lag in den Händen von verdienten Beamten und Handwerksmeistern. Pelizaeus-Museum, Hildesheim.

Was sollte der Erzieher mit solch einem Zögling machen, der an alles andere dachte, als sich an seine Bücher zu setzten und zu lernen? Wenn Ermahnungen und sogar Beschimpfungen und Drohungen nichts mehr halfen, waren Prügel und sogar noch härtere Strafen die Regel. Noch im islamischen Ägypten wurden Schüler an einen starken Stock geschlossen, bis sie manchmal nach Monaten die gewünschte Leistung erbrachten. Ähnliches berichtet ein Lehrer von sich selbst, als er seinem Schüler dieselbe Strafe verabreichte. Doch die Schüler zerbrachen und verbrannten sogar diese Stöcke, um wieder über die Schulmauern zu fliehen und ihren Vergnügungen nachzugehen. Dennoch war die Erziehung im großen und ganzen erfolgreich, so daß der Verwaltungsapparat regelmäßig mit qualifiziertem Nachwuchs versorgt werden konnte.
Neben der Erziehung in der Familie des Lehrers gab es in zunehmendem Maße öffentliche Schulen, die seit dem Neuen Reich den größten Teil der Jungen ausbildeten. Die Mädchen wurden dagegen kaum zur Schule geschickt, da sie bis zur Heirat in der eigenen Familie lebten, wo sie die Fertigkeiten einer Hausfrau durch die Mutter oder durch ältere weibliche Familienmitglieder erlernten. Da Frauen nicht die Möglichkeit hatten, die Beamtenlaufbahn einzuschlagen, war eine allgemeine Ausbildung in Lesen und Schreiben nach Meinung der Alten Ägypter nicht notwendig. Nur in wenigen Ausnahmefällen lernten auch Frauen lesen und schreiben. So darf man davon ausgehen, daß die weiblichen Mitglieder der Königsfamilie und die Frauen der hohen Beamten durchaus lesen und schreiben konnten. Sich Nofretete als tumbe Analphabetin vorzustellen, fällt schon schwer, und das dürfte auch nicht der Realität entsprochen haben.
Zum Lehrstoff gehörten als wichtigstes Element die Weisheitslehren, die von berühmten Beamten verfaßt oder ihnen später in den Mund gelegt worden waren. Als Beispiele hierfür dürfen die Lehren der Vezire Ptahhotep und Kagemni gelten oder auch die nur in Bruchstücken erhaltene Lehre des Cheopssohns und späteren Königs Djedefhor, den wir bereits kennengelernt haben. All diesen Lehren gemeinsam ist, daß sie weniger eine echte Wissensvermittlung beabsichtigten, sondern vielmehr Lebensregeln aufstellten, die demjenigen, der sie befolgte, ein korrektes Verhalten in der Gesellschaft ermöglichten und somit seine berufliche Karriere förderten.
Das älteste Schulbuch der Weltgeschichte liegt in einer Textsammlung mit dem Namen „Kemit" vor, was soviel wie das Vollendete, das Vollkommene bedeutet. Dieses Schulbuch wurde zu Beginn des Mittleren Reichs in die Schulen eingeführt. Es enthält beispielsweise die verbindlichen Einleitungsformeln für Briefe, die wir in vielen Originalbriefen immer wieder finden. Auch die Höflichkeitsfloskeln, mit denen Höhergestellte zu begrüßen waren, sind in diesem Buch verzeichnet. Außerdem werden Namen für Salben, Öle usw. aufgezählt, die ein gebildeter Ägypter zu kennen hatte. An-

leitungen für Idealbiographien, wie sie in Hunderten von Beamtengräbern erhalten sind, nehmen einen breiten Raum ein. Das Buch enthält Passagen, die zwar den üblichen Weisheitslehren entsprechen, jedoch in diesem Fall anonym bleiben. Dieses Buch „Kemit“ blieb über fast 1000 Jahre hinweg verbindlich, denn noch in der 20. Dynastie mußten die Schüler die „Kemit“ abschreiben und auswendiglernen, obwohl die Sprache bereits sehr altertümlich war und kaum noch dem Neuägyptischen entsprach, das in der Ramessidenzeit gesprochen wurde.

Zum Lehrstoff besonders der älteren Schüler gehörten auch die sogenannten Onomastika, die in tabellarischer Form Grundwissen vermittelten. Namen von Orten, Gebäuden, Gebäudeteilen, Pflanzen, geographische Bezeichnungen, Beamtentitel, Götter und Feste und vieles mehr waren nach bestimmten Kriterien geordnet und mußten auch in dieser Form gelernt werden. Die Beamtentitel waren beispielsweise ihrem Rang nach geordnet, so daß die Schüler auf diese Art in das recht komplizierte hierarchische System des Staatsapparates eingeführt wurden.

Auch Mathematik und Geometrie gehörten zum Lernprogramm in den Schulen. So sind in einem Papyrus die Rechenaufgaben erhalten, die ein Lehrer seinen Schülern gestellt hatte. Doch war der Erfolg dieser Bemühungen eher bescheiden. Kaum ein ägyptischer Schreiber war in der Lage, auch nur die einfachsten Rechnungen korrekt auszuführen, wie die unzähligen Rechenfehler in den Akten von Deir el Medineh belegen.

Die bislang geschilderte Ausbildung betraf immer nur die Kinder, die auf eine Karriere in der Verwaltung, auf ein Leben als Beamte vorbereitet wurden. Sie entstammten im Regelfall den großen Beamtenfamilien des Landes, obwohl die öffentlichen Schulen auch den unteren Schichten der Bevölkerung zugänglich waren. Doch in der Praxis blieb es die Ausnahme, daß der Sohn eines Handwerkers oder Bauern die Schreiberausbildung erhielt.

Vielmehr war es üblich, daß die Söhne von Handwerkern und Bauern in die Fußstapfen ihres Vaters traten, von dem sie auch ausgebildet wurden. Das ist besonders deutlich an der Arbeiterschaft von Deir el Medineh zu erkennen. Doch da die Arbeiten an den Königsgräbern zumindest teilweise die Kenntnis der Hieroglyphen erforderten, hatte man in einem Tempel in der Nähe des Dorfes eine kleine Schule eingerichtet, wo ausgewählten Kindern die Grundzüge von Schrift und Sprache vermittelt wurden, ohne daß diese Ausbildung allerdings zum Eintritt in die Beamtenlaufbahn berechtigte.

Die Eliteschulen, zu denen nur wenige Söhne der höchsten Beamten zugelassen waren, befanden sich im Königspalast. Als Erzieher der Prinzen und ausgewählter, etwa gleichaltriger Jungen aus dem ganzen Land fungierten entweder hohe Staatsbeamte oder spezielle Lehrer, die stolz den Titel eines Prinzenerziehers trugen. Ihre Pflicht war es, die Königskinder, allen voran den Kronprinzen, auf ihr zukünftiges Amt vorzubereiten. Über das Grundwissen hinaus, das auch in den normalen Schulen gelernt werden konnte, wurden die Palastzöglinge in die wichtigsten Zeremonien und Rituale eingewiesen, die sie ja später zu leiten oder zu beaufsichtigen hatten. Naturgemäß verlängerte sich die Ausbildung dadurch erheblich. Eine Inschrift aus der 5. Dynastie schildert in knapper Form den Werdegang eines Beamten an der Palastschule, die organisatorisch dem Harim angeschlossen war:

„Ein Kind, das geboren wurde von seiner Mutter zur Zeit des Königs Mykerinos. Er wurde aufgezogen unter den Königskindern im Königspalast im inneren Harim und war dem König mehr wert als alle anderen Kinder. Ein Junge, der den Schurz anlegte (d. h. reif wurde) zur Zeit des Königs Schepseskaf. Er wurde aufgezogen unter den Königskindern im Königspalast im inneren Harim und war dem König mehr wert als alle Jünglinge."

Später wurde der junge Mann Vezir und erhielt sogar eine leibliche Königstochter zur Gemahlin, was sicher zu einem großen Teil auf seine elitäre Erziehung im Palast zurückzuführen war.

Der Gaufürst Kar von Edfu berichtet in der 6. Dynastie in seiner Biographie etwas Ähnliches und stellt dabei besonders seinen Anspruch auf die Ausbildung im Palast heraus, wenn er sagt:

„Ich war ein Jüngling, der den Schurz anlegte zur Zeit des Königs Teti. Ich wurde zu Pepi (d. i. König Pepi I.) gebracht gemäß meinem Stand unter den Kindern der Gaufürsten. Ich wurde zum ‚Einzigen Freund' und ‚Vorsteher der Domänen Pharaos' ernannt unter Pepi."

In beiden Fällen wurden die Jungen zusammen mit den Kronprinzen erzogen und ausgebildet. Aufgrund dieser Bekanntschaft gelangten sie nach Regierungsantritt ihres „Klassenkameraden" in höchste Ämter und Würden. Daß die Könige gerade die Männer mit den höchsten Aufgaben betrauten, mit denen sie zusammen die Schulbank gedrückt hatten, wird besonders deutlich in der 18. Dynastie, als Amenophis II. praktisch alle wichtigen Staats- und Palastämter mit seinen Kindheitsfreunden zu besetzen pflegte. Gerade dieser Herrscher berichtet mehrfach von seiner Ausbildung. Danach wurde er als Kronprinz im Alter von 18 Jahren nach Abschluß der normalen Ausbildung in der Waffenkunde unterrichtet. Er lernte, mit Pferden umzugehen und wurde bald Meister im Bogenschießen und Ringen. Er lernte sogar schwimmen, was durchaus nicht üblich war. Es ist schon einsichtig, daß diejenigen, welche dieselbe harte Ausbildung wie er selbst durchlitten hatten, später von ihm bevorzugt wurden.

Die ägyptische Erziehung war ein probates Mittel, aus der Masse von Kindern diejenigen zu selektieren, die geeignet waren, das Wissen der älteren Generation aufzunehmen, anzuwenden und letztlich zu erweitern. Es war nicht das Ziel der Schule, den Bildungsstand der großen Masse zu heben, sondern vielmehr, Individuen durch gezielte Ausbildung und Förderung

herauszuheben und so zur Herrschaft zu prädestinieren. Gerade das unterschiedliche Ausbildungsniveau stellte ein wichtiges Herrschaftsmittel dar, das immmer wieder konsequent angewendet wurde.
In Deir el Medineh lag die Ausbildung der Jungen in der Verantwortung der Eltern und der erfahrenen älteren Arbeiter. Selten kamen neue Handwerker hinzu, die an anderen Institutionen ihre Ausbildung erhalten hatten, so daß das handwerkliche Können sich fast ausschließlich im Dorf selbst vererbte. Bevor wir nun ausführlich auf die praktische Umsetzung des Erlernten im eigentlichen Produktionsprozeß eingehen wollen, sei kurz die Religion behandelt, die auch und gerade im Leben der Nekropolenhandwerker eine nicht unbeträchtliche Rolle spielte.

Die Religion

Die Religion umfaßte praktisch alle Teile des täglichen Lebens der Alten Ägypter und war in viel stärkerem Maße dominierend, als wir uns das gegenwärtig vorstellen können. Die Verehrung der unzähligen Götter — allein in den Unterweltsführern sind weit über 500 Götter und Geister erwähnt — durch feierliche Zeremonien und Rituale gehörte zu den wichtigsten Ereignissen im Leben der Menschen. Man erflehte den Beistand und das Wohlwollen der Götter, um auf diese Art das harte Leben meistern zu können. Im täglichen Zusammenleben spielten, wie wir später noch eingehend sehen werden, Gottesentscheidungen eine ganz wesentliche Rolle. Wie überall waren Standesunterschiede auch bei der religiösen Praxis deutlich zu erkennen. So hatten beispielsweise allein der König und sein Stellvertreter das Recht, den Kult im Allerheiligsten des großen Amuntempels von Karnak zu vollziehen, während die hohen Würdenträger des Staates in den Hallen und Höfen vor dem Sanktuar bleiben mußten. Die einfachen Leute durften den Tempel überhaupt nicht betreten oder nur durch ein kleines Seitenportal, um dem Amun ihre Bitten und Wünsche vorzutragen. Ihre Frömmigkeit spielte sich in sehr viel bescheidenerem Rahmen in kleineren Ortstempeln und Nebenkapellen ab. Diese Intimität der Gottesverehrung führte gleichzeitig zumindest im Neuen Reich zu einer ungeahnten Steigerung der Intensität der persönlichen Frömmigkeit weiter Kreise der ägyptischen Gesellschaft.

Frömmigkeit und Religionspraxis des kleinen Mannes sind wieder einmal fast ausschließlich am Beispiel der Texte aus Deir el Medineh zu erhellen. Natürlich hatten die großen, ja pompösen Staatsakte zu Ehren der Hauptgötter auch ihre Auswirkungen auf die breite Masse des Volkes. An den dreiwöchigen Zeremonien des Talfestes, des Hauptfestes für den Gott Amun, waren die Nekropolenarbeiter jedoch kaum beteiligt. Nur auf dem Höhepunkt des Festes, wenn das Kultbild des Gottes in seine Barke gestellt und auf die Westseite des Nils gerudert wurde, erhielten alle dienstfrei, um den Gott bei seiner Ankunft zu begrüßen und zu begleiten. Man zog in feierlicher Prozession zum Flußufer und begleitete das Götterbild — und die Priester und Staatsbeamten — auf dem langen Weg zu den königlichen Totentempeln. Dort hatten die Handwerker zwar keinen Zutritt, doch vor dem Tempel gab es ein Festbankett, und zur Feier des Tages erhielten die Dorfbewohner Rindfleisch und eine Sonderration Bier und Wein. Nach zwei Tagen war alles vorbei, und man ging wieder an die Arbeit. Ähnlich liefen auch die Feste für die anderen Götter ab, die auf dem Westufer in der Nähe der Nekropole gefeiert wurden. Besonders verehrte man in diesem

Festszene aus dem Grab des Nacht, 18. Dynastie. Dargestellt sind mehrere hochgestellte Damen, die von einer Dienerin bedient werden. Die Nacktheit der Dienerin zeigt ihren niedrigen sozialen Status im Gegensatz zu den reich geschmückten Damen. Die Szene gehört in den Zyklus des Talfestes zu Ehren des Gottes Amun.

Bereich die Göttin Hathor, eine der Schutzgottheiten der Nekropole, die nicht zu verwechseln ist mit der berühmten Hathor von Dendera. An ihrem Fest durften die Arbeiter teilnehmen und erhielten Freibier und Fleisch als Sonderzuweisungen zu Ehren der Göttin.
Doch abseits der großen Feste und Zeremonien, die fast ausschließlich durch und für die herrschende Schicht veranstaltet wurden, die dabei weitgehend unter sich blieb, existierte spätestens seit Amarna eine sehr individuelle und ganz persönliche Frömmigkeit. Darüber gibt eine ganze Reihe

von Texten, besonders aus der Ramessidenzeit, Auskunft. Im Mittelpunkt der Gebete standen die großen Götter Ägyptens, allen voran Amun, der als Schützer der Armen und Schwachen angesehen, aber gleichzeitig zusammen mit Re als Schöpfergott verehrt wurde:

„Amun-Re, der als erster König war, der Gott des Urbeginns, der Vezir der Armen. Nicht nimmt er Bestechung an von den Schuldigen, nicht spricht er mit dem, der Zeugnis bringt, nicht blickt er auf den, der Versprechungen macht. Es richtet Amun das Land mit seinen Fingern, er redet zum Herzen. Er richtet den Schuldigen, er weist ihn zum Osten (zur Verbrennungs- und Hinrichtungsstätte), den Gerechten aber zum Westen (zur Nekropole).“

Amun wird in diesem Ausschnitt eines längeren Hymnus als unbestechlicher Richter, als Vezir und Fürsprecher der Armen angesehen, sicher im Gegensatz zu den weltlichen Richtern, den Veziren. Gerade die ungerechte Behandlung der einfachen Leute vor Gericht war immer wieder Thema ihrer Gebete an die Götter, von denen die Unterprivilegierten die Hilfe und gerechte Behandlung erwarteten, die die Mächtigen und Reichen ihnen versagten. Damit war natürlich eine ganz massive Kritik an den bestehenden sozialen Verhältnissen verbunden. Diese Kritik, in Gebetsform vorgebracht, konnte aber schwerlich bestraft werden, so daß das persönliche Gebet regelrecht zu einem Ventil wurde, der Unzufriedenheit Ausdruck zu verleihen. Das kam auch im folgenden Gebet an Amun ganz klar zum Ausdruck.

„Amun, leihe dein Ohr dem, der allein war vor Gericht, indem er arm ist, denn nicht ist er reich. Das Gericht schädigt ihn an Silber (Geld) und Gold für den Schreiber der Matte und an Kleidern für die Angestellten. Möge gefunden werden, daß Amun seine Erscheinungsform verwandelt zum Vezir, um den Armen herauskommen zu lassen. Möge der Arme gefunden werden, daß er zum Gerechtfertigten geworden ist. Möge die Armut den Reichtum übertreffen!“

Was hier die Menschen von Amun erwarteten, war nichts geringeres als die Verwirklichung der Maat, wozu die Herrschenden anscheinend nicht gewillt waren. Schutz vor Willkür und Sorge für die Armen gehörten nach altägyptischer Vorstellung zu den vornehmsten Aufgaben des Herrschers. Doch gegen die machtpolitischen Verhältnisse gerade in der Ramessidenzeit war auch Pharao machtlos, so daß der Mensch Trost und Hilfe in der Religion zu finden suchte. Bezeichnend dafür war ein Gebet, in dem ein Frommer den Gott Amun um Hilfe in einer Notzeit anflehte:

„Komm zu mir, Amun, rette mich in diesem Jahr der Not. Die Sonne ist so, daß sie nicht aufgeht, der Winter ist bereits im Sommer gekommen, die Monate sind so, daß sie verdreht sind, die Stunden sind verwirrt. Die Großen rufen zu dir, Amun, die Kleinen suchen dich – – – –. ‚Möge er mich gedeihen lassen mit einem Geierflügel wie ein Schiff, das voll bemannt ist!‘ so sagen die Hirten auf dem Felde, die Wäscher auf dem Uferdamm, die Jäger der Wüste, die herausgekommen sind in das Fruchtland, die Gazellen in der Wüste.“

Wie anders klang dagegen das Gebet des Amenemope, der Vermögensverwalter des Amuntempels von Karnak war. Sein Gebet war ebenfalls an Amun-Re gerichtet und zwar in seiner Eigenschaft als Schöpfergott. In einer Passage hieß es über den Gott:

„Der seine Aufgaben vollbringt Tag für Tag und nicht zögert in seinem Tun von Gestern, der sich abmüht mit Arbeit, ohne zu erschlaffen, und dessen Rudermannschaft sich nicht ausruht. Der die beiden Länder erhellt mit dem Glanz seines Auges, keine Grenzen gibt es für seine Strahlen über ihnen. Der Herr der Menschheit, der erschafft die Oberen und die Unteren, kein anderer erstand vor ihm, um andere zu erschaffen ...“

Ganz ähnlich waren die Formulierungen in einem Gebet im Grab des Vezirs Paser, der in der Regierungszeit Ramses' II. amtierte:

„Sei gegrüßt, Cheper, Amun-Re-Harachte, der sich selbst erzeugte und aufzog als Einherr, der von selbst entstand, Amun, einziger Schöpfer, der entstand, ohne daß ein anderer mit ihm entstand, der Zehntausende und Tausende erschuf mit seinem Namen ohne Zahl und die Berge und Fremdländer ohne Grenze. Niemand gründete die Unteren und die Oberen außer dir allein mit deinen Armen. Der den Meßstrick ausspannte und die beiden Länder gründete, kein anderer schuf zusammen mit dir.“

In einem dritten Beispiel wurde der Schöpfergott als alleiniger Eigentümer beschrieben:

„Sein ist das südliche und nördliche Land, er allein hat es erobert mit seiner Kraft. Seine Grenze ist stark, als er auf Erden war, so weit die ganze Erde ist und so hoch der Himmel ist.

Die Götter erbitten ihren Unterhalt von ihm, er ist es, dem gehören die Felder, Ufer und Äcker, ihm gehört jede Akte des Katasters, der Anfang des Meßstricks bis zum Ende. Er mißt das ganze Land zu seinen beiden Uräen, für ihn wird die Gründungszeremonie vollzogen, sein ist die Königselle, die die Steine berechnet. Der den Meßstrick spannte über die Weite des Erdbodens und die beiden Länder gründete auf ihrem Standort und die Tempel und Heiligtümer.“

Der Schöpfergott war nach Aussage des letzten Gebets also derjenige, der Ägypten erschaffen und vor allem vermessen hatte. Das bedeutete: Die ungerechte Verteilung des Bodens an wenige war der Wille Gottes! Die Berechnungen der Arbeitsleistung wurden mit der Königselle vorgenommen, und das wiederum war der Wille des Amun, so daß kein Arbeiter gegen das Arbeitssoll opponieren konnte, ohne gleichzeitig Kritik an der Schöpfung Gottes zu üben!

Die beiden ersten Gebete beschrieben Amun als Schöpfergott, der als Urgott sich selbst erschaffen hatte, aber auch alle Lebewesen und das Land Ägypten. Bezeichnend war dabei, daß er die Erschaffung der Oberen und Unteren bewirkt hatte, so daß die soziale Ungleichheit als eine gottgewollte Maßnahme erklärt wurde. Denkt man diese Passage folgerichtig zu Ende, so wird wiederum deutlich, daß ein Auflehnen gegen die Schichtung der Gesellschaft eine Kritik an der göttlichen Ordnung gewesen und einem Sakrileg gleichgekommen wäre. Und folglich lehnten sich die Unteren auch nicht gegen diese Ordnung auf, sondern vielmehr erwarteten sie von dem Gott, daß er sie innerhalb dieser Ordnung beschütze und ihren Lebensunterhalt garantiere. Auch in äußersten Notsituationen erhoben sich die Arbeiter von Deir el Medineh niemals gegen die hierarchische Struktur als solche, sondern kämpften nur um die Abschaffung offensichtlicher Mißstände, die nach ihrer Meinung nichts mit der Grundstruktur der Gesellschaft zu tun hatten. Und dabei waren sie durchaus erfolgreich, wie im Kapitel über die Streiks dargelegt worden ist. Die gebildete und herrschende Schicht dagegen stellte die Göttlichkeit der Gesellschaftsordnung, in der sie ja privilegiert war, besonders heraus, so daß die vorhandene Frömmigkeit und Religiosität der Menschen als Herrschaftsmittel ge- und oftmals auch mißbraucht werden konnte.

Doch die große Religionspolitik war eigentlich nichts für Nekropolenarbeiter. Ihnen ging es bei der Gottesverehrung um konkrete Hilfe im täglichen Leben, um Gottesentscheidungen bei Prozessen und ähnliche Dinge. Daher genoß auch nicht der große und mächtige, aber auch sehr ferne Reichsgott Amun die Hauptverehrung im Dorf, sondern ein spezieller Ortsgott. Und das war kein geringerer als der verstorbene König Amenophis I., der zusammen mit seiner Mutter Ahmose-Nefertari angebetet wurde. Ahmose-Nefertari kann als Stammmutter der 18. Dynastie angesehen werden, während ihr Sohn Amenophis I. als erster König der 18. Dynastie der Begründer des Neuen Reichs war. Höchstwahrscheinlich war er es auch, der zu Beginn seiner Herrschaft die Siedlung gründete, woraus sein hohes Ansehen im Dorf resultierte.

In der Nähe des Ortes gab es mehrere Kapellen und kleinere Tempelanlagen, die Amenophis I. geweiht waren und mehrfach in den Texten genannt sind. In diesem Bereich sind bei Ausgrabungen seit den zwanziger Jahren zahlreiche recht kleine Stelen aus Stein gefunden worden, deren künstlerische Qualität eher gering zu bewerten ist, die aber dennoch von der hohen Verehrung zeugen, die die Menschen dem Gott Amenophis entgegenbrachten. Die sehr ähnlichen Darstellungen zeigen meistens den Stelenstifter im Anbetungsgestus vor dem thronenden Amenophis, der angetan ist mit allen Insignien königlicher Macht. Bestimmte Epitheta nennen ihn „Amenophis des Dorfes“ oder „Amenophis, der Herr des Dorfes“, wodurch klar wird, daß hier nicht etwa ein lebender Pharao verehrt wurde. Auch in den Gräbern der Nekropolenarbeiter, die sich im Höhenzug westlich des Dorfes befinden, ist Amenophis I. recht häufig dargestellt, mehrfach auch zusammen mit seiner Mutter Ahmose-Nefertari. Beide besaßen den Charakter von Schutzgottheiten der Nekropole und der Gräber.

An bestimmten Tagen wurde das Kultbild in das Dorf getragen, wobei die Handwerker selbst als „Träger des Gottes" auftraten. In diesem Zusammenhang sprach der Gott Recht, wie unten im Kapitel über das Rechtswesen weiter ausgeführt werden wird, und die Menschen konnten ihre Bitten vortragen. Darüber hinaus gab es bestimmte Götterfeste, die in größerem Rahmen in der Siedlung an bestimmten Tagen gefeiert wurden. Die Daten dieser Festlichkeiten dürften höchstwahrscheinlich mit den Lebensdaten Amenophis' I. zusammengehangen haben, obwohl letzte Klarheit darüber bislang noch nicht gewonnen werden konnte. So wurde beispielsweise das „Erscheinen des Königs Amenophis" festlich begangen, was wahrscheinlich mit der Thronbesteigung des Königs in Zusammenhang zu bringen ist. Außerdem gab es ein „Großes Fest für den König Amenophis", das jedoch wie die weiteren Feste dieses Gottes von geringerer Bedeutung war. Die Daten könnten auf den Geburts- bzw. Sterbetag des Königs Bezug genommen haben.

„Jahr 7, 3. Monat der Aussaat, Tag 29. Man ist beim ‚Großen Fest des Königs Amenophis, des Herrn des Dorfes'. Die Arbeiterschaft jubiliert vor ihm an vier Tagen, voll des Trinkens zusammen mit ihren Kindern und ihren Frauen. Es waren 60 (Personen) von innen und 60 (Personen) von außen."

Das Fest dauerte insgesamt vier Tage und war damit nach dem großen Neujahrsfest, das fünf Tage lang gefeiert wurde, das längste in Deir el Medineh. Man aß und trank im Kreis der ganzen Familie, wie es auch zu anderen Gelegenheiten üblich war. Wie lange das Erscheinungsfest dauerte, ist leider nicht bekannt.

Beim Fest wurde das mit Blumen und Girlanden reich geschmückte Kultbild, meist eine kleine Statue des Gottes aus Edelmetall, aus dem Sanktuar des Tempels geholt und in feierlicher Prozession ins Dorf gebracht. Dort angekommen, vollzogen Priester die üblichen Rituale des Räucherns und Libierens vor der Statue. Ein Rezitationspriester — man erkannte ihn leicht, da er als einziger mit einem Pantherfell bekleidet war — sagte die notwendigen Sprüche und Gebete auf, während die Arbeiterschaft mit erhobenen Händen im Anbetungsgestus verharrte. Im Verlauf dieser Zeremonie wurden dem Gott Opfer dargebracht, die sich auf Blumen, Nahrungsmittel, Stoffe und ähnliche Kleinigkeiten beschränkten, da die finanziellen Möglichkeiten der Arbeiter natürlich gering waren. Der Gott verweilte für einige Zeit im Dorf, schlichtete Streitfälle und wurde zuletzt wiederum in feierlicher Prozession in den Tempel zurückgetragen. Eine Darstellung dieser Zeremonie findet sich im Grab des Arbeiters Hajbechenet in Deir el Medineh.

Als Priester fungierten ausgewählte Arbeiter. War es schon eine hohe Auszeichnung, zur Trägerschaft des Gottes gehören zu dürfen, so war es noch bedeutend erstrebenswerter, als Reinigungspriester die üblichen Reini-

Prozession des Ortsheiligen Amonophis' I.

a Vorlesepriester
b Die „Träger des Gottes'
c Sitzstatue König Amenophis' I. in Sänfte, mit Löwengestalt verziert
d Wedelträger

gungszeremonien am Götterbild direkt vollziehen zu dürfen. Nach welchen Kriterien diese Laienpriesterschaft ausgewählt wurde und, vor allem, wer sie bestimmte, ist nicht bekannt. Wahrscheinlich lag das in der Verantwortung der Beamten und Vorarbeiter in der Siedlung. Sicher ist nur, daß die hierarchische Ordnung der Arbeiterschaft selbst keine entscheidende

Rolle bei der Auswahl spielte, da sowohl die Vorarbeiter und ihre Stellvertreter als auch einfache Arbeiter als Priester belegt sind. Einige Kalksteinostraka nennen die Arbeiter mit ihren priesterlichen Funktionen:
„Diener des Djedkare (d. i. der Thronname Amenophis' I.), Qeni.
Sein Sohn, der Reinigungspriester des Amenophis, der Skulpteur Huy.
Der Maler des Amun und Vorlesepriester des Amenophis, Nebre.
Der ‚Große des ᶜ' (Titel unklar) der Nekropole, Amenemuja; die Reinigungspriester Pendua, Neferhuy, Pendua (II) und Penchenab. Der Träger des Fächers, Aapechti, und der Reinigungspriester Neferrenpet."
Alle diese Personen, die der Text hier nennt, sind als Arbeiter gut belegt und gehörten nur für die Zeit des Festes zum Kultpersonal Amenophis' I. Das war zum einen ein „Großer des ᶜ", ein Titel, der nicht sinnvoll zu übersetzen ist. Seine Bedeutung ist zwar unklar, doch stand dieser Titel im Zusammenhang mit dem Kult. Des weiteren sind genannt ein Vorlesepriester, ein Fächerträger, ein Diener und sechs Reinigungspriester. Genau diese Mannschaft ist im erwähnten Grab des Hajbechenet dargestellt. Diese 10 Personen bildeten das Kultpersonal für den vergöttlichten Amenophis, hinzu kam noch eine unbekannte Zahl von Trägern für das Kultbild.
Neben dem Kult für Amenophis I. erlangte die Verehrung der Göttin Meretseger eine hohe Bedeutung. Meretseger war zuerst die Personifikation der höchsten Bergspitze des thebanischen Westgebirges, doch von den Nekropolenarbeitern wurde sie schon bald als Schutzgöttin der Nekropole und all derer, die in ihr leben und arbeiten mußten, angesehen. Als Schutzgöttin für die Verstorbenen ist Meretseger sogar in den Königsgräbern der 19. und 20. Dynastie erwähnt und abgebildet. Sehr gern wurde sie in Gestalt einer Schlange gezeichnet. Ihr Kult blieb regional auf den thebanischen Bereich begrenzt.
In Deir el Medineh ist ein kleines Felsheiligtum für diese Göttin entdeckt worden. Es war architektonisch sehr einfach angelegt und bestand nur aus einem kleinen Hof, von dem aus einige Kammern und Nischen abzweigten, deren kultische Bedeutung noch ungeklärt ist. In diesem Tempel sind Hunderte von Stelen gefunden worden, typische Votivgaben frommer Arbeiter an die Göttin. Da die Stifter der Stelen namentlich genannt sind und sie sich oft auch mit ihren Familienangehörigen zusammen hatten darstellen lassen, bilden diese Stelen eine wichtige Quelle zur Erforschung der Familien, die in der Arbeitersiedlung lebten. Die handwerkliche und künstlerische Qualität dieser Denksteine ist eher mäßig.
Oftmals enthalten diese Stelen kleinere Gebete an Meretseger, die ganz hervorragende Beispiele für die persönliche Frömmigkeit fernab vom hektischen und pompösen Kultbetrieb der offiziellen Staatsreligion darstellen. Diese Gebete ähneln den oben gegebenen Beispielen in Inhalt und Form, so daß auf ein besonderes Beispiel verzichtet werden kann.

Die Wirtschaft des Dorfes

Der Produktionsprozeß

Nachdem im ersten Teil des Buches Organisation und Versorgung der Nekropolenhandwerker im Vordergrund standen, soll jetzt die Wirtschaft des Dorfes näher betrachtet werden. Dabei ist die Untersuchung des eigentlichen Produktionsprozesses von größter Wichtigkeit und wird demzufolge an den Anfang des Abschnitts gestellt.
Da die Art der Produktion von Gütern und Dienstleistungen einen guten Gradmesser für den Stand der kulturellen Entwicklung eines Volkes darstellt, soll an dieser Stelle versucht werden, den altägyptischen Produktionsprozeß näher zu beschreiben. Dabei soll nicht so intensiv das eher technische Werkverfahren erklärt werden, denn darüber gibt es bereits eine ganze Reihe einschlägiger Veröffentlichungen, sondern vielmehr wird die Problematik von sozialer Kooperation und Arbeitsteilung im Mittelpunkt der Untersuchung stehen.
Zuvor die wichtigsten Begriffsbestimmungen:
Unter sozialer Kooperation versteht man im allgemeinen die sinnvolle und planvolle Zusammenarbeit von Menschen, um ein bestimmtes vorgegebenes oder selbstgewähltes Ziel zu erreichen. Arbeitsteilung liegt dann vor, wenn von den zusammenarbeitenden Individuen oder Gruppen jeweils immer die gleiche Arbeit verrichtet wird, für die man speziell ausgebildet worden ist. Arbeitsteilung und intensive Zusammenarbeit sind untrennbar miteinander verbunden. Notwendig ist ferner eine sinnvolle Koordination der einzelnen Abläufe, um überhaupt ein bestimmtes Resultat erzielen zu können. Das bedeutet, daß auch die Leitungsinstanzen in ihrer Entwicklung beobachtet werden müssen.
Als Informationsträger dienen für die altägyptische Zeit fast ausschließlich Darstellungen von handwerklichen Tätigkeiten in den Gräbern, die Texte schweigen sich zu dieser Thematik leider weitgehend aus. Dennoch ermöglichen die vorhandenen Quellen recht sichere Aussagen über den Produktionsprozeß.
Zuerst wollen wir einen Blick auf die Entwicklung der Landwirtschaft werfen, da eine ausreichende Nahrungsmittelproduktion die Basis für jede kulturelle Entwicklung ist. Für die gesamte pharaonische Zeit ist praktisch keine Neu- oder auch nur Weiterentwicklung von technischen Geräten im Bereich der Landwirtschaft festzustellen. Bis in die Spätzeit hinein bediente man sich des von Rindern gezogenen Holzpfluges. Für den Transport von Lasten aller Art standen neben der menschlichen Arbeitskraft in recht geringem Umfang Esel zur Verfügung, Pferde wurden als Lasttiere nicht benutzt, Maultiere waren noch unbekannt. Von entscheidender Bedeutung

war eine genügende Bewässerung der Felder und Gärten durch technische Einrichtungen.
Allein das Bewässerungssystem wurde mehrfach im Verlauf seiner Geschichte ganz entscheidend verbessert, wodurch Produktionssteigerungen bewirkt werden konnten. Während die Bewässerung von Gartenanlagen durch einfache Schöpfsysteme und kleinere Kanalanlagen erfolgte, konnten große Felder auf diese sehr arbeitsintensive Art nicht ausreichend mit Wasser versorgt werden. Daher entwickelte man schon frühzeitig ausgeklügelte Bewässerungsmethoden. Die älteste Art der Bewässerung war das Sammeln von Wasser in natürlichen Becken, später wurden in großem Umfang künstliche Bassins zusätzlich angelegt, die durch die jährliche Nilüberschwemmung automatisch aufgefüllt wurden. Die Wasserentnahme war durch ein Schleusensystem geregelt, oder sie erfolgte per Hand durch einfaches Ausschöpfen der Bassins. Doch auch diese Methode war schon bald nicht mehr ausreichend, außerdem war natürlich die Störanfälligkeit zu groß. Darüber hinaus konnte es geschehen, daß eine zu geringe Überschwemmungshöhe nicht genügend Wasser in die höher gelegenen Becken brachte, so daß weite Landstriche unbewässert blieben und damit für die landwirtschaftliche Nutzung ausfielen.
Daher ging man spätestens seit der 1. Zwischenzeit dazu über, ein kompliziertes Kanal- und Speichersystem anzulegen. Dadurch wurde das Wasser der Überschwemmung besser genutzt, und es waren mehrere Ernten pro Jahr möglich. Daß dieses komplizierte Bewässerungssystem große Anstrengung von vielen Arbeitskräften erforderte, ist offensichtlich. Es war daher auch kein Zufall, daß Beamtentitel in Verbindung mit diesen Bewässerungsanlagen zu den ranghöchsten der ägyptischen Gesellschaft zählten.
Niedrige Nilüberschwemmungen konnten durch spezifische Schöpfmethoden bis zu einem gewissen Grade ausgeglichen werden. Die Grabdarstellungen zeigen recht häufig das Schaduf, welches bis heute in der Landwirtschaft Ägyptens verwendet wird. Auf einer Holzkonstruktion ruhte, beweglich angebracht, eine lange Stange, an der ein Tongefäß hing. Am anderen Ende wurde als Gegengewicht ein Lehmklumpen befestigt, so daß das Schöpfen erheblich vereinfacht wurde und nur noch wenig Kraft erforderte. Erst in griechischer Zeit wurde durch die Einführung des Eisenpflugs und der Archimedischen Schraube das Gerät der Bauern deutlich verbessert.
Das Fehlen jeglicher technischer Innovation bedeutete, daß Ertragssteigerungen ausschließlich durch eine Verbesserung der Anbaumethoden erreicht werden konnten. Durch immer bessere Ausnutzung der Nilüberschwemmungen, durch Züchtung neuer, ertragreicherer Getreidesorten, durch Anlage von Monokulturen und nicht zuletzt durch eine intensive Rationalisierung der Arbeitsabläufe wurden erstaunliche Erfolge erzielt.

Wasserschöpfen, Malerei im Grab des Rechmire, 18. Dynastie. Dargestellt ist das Schöpfen von Wasser aus einem Teich oder Bassin. Große Tonamphoren der hier dargestellten Art sind mehrfach in Gräbern gefunden worden.

Hinzu kam im Alten Reich die Neulandgewinnung im Rahmen der inneren Kolonisation. Später, im Mittleren Reich, ging man dazu über, die riesigen Deltasumpfgebiete trockenzulegen und landwirtschaftlich nutzbar zu machen. Die Oasen, besonders das Fayum, wurden in der 12. Dynastie urbar gemacht und entwickelten sich seitdem zu Hauptlieferanten für Datteln und Gemüse.
Die Neulandgewinnung war Ende des Mittleren Reichs weitgehend abgeschlossen. Die Möglichkeiten, durch Bewässerung größere Gebiete am Wü-

stenrand nutzbar zu machen, waren eher gering, da die dabei auftretenden technischen Probleme für die Ägypter praktisch nicht zu lösen waren. Erst in der Ptolemaeerzeit hören wir von einigen erfolgreichen Versuchen dieser Art.

In der Landwirtschaft ist schon sehr früh die wohl älteste Art der Arbeitsteilung zu beobachten, nämlich die Verteilung der anfallenden Arbeiten zwischen Mann und Frau bzw. Jung und Alt. Nach Ausweis der Grabdarstellungen verrichteten Männer die Hauptarbeiten in allen landwirtschaftlichen Produktionsbereichen. Frauen sammelten lediglich Früchte oder worfelten auf den Tennen das Getreide. Meistens wurden sie jedoch bei typischen Hausarbeiten wie Backen, Weben, Essenszubereitung usw. dargestellt. Manchmal sind sie auch auf dem Markt beim Einkauf und Handel zu sehen. Der Produktionsprozeß war also fast ausschließlich eine Domäne der Männer, während die Frauen bestenfalls unterstützende Tätigkeiten ausübten und in erster Linie das Haus zu besorgen hatten. Ich werde später noch ausführlicher auf die ökonomische Situation der Frau im Alten Ägypten eingehen.

Historisch noch früher als die Arbeitsteilung ist der Beginn der sozialen Kooperation anzusetzen. Entwickelt aus der einfachen Nachbarschaftshilfe, konnten durch Zusammenarbeit mehrerer Personen Vorhaben realisiert werden, die ein einzelner niemals hätte bewerkstelligen können. Natürlich sagen die frühen Denkmäler darüber fast nichts aus, doch kann diese Art der Organisation des Arbeitseinsatzes leicht nachgewiesen werden, am einfachsten und überzeugendsten bei den großen Bauten. In dem Augenblick, da die Körperkraft eines einzelnen Arbeiters nicht ausreichte, einen Stein oder tonnenweise Erdreich zu bewegen, bedurfte dieser der Hilfe vieler anderer. Bestes Beispiel dafür ist der Pyramidenbau. Auch die großen Grabanlagen der Könige der Thinitenzeit in Abydos, Jahrhunderte früher, konnten nur in Gemeinschaftsarbeit errichtet werden. Somit darf der Beginn der sozialen Kooperation an den Anfang der ägyptischen Geschichte gesetzt werden.

Der Arbeitseinsatz vieler Menschen mußte geplant und aufeinander abgestimmt werden. Die notwendige Zahl von Arbeitskräften mußte zur selben Zeit an der richtigen Stelle zum Einsatz kommen. Um das zu gewährleisten, wurden Leitungsstrukturen entwickelt. Koordinatoren trafen die notwendigen Entscheidungen, an die alle Beteiligten gebunden waren. Zuerst wurden diese Koordinatoren nur zeitlich begrenzt für ganz fest umrissene Aufgaben eingeteilt. Doch schon bald ging man dazu über, sie hauptamtlich auf unbestimmte Dauer einzusetzen, um so ihre gewonnenen Erfahrungen optimal nutzen zu können, was schließlich zusammen mit anderen Faktoren zur Herausbildung der Beamtenschaft führte. Man glaubt, daß der Einsatz solcher Organisatoren zuerst von der Gruppe bestimmt wurde. In hi-

Getreideernte, Grab des Vezirs Merreruka in Sakkara, 6. Dynastie. Eine Kolonne von Bauern sichelt Getreide. Die Szene zeigt deutliche Merkmale des arbeitsteiligen Produktionsprozesses in der altägyptischen Landwirtschaft bereits im Alten Reich. Darstellungen dieser Art sind außerordentlich häufig in den Beamtengräbern zu finden.

storischen Zeiten dann wurden sie vom Anführer der Gruppe eingesetzt, später vom König direkt.

Der sinnvoll geplante Arbeitseinsatz vieler Landarbeiter führte zu erheblichen Ertragssteigerungen und zu einer Überschußproduktion. Wie lange der notwendige Lernprozeß wirklich dauerte, ist heute nicht mehr festzustellen. Ich meine aber, daß man sicher nicht allzu falsch liegt, wenn man dafür einige Jahrzehnte ansetzt.

Den ältesten Hinweis auf die soziale Kooperation finden wir in einer Malerei auf einem Tongefäß aus der Nagade-Zeit, um 3000 v. Chr. Dargestellt ist die Jagd auf Wüstentiere mit einem großen Fangnetz. Man stellte dazu in der Wüste riesige Netze auf, die an Holzpfosten befestigt waren. Eine Gruppe von Treibern trieb mit Lärm und Geschrei die Tiere in diese Netze, wo sie von den dort wartenden Jägern erlegt werden konnten. Allein die Herstellung und der Transport der schweren und unhandlichen Netze waren nur noch in der Gruppe zu bewerkstelligen. Ebenso konnte das Treiben von Tieren nicht von einem einzelnen ausgeführt werden. Erst die sinnvolle Zusammenarbeit vieler Menschen mit unterschiedlichen Aufgaben ermöglichte diese bei weitem effektivste Art der Fleischbeschaffung durch Jagd.

Seid dem Alten Reich gehörten Darstellungen des Fischfangs zum üblichen Bildprogramm der großen Beamtengräber. Mehrere Arten, Fische zu fangen, sind dabei belegt.

Eine Sonderstellung nahm das Fischespeeren vom Papyrusnachen oder, seltener gezeigt, vom Flußufer ein. Das Speeren der Fische diente dabei nicht so sehr der Nahrungsgewinnung im eigentlichen Sinne. Das Jagen mit dem Fischspeer war vielmehr ein Privileg der Herrschenden, daher konnten ausschließlich der König selbst und seine höchsten Beamten oder Verwandten bei dieser Form der Jagd dargestellt werden. Offensichtlich gehört das Fischspeeren also in die Kategorie der sozialen Merkmale. Es darf als die typische Beschäftigung einer privilegierten Schicht angesehen werden und hatte daher nichts mit der sozialen Kooperation zu tun.

Ganz im Gegenteil sollten gerade eine Individualität und das Nichtbestehen der Notwendigkeit, mit anderen zusammenzuarbeiten, gezeigt werden. Auf diese Art und Weise konnte am besten der soziale Unterschied zwischen dem Grabherrn und dem Rest der Menschen herausgestellt werden. Im Gegensatz zu den untergeordneten Schichten der Bevölkerung wurde die höchste Schicht immer in Ruhe, ohne erkennbare Bewegung dargestellt. Diese Leute brauchten ja nicht mehr in der Produktion tätig zu sein, da sie aus den Überschüssen, die andere erwirtschafteten, versorgt wurden. Da die Fischer den Beamten mit Fisch zu versorgen hatten, war es ein Zeichen von Luxus und Überordnung, wenn dieser sich das Vergnügen des Fischespeerens leisten konnte. Daß diese ineffektive Art des Fischfangs nicht wirklich zur Nahrungsbeschaffung diente, ist offensichtlich.

Zusammengefaßt bedeutete die Darstellung von sozialer Kooperation in den Gräbern immer auch eine soziale Unterordnung der Kooperierenden unter den Grabherrn, d. h. den Beamten, der sich aufgrund seiner Position ein großes Maß an Individualität leisten konnte.

Ein ganz anderes Bild zeigen die Darstellungen von Fischern beim Ausüben ihres Berufes. Mehrfach erkennt man in den Grabreliefs Fischer mit An-

Angler, Grab der Idut in Sakkara, 5. Dynastie. Von den verschiedenen Arten des Fischfangs war das Angeln die am wenigsten produktive. Dennoch zeigt die Angel mit mehreren Haken den Versuch einer Produktionssteigerung durch technischen Fortschritt.

geln. Das waren einfach Schnüre, an denen mehrere Haken befestigt waren. Ein Köder scheint nicht verwendet worden zu sein, jedenfalls ist er nie dargestellt. Diese Art des Fischfangs war natürlich ebenfalls wenig erfolgversprechend und diente hauptsächlich der individuellen Bedürfnisbefriedigung. Ertragreicher war da ohne Zweifel der Fischfang mit einem Kescher. An einer rundgebogenen Weidenrute war ein langes, schmales Netz befestigt. Mit diesem Gerät war ein geübter Fischer in der Lage, mehrere Fische in einem einzigen Arbeitsgang aus dem Wasser zu holen. Meistens ist bei

dieser Fangart ein Gehilfe neben dem Fischer dargestellt, der mithilft, den schweren Kescher ins Boot zu hieven — also ein kleiner Ansatz von Zusammenarbeit.
Am erfolgreichsten war natürlich der Fischfang mit Reusen und Schleppnetzen. Bei beiden Arten waren immer mehrere Personen beschäftigt. Die großen Fischreusen mußten von mehreren Fischern ausgelegt und — gefüllt — dann wieder eingeholt werden. Hier war eine enge Zusammenarbeit unabdingbar, um zum Erfolg zu kommen. Noch offensichtlicher war das beim Fischen mit Netzen der Fall. Große, engmaschige Netze wurden zwischen zwei Booten durch das Wasser gezogen. Dazu waren zwei Teams von Ruderern notwendig, deren Bewegungsabläufe aufeinander abgestimmt sein mußten. Außerdem sorgte in jedem Boot ein Oberfischer, wie die Berufsbezeichnung lautete, dafür, daß sich das Netz nicht verhedderte oder beim Schleppen hängenblieb und beschädigt wurde.
In großem Stil wurde der Fischfang in den staatlichen Fischereibetrieben organisiert. Teiche, Sümpfe, Kanäle und der Nil selbst waren damals außerordentlich reich an Fischen. Zum Abfischen größerer Mengen wurde ein Netz über das Gewässer gespannt, und an den Ufern zogen zwei Gruppen von bis zu 23 Mann je Team das Netz durch das Wasser. Jede Gruppe unterstand einem Aufseher, der die Arbeit koordinierte, aber selbst nicht mitarbeitete. Diese Darstellungen zeigen besonders deutlich, daß durch intensive Zusammenarbeit die Erträge gesteigert werden konnten. War das Netz nach einiger Zeit gut gefüllt an Land gezogen, holten wieder andere Fischer die Fische heraus, zerlegten sie an Ort und Stelle und hängten sie zum Trocknen auf, während das erste Team bereits das Netz wieder auswarf.
Beaufsichtigt wurde die gesamte Aktion von einem Schreiber, der genau die Fangzahlen vermerkte. Später wurden die getrockneten Fische in großen Körben zum Bestimmungsort transportiert. Fisch war im Alten Ägypten neben Brot und Bier das Hauptnahrungsmittel der einfachen Leute, die sich kein Fleisch leisten konnten.
Gerade das letzte Beispiel zeigt sehr deutlich die Möglichkeiten der Zusammenarbeit zum Zwecke der Ertragssteigerung und die Koordination der einzelnen Arbeitsabläufe durch Beamte und Aufseher. Daß diese Szenen in aller Ausführlichkeit die Wände der Beamtengräber schmücken, zeigt den hohen Wert, den die Nahrungsmittelproduktion für die Beamten und die Gesellschaft hatte. Durch diese Darstellung wurde bewiesen, daß der verstorbene Beamte zu Lebzeiten seine Aufgaben erfüllt hatte. Zum anderen sicherten solche Szenen seine Versorgung im Jenseits, und auch dafür mußte die Arbeit ja möglichst effektiv sein, was durch die soziale Kooperation erreicht wurde. Das ist der Grund für die häufige Darstellung des Produktionsprozesses in den Gräbern.
Eine mehr oder weniger intensive Zusammenarbeit fand sich in fast allen

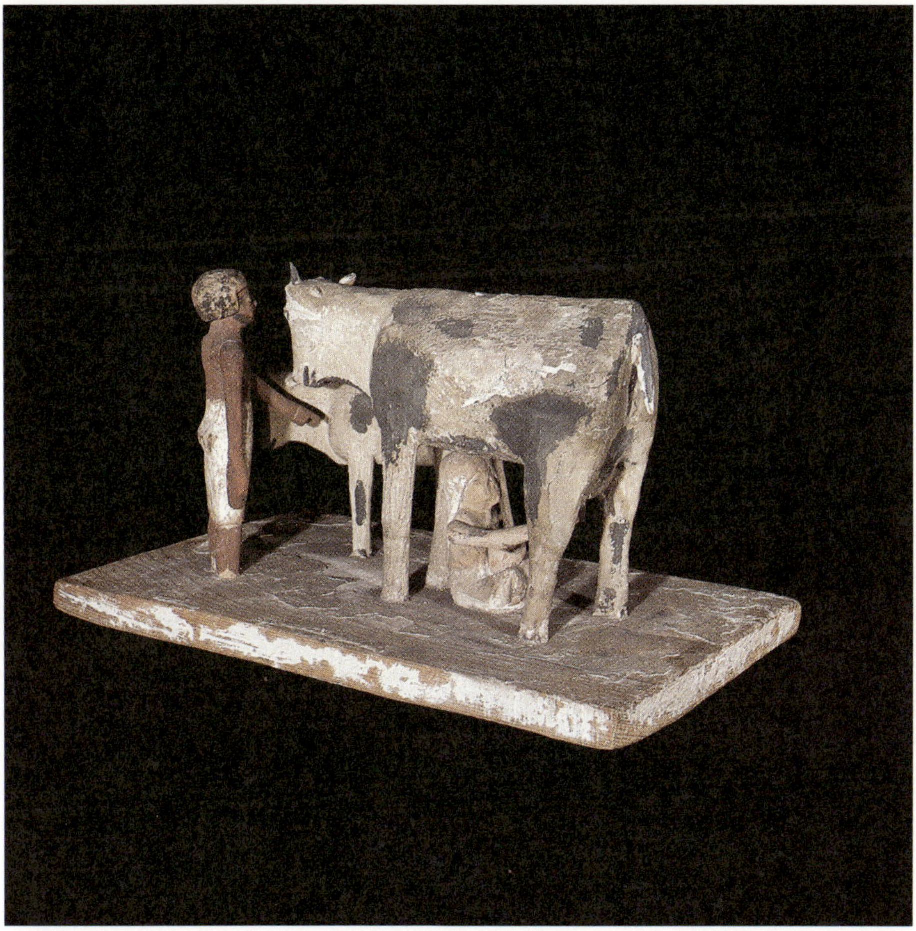

Melkende Bäuerin, Mittleres Reich. Nur wenige Bereiche im Produktionsprozeß konnten auch von Frauen ausgeübt werden. Dazu gehörten neben Web- und Näharbeiten besonders landwirtschaftliche Tätigkeiten, wie Melken, Betreuung der Tiere, Erntehilfe usw. Pelizaeus-Museum, Hildesheim.

Bereichen der Landwirtschaft. So waren beim Pflügen meistens zwei Personen beschäftigt. Einer führte den Pflug, während sein Kollege die Zugrinder antrieb. Weinlese und Kelterung wurden ebenfalls in Teamarbeit durchgeführt. Der Vogelfang mit großen Schlagnetzen war nur im Team zu bewerkstelligen. Ganze Kolonnen von Landarbeitern hackten, sichelten, bündelten Getreide oder rupften Papyrus.
Man darf als sicher feststellen, daß die ägyptische Landwirtschaft seit den historischen Anfängen auf Gruppenarbeit basierte. Der sinnvolle Einsatz

dieser Arbeitsgruppen ermöglichte eine enorme Ertragssteigerung im Vergleich zu früheren Einzelaktivitäten. Ich möchte sogar behaupten, daß erst die soziale Kooperation die Überschußproduktion ermöglich hatte, die unabdingbare Voraussetzung für die Staatsgründung war.
Eng verknüpft mit einer geplanten Zusammenarbeit vieler ist stets die Arbeitsteilung. In den Texten und Bildbeischriften tauchen seit der Pyramidenzeit immer häufiger Berufsbezeichnungen auf, was auf eine zunehmende Spezialisierung schließen läßt. Bauern, Fischer, Vogelfänger, Hirten, Imker, Weinbauern usw. sind genannt und dargestellt. Die Erfahrung und sorgfältige Ausbildung dieser Spezialisten, denen immer ungelernte Gehilfen und Lehrlinge zur Seite standen, trugen ganz erheblich zur Ertragssteigerung bei. Ein Hirte konnte sich ausschließlich um seine Herde kümmern, denn seine Nahrung und Kleidung erhielt er von anderen, die gerade darauf spezialisiert waren.
Die zunehmende Aufteilung der anfallenden Arbeit erforderte selbstverständlich, daß die Verteilung aller produzierten Güter funktionierte. Dafür waren bestimmte Beamte in der Lebensmittelverwaltung verantwortlich. Diese nachweislich älteste Gruppe von Funktionären ist seit der 1. Dynastie belegt, was beweist, daß soziale Kooperation und Arbeitsteilung zuerst den landwirtschaftlichen Bereich erfaßten. Erst später ist dieses Phänomen auch im handwerklichen Produktionsprozeß zu beobachten. Am Beispiel der „Produktion“ eines Königsgrabes im Tal der Könige, die sich aus den Texten aus Deir el Medineh minutiös rekonstruieren läßt, soll die große Komplexität, die dieses Phänomen im Neuen Reich erreicht hatte, verdeutlicht werden.
Bevor wir den Bau eines Grabes nachvollziehen, wollen wir einen Blick auf die Grabdarstellungen, unsere Hauptquelle, werfen. Besonders aufschlußreich sind die Malereien im Grab des Vezirs Rechmire, der in der Zeit Thutmosis' III. amtierte. In seiner Eigenschaft als oberster Chef aller Werkstätten ließ Rechmire in einmaliger Ausführlichkeit handwerkliche Tätigkeiten in seinem Grab darstellen, die er zu beaufsichtigen hatte, darunter den Bau des und die Herstellung der Statuen für den Tempel Ach-Menu, den Thutmosis III. im Karnaktempel in Theben-Ost errichten ließ.
Wie nicht anders zu erwarten, zeigen die Szenen immer wieder die enge Zusammenarbeit der Handwerker. Aus den Beischriften geht hervor, daß es sich hierbei um Spezialisten handelte, die in großen Produktionsstätten arbeiteten. Diese staatlichen Werkstätten waren organisatorisch dem Schatzhaus angegliedert, das direkt dem Vezir unterstand. Der Arbeitsprozeß war arbeitsteilig angelegt. Ein Vergleich mit ähnlichen Darstellungen in anderen Privatgräbern des Neuen Reichs bestätigt das.
Wir finden außerdem die Jagd auf Wüstentiere mit Netzen, die Vogeljagd, Weinlese und Fischfang und vieles mehr. Immer waren es Arbeitertrupps,

Tischler, Grab des Rechmire, 18. Dynastie. Mehrere Tischler arbeiten an einem Schrein. Auch hier wird der arbeitsteilige Produktionsprozeß deutlich, denn jeder arbeitet an einem bestimmten Teil. Hauptperson ist der größer dargestellte Tischler, der die schwierigste Arbeit verrichtet, das Verzieren der Seitenwand.

die diese Tätigkeiten gemeinsam verrichteten. Besonders deutlich war die Arbeitsteilung bei der Herstellung von Gegenständen. Da wurde ein Schrein, der später die Särge umschließen sollte, gebaut. Zwei Tischler zimmerten den Schrein aus Holzbrettern, die andere vorher hergestellt hatten, während zwei weitere gleichzeitig einzelne Verzierungen schnitzten. Nicht dargestellt sind dann die Vorzeichner und Maler, die den Schrein zum Schluß kunstvoll dekorierten.

Auch der Metallguß und das Schmieden von Metallen erforderten die enge

Kooperation vieler Metallhandwerker. So wurden bei Rechmire zwei Schmiede dargestellt, die mit Blasebälgen Luft in das Feuer bliesen, ein dritter prüfte den Schmelzfluß, zwei andere gossen das flüssige Metall schließlich in vorbereitete Formen, und mehrere Schreiber vermerkten exakt die verarbeiteten Mengen. Die so hergestellten Barren wurden zum weiteren Gebrauch in den Magazinen des Schatzhauses eingelagert, was selbstverständlich wieder von Schreibern notiert wurde.

In der Schusterei arbeiteten mehrere Leute an der Herstellung von Sandalen aus Leder. Einer machte das Rohleder über einem Dreifuß geschmeidig, der zweite schnitt die Schuhsohle aus, während drei Schuster die Riemen annähten — und fertig war die Sandale. Solche Sandalen wurden kostenlos z. B. an die Arbeiter von Deir el Medineh verteilt und gehörten zu den üblichen Versorgungsgütern.

In der Ziegelei vermengten zwei Leute Schlamm und Wasser, das zwei Wasserträger aus einem Teich heranschafften. Zwei weitere Träger brachten den feuchten Schlamm zum Meister, der mit Hilfe von Holzformen die Ziegel formte. Nach dem Trocknen in der Sonne brachten zwei Träger die fertigen Ziegel zum Bauplatz, wo sie von Maurern zu Mauern aufgetürmt wurden. Gerade in dieser Szene sind die einzelnen Arbeitsgänge des arbeitsteiligen Produktionsprozesses besonders deutlich herausgehoben. Es ist interessant, daß noch heute in weiten Teilen Ägyptens Ziegel auf die gleiche Art hergestellt werden.

So wie in den Werkstätten jeder Arbeitsgang unter der Aufsicht von Kontrolleuren von spezialisierten Handwerkern ausgeführt wurde, so wurden in weitaus größerem Stil auch die Monumentalbauten und Grabanlagen errichtet. Exemplarisch für diese Großprojekte soll der Produktionsprozeß für ein Königsgrab beschrieben werden. Als Quellen dienen Hinweise in den Texten aus Deir el Medineh und natürlich die Grabdarstellungen in den Beamtengräbern. Zur besseren Übersicht wird die Darstellung etwas vereinfacht, kleinere und eher unbedeutendere Arbeitsschritte werden vernachlässigt.

Jeder Pharao — wie eigentlich jeder Ägypter — hatte den Wunsch nach einem standesgemäßen Begräbnis. Ein kurzer Befehl des Königs bald nach seinem Regierungsantritt versetzte dann eine gewaltige Maschinerie von Beamten, Architekten, Handwerkern, Hilfsarbeitern und Landwirten in hektische Betriebsamkeit. An das Land Ägypten erging der Befehl, ein Königsgrab für den Herrscher zu bauen!

1. Die Planungsphase

Im königlichen Bauamt, das dem Vezir unterstand, arbeitete ein ganzes Team von Architekten und Zeichnern den Plan für das zu errichtende Grab aus. War auch die Abfolge der Korridore und Kammern weitgehend tradi-

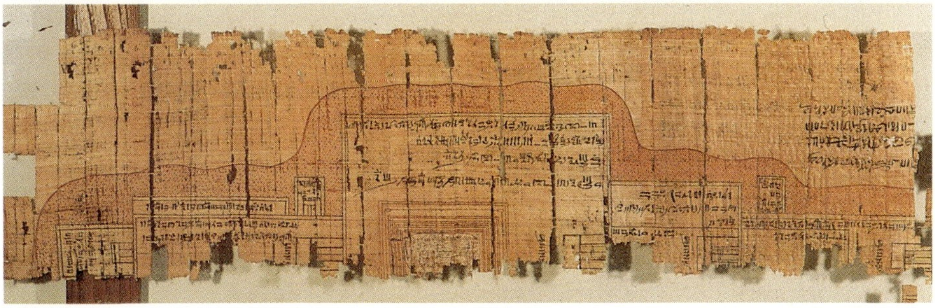

Papyrus mit dem Grundriß des Grabes Ramses' IV., 19. Dynastie. Der Papyrus – Bauplan eines Architekten – zeigt den Grundriß des Königsgrabes Ramses' IV. im Tal der Könige. Man erkennt die Korridore und Räume des hinteren Bereichs des Grabes. In hieratischer Schrift sind Namen und Größe der einzelnen Räume verzeichnet. Dieses außergewöhnliche Dokument hat eine Parallele in einem Kalksteinostrakon, daß den Grundriß des Grabes Ramses' VI. zeigt. Ägyptisches Museum, Turin.

tionell festgelegt, so mußten doch Größe und Form der einzelnen Räume bestimmt werden. Spielraum für die Kreativität der Architekten bot die Sargkammer mit ihren zahlreichen Nebenräumen, in denen später die Grabausstattung untergebracht werden sollte. Wahrscheinlich wurden die fertigen Pläne dem Vezir und dann schließlich dem König selbst zur Begutachtung vorgelegt. Solche Grabgrundrisse sind auf Papyri (das Grab Ramses' IV.) oder auf Ostraka (das Grab Ramses' VI.) erhalten. Sie enthalten die Namen der einzelnen Räume und genaue Angaben über die Dimensionen der Gänge und Kammern.

Nach der endgültigen Billigung des Bauplanes durch die zuständigen Stellen setzte der Vezir eine Kommission unter seiner Leitung ein. Mitglieder dieses Gremiums waren neben hohen Beamten der Staatsverwaltung gewöhnlich ein oder mehrere persönliche Beauftragte des Königs, Bergbauspezialisten und natürlich Vertreter der Nekropolenverwaltung. Ihre Aufgabe bestand darin, im Tal der Könige einen geeigneten Bauplatz ausfindig zu machen, was in späteren Zeiten wegen der vielen vorhandenen Gräber gar nicht mehr so einfach war. Der Fels durfte keine größeren Risse aufweisen, da sonst die Gefahr bestand, daß die Gänge einstürzten. Außerdem mußte die Lage schon fertiger, älterer Gräber berücksichtigt werden. Das scheint recht problematisch gewesen zu sein, da die vorliegenden Pläne sicher nicht immer exakt genug waren. Einmal stießen die Arbeiter beim Ausschachten des Grabes Ramses' III. auf die ältere Anlage des Amenmesse und beschädigten die Seitenwand. Natürlich mußten in solch einem Fall schon aus Sicherheitsgründen die Arbeiten sofort eingestellt werden. Eine Veränderung

des Bauplanes konnte das Schlimmste verhindern, doch gewöhnlich suchte man sofort eine neue, geeignetere Stelle. In den Texten sind solche Kommissionen mehrfach genannt, so z. B. diejenige, die den Bauplatz für das Grab des Siptah, des vorletzten Herrschers der 19. Dynastie, ausgesucht hat. Am Datum erkennt man, daß diese Kommission schon bald nach Regierungsantritt des Siptah tätig wurde.
Inzwischen wurde im Architekturbüro eifrig am Bildprogramm für das Grab gearbeitet. Durch die gültigen Jenseitsvorstellungen waren die meisten Szenen schon vorgegeben, es war klar, welche Darstellungen und welche religiösen Texte im Grab erscheinen mußten. Doch darüber hinaus gab es eine ganze Reihe von Szenen, die neu aufgenommen werden konnten. Auch ihre Anordnung in den einzelnen Räumen konnte variieren. Manchmal mag der Auftraggeber selbst in die Konzeption der Dekoration seines Grabes eingegriffen haben, denn kein Grab gleicht einem anderen. Die Darstellungen und Texte übertrug man sodann auf Papyrus oder Ostraka. Nach diesen Vorlagen hatten sich später die Handwerker weitgehend zu richten.
Auch in anderen Verwaltungen begannen die Vorbereitungen für den Bau. Arbeitsgeräte aller Art mußten in größeren Mengen produziert und zum Bauplatz transportiert werden. Die Scheunenverwaltung organisierte die Versorgung der Arbeiter mit Lebensmitteln, das Schatzhaus stellte Material und weitere Versorgungsgüter (z. B. Kleidung, Öl usw.) bereit. Der Abtransport vieler Tonnen Bauschutt mußte geplant werden, direkt am Bauplatz wurden Materiallager und Magazine angelegt — die Beamten schrieben ellenlange Listen. Kurzum, rege Betriebsamkeit brach allenthalben aus, bevor auch nur der erste Spatenstich erfolgen konnte. Nach Abschluß aller Vorbereitungen erging durch den Vezir endlich der Auftrag an die Nekropolenverwaltung in Deir el Medineh, mit dem Bau zu beginnen.

2. Die Bauphase

Die eigentliche Bauphase am Grab begann mit dem Aushub der Schächte, Korridore und Kammern. Die Arbeiter brauchten dazu keine größeren Spezialkenntnisse. Sie hatten ein tägliches Arbeitssoll zu erfüllen, das nach dem Volumen des anfallenden Bauschutts berechnet wurde; Bemessungseinheit war die Kubikelle. In Lederbehältern, deren Volumen genormt war, transportierten Träger den Schutt ab. Die für diesen Arbeitsgang notwendigen Geräte, große Holzhämmer und Meißel aus Kupfer, stellte die Verwaltung zur Verfügung. Zerbrach einmal ein Kupfermeißel, mußten die Einzelteile zurückgegeben werden, da das Metall kostbar war und natürlich wieder verarbeitet werden konnte. Quittungen über die Rückgabe beschädigter oder stark abgenutzter Werkzeuge sind erhalten. Kleinere Reparaturen an den Gerätschaften konnten die Kupferschmiede von Deir el Medineh sofort selbst erledigen. Ihre Hauptaufgabe bestand jedoch in der Schärfung stump-

fer Meißel. Da diese aus Kupfer bestanden und daher recht weich waren, war der Abnutzungsgrad relativ hoch, und manchmal mußten die Werkzeuge täglich neu hergerichtet werden.
Es dürfte interessant sein, einmal die Herstellung eines Werkzeugs von Anfang an zu betrachten. In den Kupferminen auf dem Sinai wurde das Rohmaterial gewonnen. Neben wenigen Spezialisten für die Verhüttung arbeiteten in den Minen hauptsächlich Hilfsarbeiter; im Neuen Reich waren das zu einem großen Teil Strafgefangene. Die Verurteilung von Kriminellen zu Zwangsarbeit in den Minen und Steinbrüchen war in der Ramessidenzeit

Dechsel eines Zimmermanns, 18. Dynastie, Zeit Thutmosis' III. Die Klinge ist aus Bronze, der Griff aus Holz. Es handelt sich um ein typisches Zimmermannswerkzeug zum Glätten von größeren Holzteilen. Pelizaeus-Museum, Hildesheim.

absolut üblich. Auf diese Art fielen sie den Behörden nicht zur Last, und der Nachschub an Arbeitskräften war gesichert. Natürlich war die Sterberate in den Arbeitslagern unvorstellbar hoch.
Das Rohkupfer wurde nach sorgfältiger Registrierung der geförderten Mengen in die großen Werkstätten transportiert und dort zu Geräten weiterverarbeitet. Dazu bedurfte es gut ausgebildeter Schmiede. Schmelzöfen mußten gebaut und Gußformen hergestellt werden, ganze Scharen von Holzfällern sorgten für den notwendigen Brennstoff. Jede Anlieferung, jedes Gramm Rohkupfer, jedes fertige Produkt wurde von Schreibern in Listen erfaßt. Auf Anforderung der Nekropolenverwaltung ließ man die Werkzeuge schließlich nach Theben-West transportieren, wo sie verbraucht wurden. Es liegt auf der Hand, daß nur ein reibungsloses Zusammenspiel aller Beteiligten letztlich eine Realisierung des Projektes „Königsgrab" ermöglichte. Daher waren an allen kritischen Punkten Kontrollinstanzen eingeschaltet, wodurch in der Theorie der korrekte Ablauf sichergestellt war. Natürlich kam es dennoch immer wieder zu Engpässen, wie die Texte erkennen lassen, obgleich festzustellen ist, daß das in der frühen Ramessidenzeit nur selten der Fall war.
Doch einige Fehler und Unzulänglichkeiten sind belegt und werfen ein bezeichnendes Licht auf die Verhältnisse in dieser Zeit. Es kam durchaus vor, daß die staatlichen Produktionsstätten mit der Arbeit nicht mehr nachkamen und den Bedarf in Theben-West nicht decken konnten. Es wurde in diesen Fällen ganz einfach das Rohkupfer direkt nach Deir el Medineh geliefert, wo die Dorfschmiede es ohne größere Probleme zu Werkzeugen weiterverarbeiten konnten. Dafür bekamen sie einen Extralohn, was natürlich die Baukosten für das Grab erheblich in die Höhe treiben konnte.
Bezeichnend ist in diesem Zusammenhang ein Brief des Nekropolenschreibers Qeniherchepeschef an seinen Vorgesetzten, den Vezir Panehsi. Der Brief beklagt Schwierigkeiten mit der Versorgung an Werkzeugen und Material. In der typischen Kanzleisprache des Neuen Reichs abgefaßt, ist dieser Brief aus der Zeit des Merenptah von großem Interesse. Es werden hier aber nur die wichtigsten Passagen in Auszügen wiedergegeben, da das Dokument sehr umfangreich ist und auch noch andere Themen berührt:
„Der Schreiber Qeniherchepeschef vom ‚Großen Grab des Baenre-geliebt-von-Amun (d. i. der Vorname des Merenptah), des Sohns des Re, Merenptah' sendet gute Wünsche an seinen Herrn, den Wedelträger zur Rechten des Königs, den Stadtvorsteher und Vezir von Ober- und Unterägypten, Panehsi.
In Leben, Heil und Gesundheit. Das ist ein Schreiben, um meinen Herrn zu informieren. Ferner gute Wünsche für meinen Herrn des Inhalts, daß der ‚große Platz Pharaos' (d. i. das Königsgrab), welcher unter der Aufsicht meines Herrn steht, in Ordnung ist. Seine Wände sind ‚in Frieden' und keine Beschädigungen geschahen darin."

Holzschlegel, Neues Reich, Pelizaeus-Museum, Hildesheim.

Es folgt eine längere Passage mit überschwenglichen Lobhudeleien für den König und den Vezir, was in solchen Briefen von Untergebenen an ihre Vorgesetzten üblich ist. Schließlich kommt der Schreiber zum Kern des Briefes. Leider erschweren einige Beschädigungen des Papyrus an dieser Stelle das Verständnis, doch die für unseren Zusammenhang entscheidende Stelle ist glücklicherweise klar:
„Ferner gute Wünsche an meinen Herrn des Inhalts, daß wir nicht (genügend ausgerüstet worden sind) mit Meißeln und Gips. Die Handwerker Pharaos haben beendet (die Herstellung o. ä.) von Meißeln, die (aber noch immer) in ihren Händen sind. Möge mein Herr es dem Schatzhausvorsteher Pharaos berichten (im Schatzhaus befanden sich die königlichen Werkstätten), und möge er an den

Stellvertreter des Schatzhauses Pharaos schreiben, damit er Meißel und Körbe liefert. Möge er den beiden Stellvertretern der Arbeiten schreiben (also der Bauverwaltung), um sie zu veranlassen, daß sie uns mit Gips versorgen, und möge er an die beiden Nekropolenschreiber schreiben, daß sie uns mit Meißeln versorgen …"

Irgendwie hatte die Versorgung der Arbeiter am Königsgrab mit Gips und Werkzeugen nicht geklappt. Der zuständige Beamte, der Nekropolenschreiber Qeniherchepeschef, bat nun seinen direkten Vorgesetzten, den Vezir, Druck auf die zuständigen Verwaltungsstellen auszuüben, also auf das Schatzhaus und die Bauverwaltung, die schlampig gearbeitet hatten. Dabei war in der Nekropole bekannt, daß dort die benötigten Werkzeuge vorrätig waren, nur die Ausgabe selbst war ins Stocken geraten — wahrscheinlich fehlte irgendein Formular in dreifacher Ausfertigung …

Für die Gipsherstellung waren die Gipsmacher der Nekropole selbst zuständig. Der Schreiber bat seinen Chef, jetzt direkt einzugreifen. Wahrscheinlich hatte er selbst vorher schon vergeblich versucht, seine Kollegen anzutreiben. Als das nichts fruchtete, hetzte er rigoros den Vezir als obersten Dienstherrn auf seine Kollegen, um Stockungen bei den Arbeiten zu vermeiden. Schließlich war er letztenendes persönlich verantwortlich für den reibungslosen Fortgang der Bauarbeiten, was seine massive Intervention begründet. Leider wissen wir nicht, ob Qeniherchepeschef Erfolg hatte, da das Antwortschreiben des Vezir nicht erhalten ist. Da das Grab des Merenptah fast fertig geworden ist, gingen die Arbeiten sicher bald wieder zügig voran.

Doch zurück zu unserem Bauplatz. Mit zunehmendem Vordringen der Arbeitskolonne in den gewachsenen Fels stellte sich das Problem der Beleuchtung. Spätestens nach dem Aushauen des ersten Korridors mußte die Baustelle künstlich beleuchtet werden. Dazu dienten kleine Öllampen, die überall im Grab in Nischen aufgestellt wurden. Die Lampen bestanden aus flachen Schalen oder Näpfen, die mit Öl gefüllt waren, in dem als Brenner Dochte aus gedrehten Stoffresten schwammen. Man stelle sich nur einmal die Arbeitsbedingungen vor.

Schwere körperliche Arbeit in großer Hitze, denn auch im Hochsommer wurden die Arbeiten ohne Pause weitergeführt, Unmengen von Staub und Dreck, Dämmerlicht, das von stark rußenden Öllampen notdürftig erhellt wurde. Es ist schon erstaunlich, daß unter diesen Bedingungen der Krankenstand der Arbeiter nach Auskunft der Abwesenheitslisten relativ niedrig war.

Hatte nun die erste Kolonne die Arbeiten im vordersten Raum beendet, wurde dieser von den Vorgesetzten vermessen, so daß kleinere Ungenauigkeiten in den Abmessungen sofort korrigiert werden konnten. Die Arbeiterschaft arbeitete sogar bei den Ausschachtungsarbeiten bedingt arbeitsteilig, denn die rechte Seite der Arbeiterschaft arbeitete auch an der rechten Seite im Grab, parallel war die linke Seite für links zuständig. Während die erste Kolonne sich nun an das Ausschachten des nächsten Raumes machte, begann ein zweiter Trupp mit der Glättung der Wände, der Decke und des Fußbodens. Hier arbeiteten spezialisierte Steinmetze, da diese Arbeit weitaus höhere Ansprüche an die Fähigkeiten der Handwerker stellte als das einfache Ausschachten. Gipsmacher rührten vor dem Eingang Gips an, mit dem man Löcher oder Risse im Fels ausfüllen konnte. Vorstehende Ecken und Kanten wurden in diesem Arbeitsgang sorgfältig abgearbeitet, bis die Wand glatt war. Zum Schluß trugen die Stukkateure eine feine, etwa 1–2 cm starke Stuckschicht auf, und dann konnte der schwierigste und anspruchsvollste Teil der Arbeit beginnen.

3. Die Dekorationsphase

Im Architekturbüro war inzwischen das Bildprogramm festgelegt worden. Die einzelnen Szenen und Texte wurden dann auf Papyrus übertragen, um den Vorzeichnern und Malern als Vorlage zu dienen. Zuerst mußten im Grab Vermerke über die Himmelsrichtungen angebracht werden, da die Ausrichtung der Räume und Wände von großer Bedeutung für das Anbringen bestimmter religiöser Szenen war. Ein Trupp von Vorzeichnern überzog dann die ganze Wand mit roten Hilfslinien, so daß gleichgroße Quadrate entstanden. In diese Quadrate konnten die Vorzeichner dann die Darstellungen und Hieroglyphen einzeichnen, wozu sie schwarze Farbe verwendeten. Dieses Prinzip war einfach und doch genial. Man brauchte nur zu wissen, wieviele Quadrate die Länge eines Armes, eines Beines, einer Hand, eines Kopfes usw. ausmachte, und man war jederzeit in der Lage, mehrere Figuren ohne Verwendung von Schablonen völlig gleichartig zu gestalten, mit völlig gleichen Proportionen. Sollte eine Darstellung größer oder kleiner als die benachbarte werden, so brauchte nur die Größe der Quadrate verändert zu werden (durch Halbierung oder Viertelung). Diese Arbeitsweise führte zwangsläufig zu den für die Kunst des Alten Ägypten so typischen Darstellungen von Menschen, aber auch von Tieren und Schriftzeichen mit ihrer verblüffenden Gleichartigkeit. Auch in der Rundplastik fand dieses Prinzip Anwendung, wie unfertige Statuen erkennen lassen. Für die Kunsthistoriker unter den Ägyptologen ist die Kenntnis des Proportionskanons von großer Bedeutung. Da er in den verschiedenen Epochen mehrfach verändert worden ist, kann er als ein recht sicheres Datierungskriterium für Malereien, Reliefs und auch Plastiken gelten.

Nach Anfertigung des Rasters begannen die hochspezialisierten Vorzeichner, meistens waren es die Schreiber von Deir el Medineh, die Darstellungen und Inschriften mit schwarzer Farbe aufzutragen. Nach Beendigung eines Abschnitts brachte der verantwortliche Meister in roter Farbe Korrek-

Vorzeichnung im Grab des Haremhab im Tal der Könige, 18. Dynastie. Umriß, Größe und Proportionen der Figuren waren durch ein Kreuznetz von Linien definiert, wie hier gut zu erkennen ist. Sollte dem Vorzeichner hierbei ein Fehler unterlaufen sein, so konnte der Meister noch Korrekturen anbringen. Die kräftige rote Farbe der Korrekturen ist deutlich im oberen Teil des Bildes zu erkennen. Der Vorzeichner hatte erhebliche Probleme mit den Hieroglyphen, deren Zeichnung fast vollständig überarbeitet werden mußte.

turen an. Da war schon einmal ein Arm etwas zu dick geraten, ein Kopf zu sehr geneigt, eine Hieroglyphe falsch geschrieben oder eine Bewegung falsch gezeichnet. Mit Hilfe seiner Vorlagen aus dem Architekturbüro merzte der Meister alle Fehler und Schlampigkeiten konsequent aus.
Erst jetzt konnte mit der Reliefierung der Wände begonnen werden. Diese wohl schwierigste Aufgabe wurde nur den besten und geschicktesten Stein-

metzen anvertraut und dauerte recht lange, besonders wenn man das Flachrelief bevorzugte. Dabei mußte um die Darstellung herum der gesamte Stein abgetragen werden, so daß die Szene etwa 1 cm höher anstand als der Hintergrund. Auch in diesem Arbeitsabschnitt waren Korrekturen in begrenztem Umfang noch möglich, falsch abgemeißelte Flächen konnten mit Stuck wieder aufgefüllt werden. Leider aber waren solche Flickstellen nicht sehr haltbar und bröckelten mit der Zeit ab, was noch heute an einigen Stellen zu sehen ist.

Nun grundierten Maler die fertigen Reliefs. In der 19. Dynastie war ein kräftiges Ocker üblich, ein zartes Hellblau wurde dagegen in der mittleren 18. Dynastie verwendet. Die Farbwahl der Grundierung stellt heute besonders bei den Beamtengräbern in Theben-West ein weiteres wichtiges Datierungskriterium dar. Die Farben wurden in pulverisierter Form am Grab angeliefert und brauchten vor der Verwendung nur noch mit Wasser verdünnt zu werden. Aufgetragen wurden sie mit Pinseln aus Rohr.

Nachdem die Grundierung getrocknet war, konnten die Farben auf die Darstellungen und Hieroglyphen aufgetragen werden. Dabei wurden die nicht mehr benötigten Vermerke und Hilfslinien übermalt, und die Dekoration war fertig. Die folgenden Räume wurden nach und nach im Gefolge der Bauarbeiter auf die gleiche Weise behandelt und ausgemalt.

Inzwischen war man in den königlichen Werkstätten weiter aktiv, denn all die Dinge, die zu einer standesgemäßen Grabausstattung gehörten, mußten ja erst produziert werden. Särge, Schreine, Statuen und Statuetten, kostbare Möbel und Stoffe, Gefäße für Nahrungsmittel, Schmuck, Wagen, Waffen usw. wurden angefertigt und in den Magazinen gestapelt, um bei Bedarf abgerufen zu werden.

Starb ein König vor der Fertigstellung seiner Grabanlage, wie beispielsweise Tutanchamun, wurden die Arbeiten an den Gräbern weitgehend eingestellt, wie die vielen unfertig gebliebenen Gräber im Tal der Könige bewiesen. Nur das absolute Minimum an religiösen Szenen vollendete man noch, aber ganze Raumfluchten blieben ohne Dekorationen. Erlebte dagegen der König die Vollendung seines Grabes, wurden die Arbeiter abgezogen und mit anderen Aufgaben wie dem Bau der Gräber für die königliche Familie oder für die hohen Beamten betraut. Meistens aber begannen sie sofort mit der Ausschachtung des nächsten Königsgrabes.

Auf diese Weise konnten Grabanlagen regelrecht auf Vorrat hergestellt werden. Daher sagt die Größe eines Grabes auch nicht allzuviel über die Regierungsdauer des Königs, der darin bestattet wurde, aus.

Ramses II. regierte gut 66 Jahre, sein Grab hat eine Länge von 99 m; dagegen regierte sein Sohn Merenptah nur knapp 13 Jahre, doch sein Grab ist mit 115 m das zweitgrößte im Tal der Könige. Siptah, Sethos II. und Ramses IV. regierten jeweils rund 6 Jahre. Ihre Gräber weisen dennoch eine recht un-

Farbpigmentkegel, wohl Altes Reich. Diese Farbkegel, zerrieben und mit Wasser verdünnt, dienten zum Malen auf Stuck, aber auch auf Holz oder Stein. Pelizaeus-Museum, Hildesheim.

terschiedliche Länge auf. Das des Siptah mißt 89 m, das von Sethos II. nur noch 72 m, und das Grab Ramses' IV. ist mit nur 67 m eines der kleinsten Gräber der Nekropole. War beim Tode eines Königs seine eigene Grabanlage noch nicht fertiggestellt, konnte es vorkommen, daß Gräber früherer Könige usurpiert wurden. Dazu war es nur notwendig, die Namenskartusche auszuwechseln, da das Bildprogramm ja weiterhin gültig war. Solche Usurpationen kennen wir auch im Bereich der Rundplastik, was manchmal die Datierung erschwert, denn nicht jede Statue, die den Namen Ramses' II. trägt, wurde auch in seiner Zeit hergestellt. Besonders beliebt war in der Ramessidenzeit die Usurpation von Denkmälern des Mittleren Reiches. Kommen wir noch einmal auf den Bau unseres Mustergrabes zurück, denn ganz abgeschlossen waren die Arbeiten noch nicht. Als nächstes wurde der große steinerne Sarkophag angeliefert und mit vereinten Kräften in die Sargkammer geschleppt. Danach brachten Schreiner die großen hölzernen Eingangstüren an, und jetzt erst war das Grab fertiggestellt und konnte bei Bedarf benutzt werden.

Die Schilderung des Baues eines Königsgrabes zeigt ganz deutlich, wie weit Arbeitsteilung und soziale Kooperation gediehen waren. Gerade der hohe Grad der Spezialisierung im Produktionsprozeß beweist den hohen Stand der ägyptischen Kultur im Neuen Reich.

Bisher wurden bei den einzelnen Berufsbezeichnungen ausschließlich Männer genannt. Das wirft natürlich die Frage nach der Stellung der Frau im Produktionsprozeß auf, worauf jetzt kurz eingegangen werden soll. Wie wir gesehen haben, verrichtete die Frau in der Landwirtschaft meistens nur unterstützende Tätigkeiten. Sie sammelte bei der Getreideernte heruntergefallene Ähren auf, indem sie hinter der Kolonne sichelnder Bauern herging. Man findet sie wieder beim Worfeln des Getreides, der einzigen Arbeit, bei der Frauen sehr häufig in den Darstellungen gezeigt werden.

Nach Ausweis der Marktszenen in den Gräbern und der Wirtschaftstexte war die Frau voll geschäftsfähig. Sie konnte kaufen und verkaufen, Verträge abschließen und sogar Land erwerben. Ökonomisch und auch juristisch waren Frauen den Männern durchaus gleichgestellt. Das erkennt man daran, daß Frauen erben und vererben konnten, ohne daß ihre Ehemänner darauf Einfluß zu nehmen vermochten.

Dennoch — im Produktionsprozeß finden wir Frauen nur sehr selten. Der einzige echte Frauenberuf war die Weberei, wobei die Leitung der Werkstätten jedoch Männern übertragen war. Einzeln oder auch in Gruppen webten Frauen Stoffe, schnitten sie zu und nähten die Stücke zu Hemden, Laken usw. zusammen. Davon abgesehen besorgten sie überwiegend den Haushalt. Ihr politischer Einfluß war gering, da alle Beamtenstellen ausschließlich mit Männern besetzt wurden, und sogar die Stellung der Königin war politisch weitgehend ohne Bedeutung. Daß einige Male Herrscherinnen in innenpolitischen Notsituationen, meistens fehlte ein legitimer männlicher Nachfolger, sich kurzfristig zur Alleinherrschaft aufschwingen konnten, ist als Ausnahme anzusehen und ändert nichts an der grundsätzlichen politischen Bedeutungslosigkeit der Frau im Alten Ägypten.

Die typische altägyptische Ansicht über Frauen kommt in einigen Passagen aus Weisheitslehren zum Ausdruck. So schrieb Ptahhotep gegen Ende des Alten Reichs in seiner Lehre, an die Männer gerichtet:

„Wenn du es zu etwas gebracht hast, dann gründe dir einen Hausstand und liebe deine Frau, wie es sich gehört. Fülle ihren Leib, kleide ihren Rücken, Balsam

ist für ihre Glieder das Salböl. Erfreue ihr Herz, solange du lebst. Sie ist ein Acker, der nützlich ist für den, der sie besitzt.“
Ein Stück weiter wies Ptahhotep seinen Leser jedoch darauf hin:
„Eine gute Rede ist versteckter als Malachit, und doch findet man sie bei den Dienerinnen an den Mühlsteinen.“
Zum Schluß noch eine Passage aus der Weisheitslehre des Anii, der den Ehemann ermahnte:
„Kontrolliere deine Frau nicht in ihrem Hause, wenn du weißt, daß sie tüchtig ist. Sage nicht zu ihr: ‚Wo ist es? Bringe es uns!‘, wenn sie es an die richtige Stelle getan hatte.“
Die persönliche Wertschätzung der Frau darf uns nicht dazu verleiten, daraus einen großen politischen Einfluß zu konstruieren, wie das in populärwissenschaftlichen Werken in letzter Zeit mehrfach versucht worden ist. Aus dem altägyptischen Material ist eine Gleichberechtigung der Geschlechter jedenfalls nicht abzuleiten. Versuche dieser Art gehören in den Bereich des Wunschdenkens.
Die Menschen, die im arbeitsteiligen Produktionsprozeß tätig waren, hatten – wie wir oben gesehen haben – einen Anspruch auf Versorgung durch den Staat. Darüber hinaus hatten sie jedoch noch einen weiteren Anspruch: Der Auftraggeber, sei es ein Beamter oder der Staat selbst, mußte neben der Versorgung auch für eine angemessene Entlohnung der Arbeiter sorgen. Mit dem Phänomen „Arbeiterlöhne“ wollen wir uns im folgenden Abschnitt eingehender befassen und auseinandersetzen.

Arbeiterlöhne und Sollerfüllung

1. Löhne und Gehälter bis zum Beginn des Neuen Reichs

Wenden wir uns nun einer für das Verständnis einer Wirtschaft so bedeutsamen Frage wie der nach der Entlohnung der menschlichen Arbeit zu. Während dem modernen Menschen in seiner hochindustrialisierten Gesellschaft die Degradierung der Arbeit zur Ware vertraut und normal erscheint, ist es, wie die Geschichte lehrt, nicht in allen Gesellschaften immer so gewesen. Die griechische und später in noch verstärktem Maße die römische Gesellschaft boten durch das Prinzip der Sklaverei den Besitzenden die Möglichkeit, große Menschenmassen praktisch unentgeltlich arbeiten zu lassen. Diese in jeder Beziehung unfreien Menschen wurden zwar von ihren Eigentümern ernährt und gekleidet, doch dafür mußten sie alle anfallenden Arbeiten für ihre Herren verrichten, ohne ein anderes Entgelt dafür zu erhalten als die einfache Daseinsberechtigung.

Wieder andere Gesellschaften entwickelten ein ausgeklügeltes System von Fron- und Arbeitsdiensten, zu denen durch entsprechende Gesetze weite Teile der Bevölkerung verpflichtet wurden. Der Zwang zu unentgeltlicher Arbeit über die eigentlichen Verpflichtungen hinaus ist sogar in der Gegenwart in vielen Bereichen zu verspüren.

Wie nun war die Situation im Alten Ägypten? Waren diejenigen, die die Tempel und Gräber, die Statuen, Särge und Möbel herstellten, Sklaven oder Frondienstleistende oder gar freie Handwerker? Um diesen Fragen nachgehen zu können, muß zuerst der Begriff „Lohn" näher bestimmt werden. Unter Lohn möchte ich das Entgelt für eine geleistete oder noch zu leistende Arbeit verstehen. Dieses Entgelt muß über die tägliche Versorgung des Arbeitnehmers mit den lebensnotwendigen Gütern hinausgehen. Durch die Löhne wird der Lohnempfänger außerdem in die Lage gesetzt, seine ganz individuellen Bedürfnisse zu befriedigen. Ich möchte also im Hinblick auf die Situation im Alten Ägypten den Lohn von der Versorgung trennen und damit auch einen Unterschied zur modernen Lohndefinition machen, denn heute werden die Lohnempfänger in der Regel ja nicht mehr vom Arbeitgeber versorgt. Diese Trennung von Lohn und Versorgung ist aus den Texten leicht zu erkennen.

Für das Alte Ägypten kann man feststellen, daß die Entlohnung von Handwerkern üblich und die Lohnhöhe für bestimmte Arbeiten festgelegt war. Schon aus der Zeit des Alten Reichs liegen Texte vor, in denen sich die Auftraggeber, meistens hohe Beamte und Priester, rühmten, ihre Handwerker gerecht entlohnt zu haben. So sprach der Beamte Meni gegen Ende der 5. Dynastie in einer Grabinschrift:

„Was jeden Mann anbetrifft, der dies für mich gemacht hat, niemals war er unzufrieden. Was den Handwerker und den Nekropolenarbeiter anbelangt, ich habe ihn zufriedengestellt."
Ganz ähnlich äußerte sich auch der Priester und Palastbeamte Meruka wenige Jahre später:
„Er sagt: Ich habe mir dieses Grab aus meinem rechtmäßigen Besitz erbaut. Die Handwerkerschaft pries Gott wegen der Entlohnung, die ich gemacht habe."
Ausführlicher hieß es in einer weiteren Grabinschrift, aus dem Grab des Metjteti, ebenfalls aus dem Alten Reich:
„Was jeden Menschen anbetrifft, der dieses Grab für mich gebaut hat. Nachdem er dort gearbeitet hatte, habe ich ihn zufriedengestellt mit Kupfer, das mir gehört, von meinem Vermögen, während ich ihnen Kleidung gab und ihren Lebensunterhalt aus meinem Vermögen bestritt. Sie priesen mir Gott dafür."
Wenn man diese Texte betrachtet, so ist man geneigt, fast von einer Art Sozialethos zu sprechen, zu dem auch die korrekte Bezahlung der Handwerker durch ihre Auftraggeber gehörte. Leider geben die Texte des Alten Reichs niemals die Lohnhöhe an, die wir nur aus sehr viel späteren Angaben ermitteln können. Manchmal wurden jedoch die Dinge aufgezählt, die als Lohn gegeben wurden. So sind die Grundnahrungsmittel Brot und Bier ebenso als Bezahlung erwähnt wie Getreide und Öl. Aber neben Kleidung und Stoffen gehörten interessanterweise auch Edelmetalle zu den üblichen Lohnzahlungen im Alten Reich.
Wenn man die Quellen des Alten Reichs betrachtet, liegt es auf der Hand, daß auch in späteren Zeiten immer wieder Arbeiterlöhne genannt sein dürften. So sagte der Siegelbewahrer und Vermögensverwalter Sennedjesui, der gegen Ende der 1. Zwischenzeit lebte, von sich:
„Ich habe veranlaßt, daß alle Handwerker, die für mich arbeiteten, Gott ein Fest für mich veranstalteten (also äußerst zufrieden waren). Ich stellte sie mit Brot, Bier, Gerste, Emmer, Kupfer, Kleidern, Öl und Honig zufrieden. Möge das, was sie auf dem Friedhof gemacht haben, dauern."
Leider kennen wir keine Texte, die uns Handwerkerlöhne aus dem Mittleren Reich belegen, doch da gerade aus dem Neuen Reich sehr häufig Löhne von Arbeitern und sogar einige Beamtengehälter belegt sind, darf man mit ziemlicher Sicherheit davon ausgehen, daß auch im Mittleren Reich die Arbeiter ganz ähnlich bezahlt wurden. Es liegt sicherlich an der allgemein schlechten Quellensituation für diese Epoche der ägyptischen Geschichte, daß wir bisher nichts über Löhne gehört haben.
Ganz anders als die Bezahlung der Arbeiter erfolgte die Entlohnung der hohen Beamten, die im Namen des Königs die Verwaltung leiteten. Diese wurden seit der ältesten Zeit mit Besitz und Reichtum ausgestattet, besonders Land, aber auch Gold und Silber erhielten sie für ihre Dienste. Wenn auch von ihren Einkünften Steuern und Abgaben an die Zentralgewalt gezahlt

werden mußten, so war doch der Überschuß so groß, daß die Beamten davon standesgemäß leben konnten. Die Versorgung der Würdenträger durch den König war ein gängiges Mittel der Herrschaftsausübung. Das kommt ganz deutlich in der Weisheitslehre des Königs Achthoes für seinen Sohn und Nachfolger Merikare (1. Zwischenzeit) zum Ausdruck:
„Mache deine Beamten reich, damit sie deine Gesetze ausführen. Denn einer, der in seinem Haushalt reich ist, braucht nicht parteiisch zu sein, denn ein Besitzender ist einer, der keine Not leidet. Ein Armer aber spricht nicht nach der für ihn geltenden Ordnung, und einer, der ‚Ach, hätte ich doch' sagt, ist nicht rechtschaffen. Er ist parteiisch gegenüber demjenigen, den er vorzieht, und er neigt sich dem Herrn seiner Bestechung zu."
Dieses Prinzip, die Königsherrschaft durch Vergabe von Reichtümern an eine Elite zu sichern, zog sich wie ein roter Faden durch die ägyptische Geschichte. Schon seit der Entstehung des ägyptischen Staates und seiner konsequenten Durchorganisation am Ende der 2. Dynastie ermöglichte der Pharao es seinen Beamten, Land zu erwerben und damit Reichtümer anzuhäufen.
Doch ist es offensichtlich, daß diese Methode der Beamtenbesoldung bald an ihre natürliche Grenze stieß, nämlich in dem Augenblick, als das ganze ackerbaufähige Land verteilt und eine Neulandgewinnung nicht mehr möglich war. Dieser Umstand trat spätestens in der 5. Dynastie ein und wurde den Herrschenden auch bewußt. Man versuchte zuerst noch, aus diesem Dilemma herauszukommen, indem die Fläche der zu verteilenden Landlose verkleinert wurde, so daß die Zahl der Äcker, die ein Beamter erhielt, erst einmal konstant bleiben konnte. Doch kann diese Maßnahme naturgemäß nur kurzfristig gewirkt haben. Daher wurden höchstwahrscheinlich die Beamten dieser Zeit auch mit „Geld" entlohnt, also mit mobilen Werten, die noch ausreichend zur Verfügung standen und die durch erhöhte Steuern und Abgaben der Bauern und Handwerker finanziert werden konnten. Spätestens seit der 6. Dynastie, vielleicht schon früher, mußten die Könige zu diesem Mittel greifen, und die Geschichte zeigt, daß die Funktionäre vorerst mit dieser Entlohnung zufrieden waren. Es entstand neben der Landbesitzerschicht eine neue soziale Schicht der Beamten, die nur Reichtum in Form von edlen Metallen usw. besaß, also eine Art „Geldadel", obgleich dieser Ausdruck die Verhältnisse nur unzureichend charakterisieren kann. Die Beamtenbesoldung in Form von Land oder mobilen Werten barg für den König die Möglichkeit in sich, erheblichen Druck auf diesen Personenkreis auszuüben. Besonders der Geldadel war bedingungslos der Willkür des Pharao ausgeliefert. Die Könige des späten Alten Reichs behielten sich das Recht vor, das gesamte Vermögen ihrer Beamten wieder einzuziehen, falls diese sich nicht loyal verhielten oder Befehle des Königs mißachteten. So erließ König Neferirkare ein Dekret, in dem es hieß:

„Angeklagt wird jeder Beamte, jeder ‚Bekannte des Königs' (d. i. der geringste Rangtitel dieser Zeit) und jeder ‚Obere der Versorgung', der handeln wird gegen das, was von Meiner Majestät befohlen wurde. Eingezogen wird (sein) Haus und Ackerland, die Leute und alle Sachen, die in seinem Besitz sind ..."

Ob natürlich Neferirkare innenpolitisch überhaupt in der Lage war, im Ernstfall einen seiner hohen Beamten wirklich zu entmachten, sei dahingestellt. Entscheidend war, daß der König den Anspruch erhob, einen Menschen durch finanziellen Ruin aus der herrschenden und besitzenden Klasse auszustoßen.

Während die Texte aus den älteren Epochen der ägyptischen Geschichte niemals die Höhe der für eine geleistete Arbeit bezahlten Löhne erkennen ließen, änderte sich die Belegsituation mit der Entdeckung der Ostraka aus der Arbeitersiedlung von Deir el Medineh schlagartig. Neben den umfangreichen Versorgungslisten, die oben schon behandelt wurden, existieren regelrechte Lohnlisten, die genau notierten, wer wann wieviel Lohn ausbezahlt bekommen hatte. Wenn man so will, hat man hier die Gehaltsstreifen der Handwerker vor sich — ein einmaliger Glücksfall für die Erforschung der altägyptischen Wirtschaftsgeschichte.

Um die in den Texten angegebenen Zahlen in ihrer Bedeutung richtig erfassen zu können, müssen zuerst einige Erklärungen zu den altägyptischen Maßen und Gewichten gegeben werden.

Exkurs: Maße und Gewichte

Grundlage der Flächen- und Längenmaße war die Elle (52,5 cm), die in 7 Handbreiten unterteilt war. Jede Handbreit war noch einmal in 4 Finger untergliedert. Das größte Längenmaß war ein Iteru zu 20 000 Ellen, also ca. 10,5 Km, das zur Abmessung großer Entfernungen benutzt wurde. Beispielsweise geben altägyptische Quellen die Länge des Nil in Ägypten mit 106 Iteru an, was recht genau mit modernen Messungen übereinstimmt. 10 000 Ellen^2, also rund 2 756,5 m^2 waren das übliche Flächenmaß, mit dem beispielsweise die Größe der Felder berechnet wurde. Dieses Maß trug die Bezeichnung Arure. Von einer Arure besten Ackerlandes erwartete man im Neuen Reich 10 Sack Getreide als Ernte, das schlechteste Land brachte nur 5 Sack Ertrag.

Ein Sack (ca. 76,8 l) war in 4 Oipe unterteilt. Das ist das Maß, welches wir in den Abrechnungen aus Deir el Medineh immer wieder finden werden.

Als wichtigstes Hohlmaß begegnet uns das Hin, ca. 0,5 l, das die Norm für die Berechnung des Gefäßvolumens war. Ein Bierkrug hatte ein Volumen von 2 Hin (also ca. 1 l), eine Weinamphore hatte 20 Hin, eine Schale für Früchte dagegen nur 1 Hin. Das größte in den Texten belegte Bierfaß hatte ein Fassungsvermögen von 25,5 Litern.

Von großer Bedeutung waren die verschiedenen Gewichte. Im Neuen

Reich waren diese genormt und basierten auf dem Deben zu 91 Gramm, das in 10 Kite zu jeweils 9,1 Gramm unterteilt war. Ein Gewicht, das ausschließlich als Wertmaßstab fungierte, war das Schenati, ein Zwölftel eines Deben, also ca. 7,6 g. Da dieses Gewicht ausnahmslos zum Abwiegen von Silber benutzt wurde, kann es als ein Vorläufer der sehr viel späteren Silbermünzen angesehen werden.

Die Maße waren staatlich garantiert. So wurden in den großen Tempeln des Landes geeichte Meßstricke zu 100 Ellen aufbewahrt, und die Verwaltungen besaßen ebenfalls geeichte Gewichte, oft aus Edelmetall und mit Darstellungen versehen. Manche Gewichtssteine hatten die Form von Tieren oder Tierköpfen, aber es gab auch ganz schlichte Debengewichte aus Hartgestein (meistens Basalt), die ohne jede Verzierung waren. Die Gewichte, die erhalten sind, waren erstaunlich exakt, wie moderne Nachmessungen ergeben haben.

2. Löhne und Gehälter im Neuen Reich

Nachdem kurz das altägyptische Maß- und Gewichtssystem erklärt worden ist, können wir uns nun den Texten zuwenden, die auch die Höhe des bezahlten Lohnes angeben. Überwiegend wurde der Lohn in Form von Getreide, meist unterschieden nach den beiden häufigsten Sorten, Gerste und Emmer, ausbezahlt, so daß das Wort für Getreideration (altägyptisch: djt) am besten direkt mit „Lohn“ zu übersetzen ist.

Der älteste Text, ein Papyrus, der in der Eremitage in Leningrad aufbewahrt wird, ist in die Zeit Amenophis' II. zu datieren. Dieser Papyrus enthält lange Listen, die die Ausgabe von Getreiderationen an die unterschiedlichsten Personen vermerken. Für einen Monat erhielten Siegler, das waren Beamte des „mittleren Dienstes“, zwischen knapp 77 und 95 Sack Getreide. Ein Maurer bekam nur 1 1/4 Sack Gerste, ein Arbeiter in einem Magazin erhielt dagegen 5 Sack (1 Sack Gerste und 4 Sack Emmer). Sogar die Botschafter fremder Könige und die Gäste am ägyptischen Hof erhielten Getreide von der ägyptischen Verwaltung. So bekamen die Botschafter von Askalon, Megiddo und Scharun, um nur einige zu nennen, 1 1/2 Sack Emmer, während ein unbedeutender syrischer Kleinfürst schon die dreifache Menge erhielt.

Ein ägyptischer Bote (Läufer) erhielt pro Monat 5 Sack Emmer, aber 7 einfache Diener mußten sich mit nur 10 Sack Gerste, also weniger als 1,5 Sack pro Person, begnügen. All diese Zahlungen belegen deutlich eine Abstufung der Lohnhöhe nach dem Rang des Empfängers. Man vergleiche nur die 95 Sack, die ein Siegler bekam, mit den mageren 1,25 Sack für den Maurer und den Diener, und der Unterschied wird offenkundig.

Interessant waren auch die Schwankungen der Beamtengehälter. Hier wurde offensichtlich nicht nur nach dem Rang, sondern auch nach der Funk-

Bootsmodell, Mittleres Reich. Dargestellt ist ein Boot mit Matrosen. Gerade Matrosenlöhne sind neben den Handwerkerlöhnen aus Deir el Medineh belegt. Mit ca. 3 Sack Getreide lagen die Matrosenlöhne deutlich unter den Handwerkerlöhnen. Pelizaeus-Museum, Hildesheim.

tion und dem Tätigkeitsbereich differenziert. Wahrscheinlich erhielt ein Siegelbewahrer des Palastes ein höheres Gehalt als ein Beamter gleichen Titels, der in einem Magazin in der Provinz tätig war. Beide wurden jedoch aus dem Palast entlohnt, was bezeichnend für die starke Zentralisierung der Verwaltung war. Leider kennen wir keine weitere Beamtengehälter, so daß unklar bleiben muß, wieviel die Minister oder gar der Vezir als Leiter der gesamten Verwaltung verdienten — es dürfte deutlich mehr als die genannten Zahlen für die mittleren Beamten gewesen sein. Nicht zu vergessen sind die Einkünfte, die die höchsten Beamten aus ihren Ländereien bezogen. Zur Vereinfachung der Verwaltung wurden jedoch nicht alle Löhne direkt aus den Magazinen in der Zentrale bezahlt, was am Beispiel der Matrosenlöhne gezeigt werden kann. Nach der Ernte mußte das Getreide von den Bauern zu bestimmten Verladeplätzen gebracht werden. Dorthin kamen dann die großen Getreideschiffe und transportierten es zu den Magazinen und Scheunen in den Städten. Dabei wurde genau aufgeschrieben, wo welches Schiff wieviel Getreide an Bord nahm. Am Bestimmungsort angekommen, wurde die Ladung wiederum registriert, aber gleichzeitig der Lohn für die Schiffsmannschaft abgezogen. Eine Stelle aus einem dieser Abrechnungspapyri aus der 20. Dynastie soll das verdeutlichen: Das Schiff legte am Verladeplatz, einer „Insel des Amun (namens) ‚Er packt jedes Land'", an. Unter der Aufsicht eines Inspektors wurde Getreide von den Feldern des großen Amuntempels geladen: 100 Sack Gerste und 700 Sack Emmer — eine erstaunliche Ladekapazität ist daraus abzulesen. Davon erhielt die Mannschaft des Lastschiffs als Lohn immerhin 10 Sack Gerste und 63 Sack Emmer, also fast 10 % der Gesamtladung. Leider können wir nicht mehr exakt ermitteln, für wie viele Matrosen dieser Lohn bestimmt war, auch der Abrechnungszeitraum bleibt im unklaren. Geschätzt dürfte es sich um den Lohn für ca. 20 Tage gehandelt haben, den sich etwa 40 Personen zu teilen hatten. Nach dieser Schätzung käme man auf einen Monatslohn von knapp 3 Sack pro Matrose. Wahrscheinlich aber reduziert sich diese Zahl, da der Kapitän sicher ein höheres Gehalt bezogen haben dürfte. Interessant ist dennoch schon allein die Tatsache, daß überhaupt Löhne bezahlt wurden, obwohl Felder und Transportschiffe zur selben Institution gehörten, zum großen Amuntempel von Karnak.

Die sichersten Informationen über altägyptische Löhne geben uns die Texte aus Deir el Medineh. Die Arbeiter, welche die Königsgräber im Tal der Könige herstellten, wurden natürlich vom Staat als Auftraggeber versorgt. Über diese Versorgung hinaus erhielten sie aber auch einen echten Lohn, mit dem sie Waren kaufen konnten und der sie in die Lage versetzte, sich Gräber und eine Grabausstattung zuzulegen.

Ein Ostrakon, ein in hieratischer Schrift beschriebener Kalksteinsplitter, enthält solch eine Notiz über gezahlte Löhne für den 2. Monat der Sommerzeit. Der Text stammt aus der Regierungszeit Ramses' III. und bezieht sich nur auf die Mitglieder der rechten Seite der Arbeiterschaft:

„Vorarbeiter: 2 (Sack Gerste), 5 1/2 (Sack Emmer)

Schreiber: 2 (Sack Gerste), 5 1/2 (Sack Emmer)

17 Mann: jeder 1 1/2 (Sack Gerste), macht 25 1/2; jeder 4 (Sack Emmer), macht 68

die Jungen, 2: jeder 1/2 (Sack Gerste), macht 1; jeder 1 1/2 (Sack Emmer), macht 3

der Hirte: 1 1/4 (Sack Gerste), 3 1/4 (Sack Emmer)
die Dienerinnen: 1 1/2 (Sack Gerste), 1 1/2 (Sack Emmer)
der Pförtner: 1/2 (Sack Gerste); 1 (Sack Emmer)
der Arzt: 1/4 (Sack Gerste); 1 (Sack Emmer)
Summe: 32 1/2 Sack Gerste; 84 3/4 Sack Emmer"

Dieser Text enthält eine ganze Reihe wichtiger Informationen über die Arbeiterschaft. Neben dem Vorarbeiter und dem Schreiber als den beiden Vorgesetzten amtierten in der Zeit Ramses' III. 17 Handwerker und 2 Jungen, also „Azubis". Hinzu kam eine ungenannte Zahl von Dienerinnen, die für Dienstleistungen und Essenszubereitung zuständig waren. Außerdem ist ein Hirte erwähnt, der wohl die Esel als Transporttiere zu versorgen hatte. Auch der diensthabende Pförtner erhielt seinen Lohn zusammen mit den Arbeitern, ebenso der Arzt, obwohl beide nicht direkt zum Dorf gehörten, sondern, wie oben dargelegt, außerhalb wohnten.

Besonders interessant sind die sozialen Unterschiede, die aus der unterschiedlichen Lohnhöhe abzulesen sind. Während Vorarbeiter und Schreiber jeweils 7 1/2 Sack Getreide pro Monat erhielten, bekamen die einfachen Arbeiter 5 1/2 Sack und die jungen Lehrlinge sogar nur 2 Sack. Rangniedriger als die Handwerker war wohl auch der Hirte, denn sein Lohn war etwas geringer als der der Arbeiter. Noch weniger bekamen die Dienerinnen, die alle zusammen nur 3 Sack erhielten. Aus anderen Texten wissen wir, daß in dieser Zeit etwa 5–6 Dienerinnen im Dorf lebten, so daß nur etwa 1/2 Sack pro Dienerin als Lohn anzunehmen ist.

Anders sind die Angaben für den Pförtner und den Arzt zu sehen. Sie erhielten sicher nur einen Teil ihres Gehaltes in Deir el Medineh selbst, den Rest bekamen sie von der Institution, bei der sie festangestellt waren.

Weitere Texte belegen immer wieder Zuwendungen seitens der Zentrale für die Gottesopfer, also für spezielle religiöse Zeremonien, die im Dorf ausgeführt wurden. Besonders Opfer für die Göttin Meret-Seger, eine der Schutzheiligen von Deir el Medineh, sind oft belegt. Diese meist sehr kleinen Beträge — selten gab es mehr als einen Sack Emmer als Opfer — wurden wohl zu Brot verarbeitet und zu bestimmten Gelegenheiten an die Gläubigen verteilt. Vielleicht verbargen sich hierin auch zusätzliche Zahlungen an die Priester in der Regel waren das die Mitglieder der Arbeiterschaft selbst. Dieses ist jedoch nicht mehr exakt festzustellen, da die Texte nur recht allgemein vom „Gottesopfer" sprechen.

Nicht immer erhielten die Handwerker ihren Lohn in Form von Getreide. Bedeutsam ist es, daß neben Öl, Kleidung, Schmuckstücken o. ä. auch Edelmetall, meist Kupfer und Silber in unbearbeiteter Form, als Mittel der Lohnzahlungen belegt ist. Einige Texte verwenden das Wort „Silber" regelrecht in der Bedeutung von Geld. So heißt es in einer Lohnliste aus der Zeit Ramses' IV. u. a.:

„An diesem Tag: Kommen der Beamten, um das Geld (scil. Silber) für die Arbeiterschaft an sie auszugeben in der Verwaltungsstelle.“
Hier erhielten die Handwerker demnach nicht, wie sonst üblich, Getreide, sondern regelrecht Geld als Lohn. Andere Lohnlisten führen ganz bestimmte Mengen von Kupferdeben als Bezahlung für geleistete Arbeit auf. Wenn also der Verwaltung aus irgendwelchen Gründen kein Getreide zur Verfügung stand, wurde im gleichen Wert Geld bezahlt. Das ging jedoch nur dann, wenn die Wertrelationen zwischen Kupfer, Silber und Getreide feststanden und nicht etwa dem freien Spiel der Kräfte eines Marktes unterworfen waren. Das heißt natürlich nicht, daß diese Wertrelationen immer unverändert bleiben mußten; ganz im Gegenteil zeigen die Dokumente teilweise erhebliche Veränderungen, die jedoch bewußt von der Staatsmacht und nicht von den Handwerkern oder Bauern herbeigeführt worden waren.
Betrachtet man beispielsweise den Wert der Getreidearten Emmer und Gerste im Verhältnis zum Kupfer, so können für die 19. und 20. Dynastie folgende Werte festgestellt werden:
Ein Sack Gerste wurde in dieser Zeit immer in Kupferdeben bewertet, ganz selten auch mal in Silber-Schenati. Lag der Wert im 36. Regierungsjahr Ramses' II. bei 2,5 Kupferdeben, so stieg er im Jahr 5 des Merenptah, seines Sohnes und direkten Nachfolgers, auf 10 Deben an und fiel wenig später auf 5 und dann auf 4 Deben. In der Zeit nach Merenptah, also in den relativ kurzen Regierungszeiten der Könige Amenmesse, Sethos II. und Siptah (alle Ende der 19. Dynastie), lag der Gerstewert wieder bei 2,5 Deben, hatte also den gleichen Wert wie zur Zeit Ramses' II. erreicht. Zu Beginn der 20. Dynastie stieg er zunächst auf 3 1/3 Deben und fiel dann wenig später auf 2 Deben, einen Wert, der in der Zeit der Könige Ramses III. und Ramses IV. konstant beibehalten wurde. Doch ganz am Ende der Regierungszeit Ramses' IV. stieg der Wert der Gerste wieder an und erreichte in der Zeit Ramses' V. 4, später sogar 8 Deben (Zeit Ramses' VII.). Erst danach fiel er wieder auf 4 (Zeit Ramses' IX.) und sogar 2 Deben (Zeit Ramses' XI.).
Über die Gründe dieser Veränderungen kann man nur spekulieren, da die ägyptischen Quellen bedauerlicherweise dazu schweigen. So könnte der hohe Getreidewert in der Zeit des Merenptah mit dessen Getreidelieferungen an das von einer Hungersnot heimgesuchte Hethiterreich zusammengehangen haben. Vielleicht wurde als Folge dieser Exporte Getreide in Ägypten knapp, sicherlich nicht so sehr, daß in Ägypten gehungert werden mußte, aber doch so stark, daß Getreide in größeren Mengen für Lohnzahlungen nicht mehr zur Verfügung stand. Dieser Mangel könnte zumindest kurzfristig zu einer Wertsteigerung beigetragen haben.
Eine erneute Höherbewertung von Gerste ist in der frühen 20. Dynastie, in der kurzen Regierungszeit des Königs Sethnacht festzustellen. Da dieser

König sich erst nach langen innerägyptischen Auseinandersetzungen hatte behaupten können, ist es denkbar, daß durch diesen Bürgerkrieg Versorgungsengpässe aufgetreten waren, die dann zu Wertsteigerungen des Getreides führten. Auf dieselbe Weise können übrigens auch die erneuten Wertsteigerungen gegen Ende der 20. Dynastie erklärt werden, denn auch in dieser Zeit herrschte in Ägypten zeitweilig offener Bürgerkrieg zwischen verfeindeten Parteien. Auch Angriffe von außen sind in dieser Epoche belegt, und nicht selten wurde sogar die Siedlung Deir el Medineh selbst von Feinden heimgesucht.

Grundsätzlich kann aber festgestellt werden, daß der übliche Wert für einen Sack Gerste bei 2,5–2 Kupferdeben lag.

Betrachtet man nun die Angaben der Emmerwerte, so stellt man fest, daß diese minderwertige Getreideart, die u. a. zum Bierbrauen verwendet wurde, in verschiedenen Zeiten unterschiedlich bewertet wurde. Der normale Wert lag zwar bei 1 Deben Kupfer, doch in denselben Zeiten, in denen der Gerstewert anstieg, stiegen auch fast immer und im selben Verhältnis die Emmerwerte, was sicherlich kein Zufall war.

Was bedeuteten nun diese Wertrelationsveränderungen für unsere Arbeiterlöhne? Entscheidend war die Tatsache, daß der Wert des Lohnes konstant blieb. Wir erinnern uns, daß in der Zeit Ramses' III. ein Handwerker 1 1/2 Sack Gerste (umgerechnet 3 Deben Kupfer) und 4 Sack Emmer (das sind 4 Deben) Lohn pro Monat erhielt. Das sind insgesamt 5 1/2 Sack Getreide, die einen Wert von 7 Deben hatten. Ein Vorarbeiter und der Schreiber erhielten dagegen 7 1/2 Sack Getreide im Wert von 9 1/2 Deben monatlich. Nun war es ganz offensichtlich so, daß diese Werte von 7 bzw. 9 1/2 Deben immer bezahlt wurden, so daß die Kaufkraft der Lohnempfänger unverändert erhalten blieb. Also brauchten, wenn der Getreidewert beispielsweise von 2 auf 4 Deben für Gerste und von 1 auf 2 Deben für Emmer anstieg, nur noch 3/4 Sack Gerste und 2 Sack Emmer geliefert zu werden, um den erforderlichen Wert von 7 Deben als Arbeiterlohn zu erreichen. Der Staat sparte auf diese Art 50 % des Getreides ein, daß er dann zu anderen Zwecken, möglicherweise zum Export in das Hethiterreich verwenden konnte. Oder aber es konnte eine durch Unruhen entstandene Getreideknappheit auf diese Weise ausgeglichen werden, ohne daß weitere Unruhen durch zu geringe Lohnzahlungen entstanden.

Durch dieses Kompensationsprinzip konnte der Staat immer entscheiden, welche Lohnzahlungsart bevorzugt werden sollte, und er konnte die für ihn günstigste Alternative auswählen — ein nicht zu unterschätzendes Mittel einer staatlichen Wirtschaftsregulierung, daß in der 19. und 20. Dynastie konsequent genutzt wurde. Die Leute waren dabei zufrieden, weil sich durch den gleichbleibenden Wert ihrer Löhne ihre wirtschaftliche Situation nicht weiter veränderte. Ja, im Gegenteil, wenn man berücksichtigt, daß

Tischler beim Bohren von Löchern in ein Bettgestell, Grab des Rechmire, 18. Dynastie. Leider ist die Höhe von Löhnen außerhalb Deir el Medinehs kaum belegt, so daß man nicht feststellen kann, wieviel die hier dargestellten Tischler als Lohn erhielten. Wahrscheinlich lag ihr Einkommen wenig unter dem der Nekropolenarbeiter. Die Verwendung des Bohrers, der mit einem Bogen gedreht wird, zeigt deutlich die Notwendigkeit der Zusammenarbeit – diese „Maschine" ist von einem einzelnen Arbeiter nicht zu benutzen.

Edelmetall leichter aufzubewahren ist als Getreide, konnte die Zahlung des Lohnes in Kupfer sogar vorteilhaft für die Arbeiter sein, da sie nun die Möglichkeit hatten zu sparen, was mit Getreide nur begrenzt denkbar ist. Doch funktionierte dieses Prinzip nur dann, wenn allein der Staat die Wertrelationen bestimmte und wenn diese von jedermann in Ägypten, ohne zu zögern, akzeptiert wurden. Letzteres war mit Sicherheit der Fall, denn spätestens seit dem Neuen Reich wurde Edelmetall als Tauschmittel, also als eine Art Geld verwendet. Außerdem erhielten die Arbeiter ja alles, was sie zum Leben brauchten, vom Staat, und das zusätzlich zu ihrem eigentlichen Lohn. Das bedeutet, daß auch ohne den Lohn niemand hungern mußte, solange nur die Versorgung klappte. Der Lohn setzte die Menschen tatsächlich in die Lage, spezielle und ganz individuelle Bedürfnisse zu befriedigen, ja regelrecht die staatliche Verteilung von Gütern zu korrigieren, denn diese Verteilung entsprach natürlich nicht immer den individuellen Bedürfnissen des einzelnen Handwerkers. Diese Möglichkeit der Korrektur der staatlichen Verteilung trug ganz erheblich zur inneren Stabilität der politischen Verhältnisse bei, da dadurch trotz harter Arbeit eine gewisse Zufriedenheit herrschte, jedenfalls hören wir nur ganz selten von unzufriedenen Arbeitern.

Ein weiterer Umstand verdient unsere Beachtung. Die Menschen waren durchaus an Kupfer als Zahlungsmittel gewöhnt, denn alle besonders teuren Waren wurden, sicher aus überwiegend praktischen Erwägungen heraus, in Edelmetall bezahlt. Man stelle sich nur die Bezahlung einer Rechnung für einen Sarg vor, der 100 Deben kostete. Das waren zwar immerhin gut 9 kg Kupfer, entsprach aber 100 Sack Emmer zu je 78 l!

Neben den Monatslöhnen sind auch einige Bezahlungen für ganz spezielle Handwerkerarbeiten belegt. So kosteten die Bemalung eines Bettes 1 1/2 Sack und die Herstellung des Bettes 5 Sack Gerste, während das Füllen der Matratze mit 1 Sack bewertet wurde. Sehr teuer war das Bemalen von Särgen, da diese Tätigkeit nur von wenigen Spezialisten, den Malern, ausgeführt werden konnte. Während eine einfache Malerei schon für 5 Deben zu bekommen war, kostete eine sehr sorgfältige Bemalung und Beschriftung bis zu 20 Deben, also das Dreifache eines Monatslohnes eines Arbeiters. Wurde der Sarg gar poliert, stieg der Rechnungsbetrag gleich auf 65 Deben, also fast 10 Monatslöhne. Allein die Herstellung eines Sarges kostete zwischen 5 und 20 Deben; berücksichtigt man dazu die reinen Materialkosten für das benötigte Holz, so konnte ein sehr schöner Sarg gut seine 120 – 140 Kupferdeben kosten. Das war immerhin 20 Monatslöhne eines Arbeiters, und dabei waren das immer noch die recht bescheidenen Särge der Handwerker und kleineren Beamten. Man kann kaum ermessen, was beispiels-

Goldener Sarg des Tutanchamun, 18. Dynastie. Dieser Sarg, dessen Gewicht bei 110 kg Feingold liegt, entsprach dem Monatslohn von ca. 35 000 Handwerkern. Auch nach den Wertvorstellungen der alten Ägypter befanden sich unermeßliche Schätze in den Gräbern, was zu Räubereien verführen mußte. Ägyptisches Museum, Kairo.

weise der massivgoldene innerste Sarg des Tutanchamun für einen Wert hatte.
Dieser innerste der drei Särge des Tutanchamun, der die Mumie des jugendlichen Königs barg, wiegt immerhin ca. 110 kg reines Gold. Da das Gold im Neuen Reich den 200fachen Wert von Kupfer hatte, entsprach der reine Goldwert des Sarges 22000 Kg Kupfer, also ca. 242000 Deben. Dieser gewaltige Wert war dem Monatslohn von sage und schreibe 35000 Handwerkern gleich – eine unglaubliche Zahl. Und dabei sind in dieser Rechnung noch nicht einmal die Herstellungskosten berücksichtigt, da wir diese nicht einmal annähernd einschätzen können. Dennoch zeigt die Berechnung den hohen Wert, den eine Grabausstattung repräsentieren konnte, und sie erklärt überzeugend die Versuchungen, denen die Grabräuber schon im Alten Ägypten selbst oft erlagen.
Doch zurück zu unseren Arbeiterlöhnen. Bisher haben wir die Löhne behandelt, die der Staat den bei ihm angestellten Handwerkern bezahlte. Wie sah das aber aus, wenn private Auftraggeber auf den Plan kamen? Hier ist eine recht interessante Feststellung zu treffen. Privatpersonen mußten einem Arbeiter pro Tag 1 Oipe Gerste bezahlen. Wenn man das auf einen Monat hochrechnet, kommt man auf einen Lohn von 6 Sack Gerste. Denn ein altägyptischer Monat bestand aus 3 Wochen zu je 10 Tagen, von denen 8 Arbeitstage waren, d. h. der Monat hatte 24 Arbeitstage. Rechnete man diesen Monatslohn um in Kupfer, so lag er bei 12 Deben, betrug also fast das Doppelte des offiziellen Staatslohnes, der ja, wie wir oben gesehen haben, bei nur 7 Deben lag.
Auf diese Art gelang der Staatsmacht die wirtschaftliche Ausnutzung der Menschen. Doch da diese andererseits neben ihren offiziellen Arbeiten auch für private Auftraggeber, also die Beamten und Priester, arbeiten konnten und dafür einen deutlich höheren Lohn erhielten, kam es kaum zu ökonomisch motivierten Aufständen oder Unruhen. Erst als zeitweilig die staatliche Entlohnung völlig ausblieb, gab es Arbeiterunruhen und Streiks.
Die Lohnzahlungen sollten eigentlich immer am Monatsende oder spätestens am Anfang des folgenden Monats erfolgen, doch wurden diese Termine nur selten eingehalten. Immer wieder gab es Verzögerungen. In der späten 19. Dynastie wurden die Löhne gewöhnlich erst in der Mitte des Monats bezahlt, und ganz am Ende dieser Zeit waren die Lohnzahlungen gar um 7 Monate verspätet. Wenn auch solch eine erhebliche Verspätung die Ausnahme blieb, waren doch Verzögerungen bis zu 2 Monaten nicht ungewöhnlich. Hinzu kam, daß nur selten der volle Lohn bezahlt wurde. Da gab es dann stattdessen Abschlagszahlungen und Teillieferungen, und man geht sicher nicht fehl in der Annahme, daß der vollständige Lohn nur selten bezahlt wurde. Die Gründe dafür dürften in der schlampigen Art der Verwaltung oder sogar in Unterschlagungen und Betrügereien gelegen haben.

Ein Text aus der Zeit Ramses' III. sagt das ganz deutlich:
„Jahr 17, 2. Monat der Winterzeit, Tag 29.
An diesem Tag: Bericht der Vorgesetzten der Nekropole an den Schreiber (der Nekropole) Achipet, indem sie (die Vorgesetzten) sagten: ‚Das Oipe-Maß (zur Getreideabmessung), mit dem man die Getreideration (d. i. der Lohn) gibt, ist zu klein.' Er (der Schreiber) sprach: ‚Wem gehört es, das Oipe-Maß?' Sie antworteten ihm: ‚Es ist der (Vezir-) Schreiber Paser, der es gebracht hatte.' Man brachte ein neues (Maß) und man maß es mit dem Hin-Maß (nach). Es machte nur 38 Hin aus (statt regulär 40 Hin)!"
Nach diesem Text wurden die Arbeiter pro Oipe (d. i. 1/4 Sack) Getreide um 2 Hin betrogen, das machte pro Monat und Mann immerhin gut 1/4 Sack aus, also etwa 1/2 Kupferdeben. Da in dieser Zeit 40 Arbeiter auf den Lohnlisten standen, machten der Schreiber und vielleicht auch sein Chef, der Vezir selbst, an dem Betrug einen Gewinn von 20 Deben, das war rund das Doppelte des Schreibergehaltes. Dieser Fall dürfte kein Einzelfall gewesen sein, und die Arbeiter wehrten sich auch so gut sie konnten gegen Betrug und Übervorteilungen dieser Art. Letztlich konnten sie natürlich wenig gegen die allmächtigen Beamten ausrichten, besonders wenn sogar der Vezir seine Hände im Spiel gehabt haben sollte. Es ist aber auch belegt, daß die Arbeiter ihrerseits den Vezir, aber auch andere Beamte, bestachen, indem sie einmal einem Vezir 2 silberne Meißel überreichten. Diese stellten einen beträchtlichen Wert dar, wenn man sich vor Augen hält, daß Silber 100mal wertvoller als Kupfer war und daß die Meißel immerhin 3–4 Deben schwer waren. Ob jedoch diese Bestechung den Handwerkern die erhofften Vorteile brachte, entzieht sich unserer Kenntnis.
Wir haben bisher festgestellt, daß den Handwerkern und auch den Beamten üblicherweise ein bestimmter Lohn für ihre Tätigkeit bezahlt wurde. Das war aber nicht in allen Situationen so, denn fast beliebig konnte jedermann zu Frondiensten herangezogen werden, etwa um öffentliche Bauten zu errichten oder um für den König direkt zu arbeiten. Schon seit dem Alten Reich sind diese Fronde belegt, obwohl durch Königsdekrete immer wieder ganze Bevölkerungsgruppen davon ausgenommen wurden. Ein langes Dekret von Pepi II. (6. Dynastie) befreite den großen Tempel des Gottes Min von Koptos von allen möglichen Dienstverpflichtungen. Dabei ist interessant festzustellen, daß auch die Tempel in der Regel zu Frondiensten herangezogen werden konnten, was ja nicht selbstverständlich ist.
Pepi II. sprach in seinem Königsbefehl:
„Nicht erlaubt die Majestät, daß man sie (die Angestellten des Tempels) in die Königshürden (zur Arbeit) setzt oder in die Rinderweiden, die Eselsweiden, die Kleintierweiden der Rinderverwaltung (oder auch in) irgendeine Fronarbeit oder in eine Steuer, die in der königlichen Verwaltung verlangt wird, bis in alle Ewigkeit."

Und weiter heißt es dann:
„Bezüglich eines Vorstehers von Oberägypten, der ihre (der Tempelbediensteten) Aushebung anordnen sollte für das Büro der königlichen Aushebungen, der Landesverwaltung, der Registratur der gesiegelten Dokumente (d. i. das Katasteramt) oder um sie in irgendeine Arbeit für das Königshaus zu setzen: Teilnahme an einem Akt der Empörung wäre das!"
„Bezüglich irgendeines Beamten, eines königlichen Urkundenschreibers, eines Vorstehers der Ackerschreiber oder eines Schreibers der gesiegelten Urkunden oder sonst eines Funktionärs, der einen Auftrag erhalten oder Befehle schreiben wird, um die Namen des Priestervorstehers, des Unterpriestervorstehers oder der Funktionäre, der Gefolgsleute und Wächter des Min, irgendwelcher Angehörigen des Besitzes des Mintempels, der Arbeiter und Maurer des Min in Koptos im Gau von Koptos in irgendwelche Arbeiten für das Königshaus einzusetzen (also listenmäßig zu erfassen, zu registrieren): Teilnahme an einem Akt der Empörung wäre das!"
Dieser lange Text, der hier nur in Auszügen wiedergegeben werden kann, zeigt ganz deutlich, wer von wem zu welchen Frondiensten herangezogen werden konnte. Leider wissen wir nicht, ob für diese Dienstverpflichtungen auch ein Lohn bezahlt wurde. Sicherlich erhielten die Arbeiter jedoch ihre Versorgung und vielleicht sogar ein geringes Entgelt, doch sagen die Quellen nichts genaues darüber aus.
Auch später, im Neuen Reich, hören wir immer wieder, daß Institutionen und auch private Haushalte Arbeiter für bestimmte öffentliche Arbeiten abstellen mußten. Dabei kam es natürlich auch zu Übergriffen, zu unrechtmäßigem Einziehen der Fronde durch Beamte oder Tempel. Doch hatte die Verwaltung ein wachsames Auge auf diese Frondienste und stellte unrechtmäßige Fronde ab — sofern es bemerkt wurde. Als Beispiel dafür sei ein Brief angeführt. Ein Scheunenschreiber der Zentralverwaltung schrieb an den Schreiber des Hohepriesters des Ptah von Memphis:
„Ich habe gehört, daß du 8 Frondienstleistende, die im Tempel des Thot in Memphis arbeiten, genommen hast und sie Steine schleppen lassen willst im Tempel des Hauron in Memphis. Aber du darfst ja gar keinen Arbeitsdienst ausführen (lassen), sondern du kannst sie höchstens für 2 oder 3 Tage wegnehmen! Du weißt doch, daß die Beamten dieses Jahr die Arbeit für diesen Gott (Hauron) nicht autorisiert haben!"
Erstaunlich an diesem Brief ist, daß es zwar ohne Zustimmung der Beamten verboten war, Leute zum Frondienst einzuziehen, daß aber nichts gegen ei-

---

Vorratsgefäß aus Deir el Medineh, 18. Dynastie. Dieses reich bemalte Gefäß ist noch mit seinem Originalverschluß versehen. Es stammt aus dem Grab des Vorarbeiters Cha. Ägyptisches Museum, Turin.

ne kurzfristige Arbeit von wenigen Tagen eingewandt wurde. Man stelle sich einmal die gewaltigen Aufwendungen der Bürokratie vor, die notwendig waren, um diese Arbeitsheere zu versorgen und die Arbeitsgeräte und Materialien bereitzustellen. Listen mußten geschrieben werden, die die Arbeitsleistungen der einzelnen Handwerker täglich notierten, um die Erfüllung des Arbeitssolls zu überprüfen usw. Ein gewaltiger Aufwand, doch die Ergebnisse dieser Bemühungen sind noch heute in Ägypten als Tempel, Gräber oder Statuen zu besichtigen.

Bei allen wichtigen Bauvorhaben mußten die zuständigen Beamten genaue Arbeitspläne erstellen, denn jeder Arbeiter hatte ein bestimmtes tägliches Arbeitssoll zu erfüllen. Tat er das nicht, so wurde er bestraft. Aber nicht nur die Handwerker, sondern auch die Hirten und Bauern, ja sogar die höchsten Beamten hatten ihr Soll zu erfüllen. Eine Stele aus der späteren 19. Dynastie enthält die Abrechnung eines hohen Beamten, der stolz auf seine Tätigkeit verweist und sein Soll deutlich übererfüllt hat:

„Ich bin ein tüchtiger Beamter meines Herrn beim Erfüllen der Getreideablieferungen und beim Erfüllen der Steuern. Mein Überschuß an Getreideablieferungen und Steuern war zehnmal größer als mein Soll an Getreideablieferungen und Steuern. 3 622 Amphoren Wein (zu je 10 l) waren meine Abgabe durch die Leute. Ich aber ließ sie 25 368 Amphoren bringen. Niemals mußte Nedjem, der Hausvorsteher gewesen war, mir bei irgendeiner Eintreibung zu Hilfe kommen. 70 Amphoren Honig (wieder zu je 10 l) waren mein Soll. Der Honig, den ich brachte, waren 700, also 630 Amphoren mehr. 70 000 Sack waren mein Getreideablieferungssoll im Jahr; ich brachte 140 000, also einen Überschuß von 70 000 Sack."

Für diese Sollerfüllung war dieser Beamte sicherlich belohnt und vielleicht auch befördert worden. Wie schlecht es dagegen gerade den Bauern erging, zeigt eine Lehre, die als Schulbuch besonders beliebt war:

„Der Bauer klagt mehr als ein Perlhuhn, seine Stimme ist lauter als die eines Raben, denn seine Finger sind Geschwüre geworden mit einem Übermaß an Gestank. Wenn man ihn für das Delta registriert (zur Fronde) und wegtreibt, ist er in Fetzen. Er leidet, nachdem er auf die Insel gegangen ist, denn Krankheit ist sein Lohn, weil die Fronde dort eine ist, die sie verdreifacht haben. Kommt er von dort heraus, so gelangt er erschöpft zu seinem Haus, denn die Steuer hat ihn gebrochen."

Die genannten Inseln waren das beste, gerade neu gewonnene Ackerland, dessen Ertrag natürlich besonders hoch war. Davon hatte der Bauer, der dorthin „getrieben", also durch Zwang umgesiedelt worden war, natürlich nichts. Den Überschuß kassierten der Eigentümer und — in Form von Steuern — der Staat. Auch hier erfahren wir wieder nicht, ob der Bauer einen direkten Lohn erhielt, wahrscheinlich war dem nicht so, denn wie der Text so drastisch formuliert „Krankheit war sein Lohn!"

Warenpreise und Grabbau

Hunderte von Ostraka aus der Arbeitersiedlung in Theben-West nennen uns Preise für Waren aller Art. Da sind Dinge des täglichen Lebens, wie Getreide, Kosmetika, Kleidung usw., ebenso genannt wie Werkzeuge, Geschirr und Möbel. Hochwertige Güter, z. B. Särge, Statuen und Schmuck, wurden ge- und verkauft, Preise für Tiere, Mietzahlungen für Menschen und besonders Esel, aber auch echte Kreditberechnungen runden das Bild ab. Alle diese Warenpreise stammen aus der Zeit der späten 19. Dynastie bis hin zum Ende der 20. Dynastie, also aus einer Periode von rund 100 Jahren. Aus den älteren Zeiten liegen nur ganz vereinzelt Warenpreise vor, dagegen fließen die Informationen aus der Zeit nach dem Neuen Reich wieder reicher, das gilt besonders für die Ptolemaeerzeit, in der Handel und Wandel in Ägypten unter griechischem Einfluß blühten. Uns sollen hier überwiegend die Warenpreise der Ramessidenzeit interessieren, doch wird, soweit die Quellenlage eine sichere Aussage ermöglicht, auf ältere Preisangaben hingewiesen.

Üblicherweise wurden Warenpreise folgendermaßen ausgedrückt, wie ein ganz typisches „Preisostrakon" zeigt:

„Was dem Paidehu zur Bezahlung des Kupfergefäßes gegeben wird:
10 Kupferdeben,
Sesamöl, 5 Hin (= 2,5 l) zu 1 Deben je Hin,
1 Hemd aus glattem Stoff, macht 5 Deben,
2 Ledersäcke, macht 4 Deben,
4 Matten, macht 2 Deben,
4 Hin Salböl, macht 2 Deben.
Summe: 28 Kupferdeben, Rückstand: 9 Deben."

Ein gewisser Paidehu, der in der Zeit Ramses' IV. lebte, hatte einen Kupferkessel zum Preis von 37 Deben verkauft, wie aus der Summierung und dem Rückstand am Schluß zu ersehen ist. Als Bezahlung für seinen Kessel, der recht groß gewesen sein muß, erhielt er eine ganze Reihe von Waren, deren Wert in Kupferdeben umgerechnet wurde. Dazu bekam er noch eine bestimmte Summe an Kupfer direkt, also — wenn man so will — Bargeld. Der Käufer, dessen Name nicht genannt wurde, entrichtete bisher noch nicht den vollen Kaufpreis, denn wie in der letzten Zeile vermerkt wurde, schuldete er dem Paidehu noch 9 Deben.

Durch die vorgenommenen Umrechnungen erfahren wir die Preise für Hemden, Ledersäcke, Matten und Öle. Manche Texte rechneten den Wert der einzelnen Waren nicht nur in Kupfereinheiten um, sondern auch in Silber oder in Getreide:

„Was der Zimmermann Pentaweret der Städterin gegeben hat:
1 Sänfte aus Holz, macht 15 Deben.
Was sie ihm (dafür) gegeben hat:
3 Sack Emmer, mach 5 Deben,
2 Hin Salböl, macht 1 Deben,
(1) Hin frisches Fett, macht 1 Oipe (d. i. 1/4 Sack Gerste),
2 Körbe aus Flechtwerk, macht 4 Deben.
Summe: 10 1/2 Kupferdeben."

Neben dem Verkaufspreis für eine Sänfte aus Holz erfahren wir diejenigen für Emmer (1 2/3 Deben pro Sack), Körbe und Fett, wobei der Fettpreis in Getreideeinheiten ausgedrückt wurde.

Man muß nun zuerst das Ostrakon datieren. Aufgrund der Erwähnung des Zimmermanns Pentaweret gehört es in die Zeit Ramses' III. bis Ramses' IV., denn wir können aus einer ganzen Reihe von Texten ziemlich genau ermitteln, wann etwa dieser Zimmermann in Deir el Medineh gelebt und gearbeitet hat. Als nächstes legt man den für diese Zeit gültigen Gerstewert der Berechnung zu Grunde. Dieser Wert lag, wie wir oben bereits gesehen haben, in dieser Zeit bei 2 Deben je Sack. Setzt man diesen Wert hier ein, so erhält man einen Preis von 1/2 Deben für 1 Hin frisches Fett. Dieser Preis ist auch aus anderen Texten mehrfach bezeugt, was die Richtigkeit sowohl der Datierung als auch der Berechnung an sich bestätigt.

Ganz deutlich zeigt das Ostrakon in seinen Preisnotierungen eine bestimmte Tendenz. Alle hohen Werte wurden in Kupfer ausgedrückt, während die niedrigeren Preise in Getreideeinheiten berechnet wurden. Das hängt damit zusammen, daß 1 Kupferderben eine nur schwer unterteilbare Größe bildete. Wollte man beispielsweise einen Artikel zu 1/2 Deben berechnen, wählte man daher Getreide als Wertmaßstab, da die Unterteilung des Sacks in vier Oipe allgemein gängig war. Nur ganz selten nennen die Texte Preise von 1/2 Kupferdeben oder noch kleineren Bruchteilen.

In der 19. Dynastie wurde neben der Kupfer- und Getreiderechnung recht oft mit einem Silberschenati als Wertmaßstab gerechnet. Diese Silberrechungen sind aber nur bis zum Jahr 14 Ramses' III. belegt, danach rechnete man ausschließlich mit Kupfer oder Getreide als Maßstab. Ein Text aus der späten 19. Dynastie nennt uns solch eine typische Silberpreisberechnung:

„Was der Arbeiter Paneb dem Kupferschmied Amenuja für die Gravierung des Kessels bester Qualität gegeben hat:
1 Hemd, macht 1 Schenati (Silber),
3 Hin Sesamöl, macht 1/2 Schenati,
2 Oipe Gerste (d. i. 1/2 Sack),
(1 Paar) Sandalen Pharaos, macht 2 Oipe, macht 1/2 Schenati,
1 ‚Schleife', macht 1/2 Schenati,
1 Paar Männersandalen, macht 1/2 Schenati.

Sandalenherstellung, Grab des Rechmire, 18. Dynastie. Ledersandalen gehörten zu den am meisten verkauften Waren in Deir el Medineh. Mit einem Preis von 2 Kupfer-Deben waren Schuhe recht teuer — fast 1/4 eines Monatslohnes mußte ein Arbeiter für ein Paar Ledersandalen aufbringen.

Ich (Paneb) gab einem anderen Kupferschmied die 3 Hin Sesamöl, um es fertig zu machen. Summe: 3 1/2 Schenati.«

Dieser Text ist in mehrfacher Hinsicht recht interessant. Gerechnet wurden die Warenpreise in Silber und Gerste, wobei 1/2 Sack Gerste 1/2 Silberschenati entsprechen, also 1 Schenati pro Sack. Ein Hemd kostete hier 1 Schenati, im oben behandelten Text jedoch 5 Kupferdeben, woraus folgt, daß 1 Schenati Silber im Wert = 5 Deben Kupfer war. Demnach verhielt sich Silber zu Kupfer wie 1:60. Andere Texte lassen ein Wertverhältnis von 1:48

erkennen, d.h. 1 Schenati Silber entsprach dann 4 Deben Kupfer. Diese Texte sind aber leider nicht exakt datierbar, so daß wir nicht ermitteln können, wann genau die Silber–Kupfer–Relation verändert wurde.
Alle hohen Preise wurden in Kupfer, die niedrigeren in Getreide ausgedrückt. Wenn in Kupfer gerechnet wurde, wurde niemals im selben Text auch nach Silber berechnet, und umgekehrt, denn diese Rechnungen schlossen einander aus, was besonders bei problematischen Texten gut zu wissen ist. Wenn einmal in Kupfer gerechnet ist, wissen wir, daß sich alle anderen Rechnungen ebenfalls auf Kupferdeben beziehen müssen.
Das oben behandelte Ostrakon ermöglicht auch die Fixierung der Getreide–Silber–Relation, denn 1/2 Sack Gerste wird mit 1/2 Schenati berechnet, was 4 oder 5 Kupferdeben entsprach. Da dieser hohe Gerstewert nur in der Zeit Amenmesses belegt ist, kann aufgrund dieser Rechnung das Ostrakon recht sicher in dieselbe Zeit datiert werden.
Kommen wir nun zu einigen konkreten Preisen für Waren, die in Deir el Medineh hauptsächlich verhandelt wurden. Der Einfachheit halber werden alle Preise in Kupferdeben angegeben, ich habe sie nach den oben gegebenen Wertrelationen umgerechnet, um die Vergleichbarkeit der Preise untereinander zu erleichtern.
Sehr häufig wurden in Deir el Medineh Körbe und Flechtwaren aller Art verkauft. Ein Korb, dessen Volumen einen halben Sack Getreide ausmachte (also 37 l.), kostete 1 Deben. Dieser recht geringe Preis läßt es wahrscheinlich erscheinen, daß es sich bei dieser Art Körbe um einfache Ware handelte, die ohne Verzierungen oder Verschönerungen irgendwelcher Art aus Flechtwerk hergestellt wurde. Es waren sicherlich reine Gebrauchsgegenstände. Einfache Körbe hat man in recht großer Zahl und in erstaunlich guter Erhaltung bei der Ausgrabung des Dorfes gefunden.
Ein anderer häufig veräußerter Korb war der Denit-Korb, ein Behälter für Früchte, Weihrauch usw. Er war meist aus Stroh, manchmal aber auch aus Stoffresten geflochten, und manche Körbe waren sogar aus Leder hergestellt und von großer Haltbarkeit. Letztere fanden überwiegend beim Bau der Königsgräber Verwendung, um den Bauschutt wegzuschaffen. Sogar die Sollerfüllung der Arbeiter, die mit dem Aushub der Gräber beschäftigt waren, wurde in Denit-Körben gemessen, was auf eine Normierung des Volumens schließen läßt. Denit-Körbe zeichneten sich durch große Festigkeit aus, woraus sich auch der relativ hohe Preis von durchschnittlich 3 Deben erklärt. Einmal kostete dieser Korb sogar 10 Deben. Die unterschiedlichen Preise für Denit-Körbe resultieren mit einiger Sicherheit aus der Verwendung verschiedener Materialien. Denit-Körbe waren ebenfalls nicht verziert.
Daneben gab es noch einen kleinen Korb für Früchte, dessen Preis bei 1–2 Deben lag. Siebe wurden ebenfalls aus Flechtwerk hergestellt und waren

billig zu haben, denn ein Sieb und das dazugehörige Gefäß kosteten zusammen nur 1/2 Deben, also weniger als der einfache Getreidekorb.
Andere Korbarten, deren Funktion uns unklar bleibt und von denen die Namen belegt sind, bewegten sich preislich in dem oben angegebenen Rahmen. Als Ergebnis kann man feststellen, daß geflochtene Körbe zwischen 1/2 und 10 Deben kosteten, also auf jeden Fall zu den billigeren Objekten zählten, was sicherlich auch daran gelegen haben wird, daß Körbe von den Frauen im Dorf selbst hergestellt werden konnten. Dinge, die in einem Haushalt produziert werden konnten, waren gewöhnlich recht billig.
Sehr häufig wurden in Deir el Medineh geflochtene Matten verkauft. Diese dienten als Fußbodenbelag oder als Tür- bzw. Wandbehang in den Häusern oder auch als Unterlage für die Betten. Solche Matten waren einfach und schmucklos aus Binsen und Stroh, ganz selten auch aus Stoff geflochten bzw. gewoben. Der normale Preis für eine Matte lag entsprechend niedrig bei nur 1/2 Deben. Manchmal wurde die Matte als Unterlage zusammen mit einer Art Matratze verkauft. Beide zusammen kosteten dann immer 2 Deben, d. h. die Matratze war erheblich teurer als die Matte.
Zahlreich waren die Preise für Möbelstücke. Möbel hatten für die Einwohner des Dorfes eine doppelte Funktion. Sie dienten zur Ausstattung der Wohnhäuser, aber eben auch der Gräber. In jeder Grabausstattung waren Möbel enthalten, Betten, Kisten, Truhen usw. Entsprechend groß war der Bedarf, und daher sind wir gerade über diese Preise recht gut informiert, da sehr viele Texte Möbelverkäufe vermerken. Leider können wir aus diesen Texten niemals ablesen, ob jemand beispielsweise ein Bett erwarb, um darauf zu schlafen oder um es seiner Grabausstattung hinzuzufügen.
Naturgemäß schwankten die Möbelpreise recht stark, denn die einzelnen Stücke unterscheiden sich genau wie heute ganz erheblich in Material, Ausführung und Verarbeitung. Ich gebe hier nur die Durchschnittspreise unter Nennung des höchsten und des niedrigsten Preises an, der in den Texten belegt ist.
Betten wurden recht oft gekauft, wobei die Preise zwischen 10 und 25 Deben lagen. Durchschnittlich wurden um 17 Deben für ein normales Bett bezahlt. Davon entfielen auf das Füllen der Matratze 2 Deben, das Holz kostete 3 Deben, und der Zimmermannslohn für das Bauen eines Bettes lag bei 5 Deben. Die Verzierung oder Bemalung wurde mit 1,5 Deben berechnet, macht zusammen 11,5 Deben. Also blieben als Gewinn für den Verkäufer im Schnitt 5,5 Deben, fast 50 % der Herstellungskosten. Insgesamt liegen immerhin 30 Preise für Betten aus der Ramessidenzeit vor. Dabei können mehrere Ebenen im Preisniveau herausgearbeitet werden:
10 – 15 Deben sind 15 x belegt (davon 10 x 15 Deben),
17 – 20 Deben sind 12 x belegt, (davon 9 x 20 Deben),
25 Deben sind 3 x belegt.

Man kann feststellen, daß der Normalpreis für Betten 15 und 20 Deben betrug. Wie ist dieser Unterschied zu erklären? Allein mit der Größe der Betten, denn ein Text sagt ganz klar, daß ein kleines Bett 15, ein großes jedoch 20 Deben kostete. Bei den genannten kleinen Betten dürfte es sich um Frauenbetten gehandelt haben, wie ein anderer Text ausdrücklich feststellt. Diese Preise gelten für Betten ohne Matratze, denn in einem Ostrakon wird festgestellt, daß ein „gefülltes" Bett 25 Deben Kupfer kostete, wobei das Füllen selbst mit 2 Deben berechnet wurde. Die restlichen 3 Deben waren dann der Gewinn des Verkäufers abzüglich seiner Materialkosten. Letztere fielen jedoch nicht allzu schwer ins Gewicht, da die Betten mit Stroh gefüllt waren, das außerordentlich billig war. Die wenigen von diesen Normpreisen abweichenden Notierungen sind leicht durch Beschädigungen des Bettes oder mit Sonderanfertigungen, z. b. einer Bemalung o. ä., zu erklären.
Interessant ist, daß aus der 6. Dynastie einige Warenpreise in der sogenannten Hauskaufurkunde belegt sind. Danach wurde ein Bett in dieser frühen Zeit mit 4 Silber-Schenati, also wahrscheinlich 20 Kupferdeben berechnet, wenn wir das Silber – Kupfer – Verhältnis des Neuen Reichs bei der Umrechnung zugrunde legen. Damit entsprach der Preis eines Bettes im Alten Reich exakt dem in der Ramessidenzeit.
Einige seltener belegte Möbelpreise zeigen, daß eine einfache Liege nur 2 Deben und ein Fußschemel zwischen 1 und 10 Deben kostete. Am häufigsten wurden für den Schemel 2 – 3 Deben bezahlt, die höheren und niedrigeren Preise blieben die Ausnahme. Eine Sänfte kostete 11 – 30 Deben, durchschnittlich um 18 Deben, dabei wurde das zur Herstellung der Sänfte benötigte Holz nur mit 2 Deben berechnet. Das bedeutet, daß hier recht hohe Herstellungskosten zu Buche schlugen und daß diese Tragstühle recht unterschiedlich verarbeitet und verziert waren. Ein einfacher Stuhl kostete dagegen 4 – 8 Deben. Andere Möbelpreise sind nicht belegt, die Preise eines ‚Mescher' genannten Möbelstückes müssen wir hier vernachlässigen, da wir dieses Objekt nicht näher bestimmen können.
Natürlich sind sehr viele Kisten und Truhen mit ihren Preisen belegt. Eine kleine Kiste aus Holz kostete zwischen 1 und 3 Deben, je nach Größe. Für eine große Kleiderkiste mußten gewöhnlich 10, einmal auch 20 Deben bezahlt werden, während eine Truhe 1 – 5, im Durchschnitt 2 1/2 Deben kostete. Eine Werkzeugkiste kostete 8 – 10 (einmal nur 1) Deben, und eine Ebenholzkiste mußte mit 10 – 15 Deben wegen des kostbaren Materials recht teuer bezahlt werden. Oipemaße wurden ebenfalls aus Holz hergestellt und waren mit 2 Deben billig zu kaufen.
Am häufigsten sind Preise für Kleider und Stoffe genannt. Dabei ist es jedoch sehr schwierig, die altägyptischen Kleider- und Stoffbezeichnungen zu übersetzen. Daher behalte ich die altägyptischen Namen unter Zusatz einer sehr allgemeinen Übersetzung bei. Die unterschiedlichen Stoffarten sind

Holzkasten, ramessidisch. Der Kasten wurde in einem Handwerkergrab von Deir el Medineh gefunden. Solche reich verzierten Kästen waren sehr kostbar und konnten bis zu 15 Kupfer-Deben kosten. Dargestellt ist der Grabherr mit seiner Ehefrau auf einem Bett. Vor ihnen ein Opfertisch, der von der Tochter gestiftet wird. Ein schönes Beispiel der Fürsorge der Kinder für die verstorbenen Eltern. Ägyptisches Museum, Turin.

ebenfalls bisher kaum erforscht und werden hier nur dann erwähnt, wenn dadurch Preisänderungen bedingt waren. Die meisten Kleidungsstücke waren aus einem „Schemu" genannten Stoff hergestellt. Vermutlich handelte es sich dabei um einen aus Reedgras gewonnenen Stoff, der in mehreren Qualitäten angeboten wurde. Es gab guten und sehr guten Schemu-Stoff, manchmal fehlt auch jede Qualitätsangabe, in diesen Fällen dürfte es sich um die einfachste Qualität gehandelt haben. Daneben gibt es reine Leinenstoffe, von denen einer als „glatt“ bezeichnet wurde. Der qualitativ beste Stoff war das Königsleinen, das in den Palastwebereien hergstellt und verarbeitet wurde. Diese hochwertigen Stoffe finden wir bei unseren Handwerkern natürlich nicht, da aus ihnen die Staats- und Prunkgewänder des Königs und der höchsten Beamten hergestellt wurden. Stoffe als Statussymbol waren ja in vielen Kulturen beliebt.

Das übliche Bekleidungsstück war ein hemdähnliches kurzes Gewand, das von jederman getragen wurde. Dieses „Meses-Hemd“ war einfach geschnitten in Form einer Tunika, es war einfarbig und ohne irgendwelchen Schmuck. Daher ist es keine Überraschung, daß die Preise für diese Hemden konstant waren. Während der gesamten Ramessidenzeit kosteten sie fast immer 5 Deben, äußerst selten lag der Preis auch etwas darunter. Das Meses-Hemd war normalerweise aus glattem Leinenstoff hergestellt, seltener auch aus anderen Stoffen, was vielleicht die leicht abweichenden Preise erklären kann.

Ein Daju-Kleidungsstück aus Leinen, vielleicht ein Umhang oder Schal, konnte recht unterschiedliche Preise haben, denn es wurde aus allen möglichen Stoffen, die unterschiedlich teuer waren, gefertigt. Die Preise schwankten zwischen 11 und 50 Deben, wobei ein Preis um 20 Deben als normal gegolten haben durfte, denn von 24 Preisangaben liegen immerhin 10 bei 20 Deben. Auch im Durchschnitt kostete dieses Kleidungsstück exakt 20 Deben.

Daju-Kleider-Preise sind mehrfach aus der Zeit vor der 19. Dynastie belegt, so daß ein Preisvergleich möglich ist. In der Regierungszeit Amenophis' III., also gegen Ende der 18. Dynastie, kostete es 3,5 – 4 Silberschenati, was etwa 14 – 16 Deben in Kupfer entsprach. Gegen Ende der 17. Dynastie kostete dieses Kleidungsstück nur 2 Silberschenati, etwa 8 Kupferdeben. Während der Preis aus der 18. Dynastie innerhalb der Preisspanne der ramessidischen Texte lag, war der frühere doch erheblich niedriger. Vielleicht hing diese Differenz mit einer abweichenden Kupfer-Silber-Relation zusammen: In der Epoche vor dem Neuen Reich war Silber erheblich wertvoller als später. Das könnte mit den Eroberungen und der gewaltigen Beute an Silber zu Beginn der 18. Dynastie erklärt werden. Die nach Ägypten fließenden Silbermengen könnten innerhalb Ägyptens zu einem Verfall des Silberwertes geführt haben, dann wäre der frühere, niedrige Preis für das Kleid erklärbar. Möglich wäre auch, eine Preisänderung speziell für dieses Kleidungsstück anzunehmen. Eine Entscheidung zwischen beiden Möglichkeiten ist aufgrund der unvollständigen Informationslage nicht zu treffen, mir scheint aber die erste Möglichkeit wahrscheinlicher, da die Warenpreise im Normalfall recht konstant waren.

Sehr unterschiedlich waren die Preise für Sedj-Kleider, vielleicht eine Art

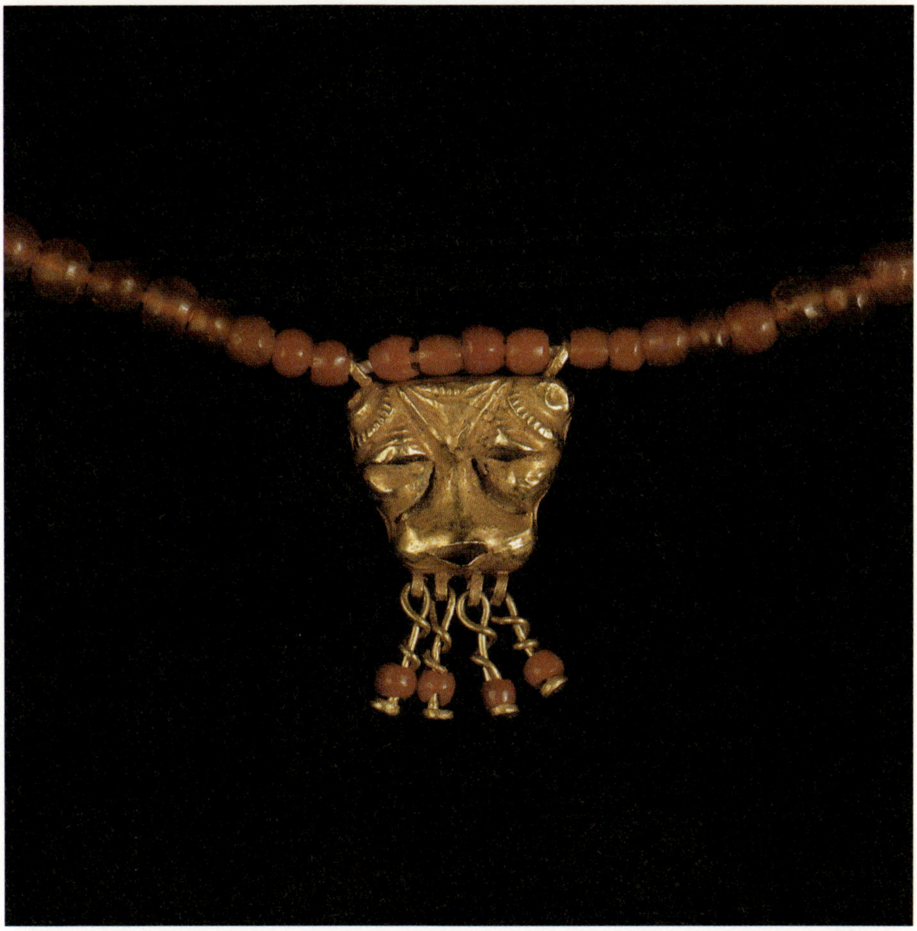

Goldanhänger in Gestalt eines Pantherkopfes, 18. Dynastie. Goldschmuck gehörte in Deir el Medineh nicht zu den Handelswaren. Bestenfalls durch Grabraub konnten die Arbeiter in den Besitz von Gold gelangen. Der Goldpreis lag viel zu hoch, um noch erschwinglich zu sein. Allein solch eine Kette wie die hier abgebildete dürfte mehr als das Jahresgehalt eines Arbeiters gekostet haben. Pelizaeus-Museum, Hildesheim.

Schurz, wie er oft auf altägyptischen Malereien und Reliefs zu sehen ist. Diese Preise schwankten zwischen 4 und 30 Deben, ohne daß eine Häufigkeitsmassierung bei einem bestimmten Wert festzustellen wäre. Durchschnittlich kostete das Kleidungsstück ca. 12 Deben, obwohl gerade dieser Preis niemals belegt ist.
In der Zeit Amenophis' III. wurde dieses Kleidungsstück sogar nur mit 2

Deben bewertet. Man erkennt daran, daß es in Material und Verarbeitung bzw. Verzierung ganz unterschiedlich hergestellt wurde.
Djayt-Stoffe kosteten 20–60 Deben, wobei meistens 20–30 Deben zu bezahlen waren, die höheren Preise bildeten die Ausnahme. Auch die Preise für einfache Kopftücher schwankten außerordentlich stark: 4–20 Deben für ein Kopftuch sind belegt. Dasselbe gilt auch für ein „Rudju" genanntes Kleidungsstück , dessen Preise zwischen 2 1/2 und 20 Deben ja nach Stoffart und Qualität schwankten.
Konstant bei 5 Deben (nur einmal 7) lagen die Preise für Leinenbinden; ein einfachster Arbeiterschurz kostete sogar nur 1 Deben. Ein Bettlaken, das gewöhnlich aus glattem Stoff, in der Regel aus Leinen hergestellt wurde, kostete 7–33 Deben, meistens um 10 Deben. Derselbe Preis ist auch in der 17. Dynastie einmal belegt, und sogar in der 6. Dynastie schon kostete solch ein Laken ebenfalls um 10 Deben. Besonders an diesem Objekt sieht man die Konstanz altägyptischer Warenpreise über viele Jahrhunderte hinweg ganz deutlich.
Ein ganz wichtiges und entsprechend oft genanntes Handelsgut waren Sandalen. Man unterschied Männer- und Frauensandalen und bewertete natürlich auch unterschiedliche Materialien verschieden. Normalerweise wurden Sandalen aus Binsen oder Stroh geflochten, seltener wurden sie auch aus Leder hergestellt. Einfache Binsensandalen kosteten immer 2 Deben, waren sie jedoch aus Leder gefertigt, so konnte der Preis für das Paar ohne weiteres auf 4 oder 5 Deben ansteigen. Das ist aber nur selten belegt, denn solch teures Schuhwerk konnten sich die Handwerker mit ihrem Einkommen normalerweise nicht leisten.
Nicht allzu häufig wurden Objekte des gehobenen Bedarfs oder gar reine Luxuswaren in Deir el Medineh gehandelt, was natürlich mit der wirtschaftlichen Situation der Arbeiter zusammenhängt. Daher liegen nur wenige Preise für Schmuck und Toilettartikel vor. Eine Rasierklinge kostete z.B. 1–2 Deben, ein Spiegel aus poliertem Kupfer wurde einmal für 6 Deben erhandelt, ein Kamm aus Elfenbein kostete 2 Deben, ein Fächer 1 Deben und ein Kosmetikstäbchen zum Auftragen von Schminke kostete ebenfalls 1 Deben Kupfer.
Schmuck war naturgemäß sehr unterschiedlich bewertet. Ein Halskragen aus einfachen Fayenceperlchen kostete einmal 5 Deben. Denselben Preis hatten auch kleine Bronzeringe, die aber auch noch billiger sein konnten (einmal wurde 3 Deben für einen Ring bezahlt). Amulette, wohl aus Fayence hergestellt, kosteten nur 1 Deben; belegt sind diese Preise für ein Falkenamulett und ein Amulett zur glücklichen Geburt. Preise für größere und kostbarere Schmuckstücke sind aus unserer Arbeitersiedlung natürlich nicht bekannt.
Recht selten wurden auch Werkzeuge ge- und verkauft, denn die Arbeiter

erhielten alle Werkzeuge vom Staat. Da diese im Eigentum des Staates verblieben, war es verboten, mit ihnen zu handeln. Nur falls Werkzeuge und Geräte für den Eigenbedarf der Arbeiter hergestellt wurden, konnten diese auch verkauft werden. Dabei richteten sich die Verkaufspreise ausschließlich nach dem Metallgewicht und damit nach der Größe der Geräte. Meißel kosteten zwischen 3 und 7 Deben, wobei 7 Deben als Normalwert anzusehen sind. D. h. die Kupfermeißel wogen über 600 gr., was durch Funde von Meißeln aus dem Dorf selbst bestätigt worden ist. Große Hacken kosteten 60 Deben und Äxte 5–7 Deben. Die Preise für Messer und Lanzen lagen bei 3 Deben und sind außergewöhnlich selten belegt, da die Handwerker natürlich keine Waffen tragen durften und daher auch nicht in den Waffenhandel einzusteigen in der Lage waren.
Einen breiten Raum nehmen die Preise für Tiere und Nahrungsmittel ein, die im folgenden Abschnitt eingehender betrachtet werden sollen. Der Handel mit Tieren und tierischen Produkten war in Deir el Medineh recht intensiv. Die Handwerker besaßen selbst kein Land, so daß sie auch nicht in der Lage waren, Viehhaltung in größerem Stil zu betreiben. Sie mußten daher die Tiere von den Bauern oder von Zwischenhändlern erwerben, und diese Quittungen sind zu einem großen Teil erhalten geblieben.
Die Preise für Tiere schwankten erwartungsgemäß stark, da große Unterschiede im Wert vorhanden waren, bedingt durch Alter, Gesundheitszustand, Größe und Rasse des Tieres. Diese Unterschiede fielen bei größeren Tieren stärker ins Gewicht als bei kleineren, so daß beispielsweise die Rinderpreise viel stärker schwankten als die Preise für Kleinvieh oder Geflügel. Ziegen und Schafe kosteten zwischen 1 und 5 Deben, wobei ein Preis um 2 Deben als normal angesehen werden kann, denn nur besonders große Tiere kosteten mehr als 2 Deben, was in den Texten auch ausdrücklich vermerkt wurde. Preise für Ziegen liegen auch aus der Zeit Amenophis' III. vor, und da kann festgestellt werden, daß sie in dieser Zeit exakt dasselbe kosteten wie in der Ramessidenzeit.
Auch die Eselpreise waren recht konstant. Eine Eselin wurde mit 20–30 Deben, ein männliches Tier mit 26–40 Deben berechnet, wobei im Durchschnitt 25 bzw. 31 Deben zu bezahlen waren.
Sehr unterschiedlich waren die Preise für Großvieh. Kälber kosteten zwischen 16 und 30 Deben, kleinere Rinder zwischen 20 und 60 Deben und große, ausgewachsene männliche Rinder 100–140 Deben, während eine Kuh schon ab 20 Deben zu haben war. Das lag sicher daran, daß Ochsen als Lasttiere und Zugvieh benutzt wurden, während die Milchwirtschaft keine so große Rolle spielte. Dabei ist auffällig, daß in der späten 19. Dynastie Rinder allgemein recht billig, ab 24 Deben, zu haben waren, während seit der Regierungszeit Ramses' III. der Preis für ein ausgewachsenes männliches Tier bei 100–120 Deben lag. Auch in der 18. Dynastie waren Rinder

nicht sehr teuer. Sie kosteten in der Zeit Echnatons um 32 Deben. Derselbe Preis für ein Rind ist auch wenig früher in der Zeit Amenophis' III. belegt. Leider sind aus Deir el Medineh keine Fleischpreise belegt, da Fleisch zum einen zur Versorgung der Arbeiter gehörte und somit keine Handelsware war. Zum anderen war es so selten und teuer, daß die einfachen Handwerker es sich nur an besonderen Festtagen leisten konnten. Doch existiert ein Abrechnungspapyrus aus der Zeit der frühen 18. Dynastie. Etwa in der Regierungszeit Amenophis' II. oder seines Vaters Thutmosis' III. dürfte er niedergeschrieben worden sein. Dieser Text enthält fast ausschließlich Preise für Lebensmittel. Danach kostete ein Rinderkopf 2 Deben, das Fleisch eines großen Rindes — 3 Bratenstücke, 3 Rinderschenkel und das Rückenstück — wurde mit 1/2 Gold(!)-Schenati bewertet. Was in dieser Zeit knapp 1 Silber-Schenati oder 4 Kupferdeben entsprach. Leider wurde niemals das Gewicht des Fleisches angegeben, doch wenn man den damaligen Gesamtpreis eines Rindes mit ca. 30 Deben ansetzt, können die einzelnen Fleischstücke nicht allzu groß gewesen sein. Eine Amphore mit gepreßtem Fleisch, eine Art Fleischkonserve im Volumen von etwa 10 l, kostete immerhin 10 Deben Kupfer, während ein ganzer Rinderschenkel mit Knochen nur mit 2 Deben bewertet wurde.

Sehr selten sind in Deir el Medineh Schweinepreise belegt, da diese Tiere nur ungern verzehrt wurden. Sie galten als unreines Nahrungsmittel — eine erstaunliche Parallele zum Islam. Aus dieser allgemeinen Unbeliebtheit der Schweine resultierte auch der geringe Preis von 2–7 Deben je Tier. Geflügel gehörte zur normalen Versorgung der Handwerker durch den Staat und wurde daher recht selten gehandelt. Doch wenn es verkauft wurde, war es sehr billig, es war zum Stückpreis von 1/4 Deben zu haben und gehörte damit zu den billigsten Nahrungsmitteln im Dorf überhaupt. Zusammen mit Fisch war Geflügel das Grundnahrungsmittel in Deir el Medineh und wahrscheinlich in ganz Ägypten. Fisch war nämlich noch billiger als Geflügel, für 1 Deben Kupfer bekam man immerhin 6 Kilogramm Fisch von der billigsten Sorte. Höherwertiger Fisch war entsprechend teurer; die Menge, die man für 1 Deben Kupfer erhielt, konnte bis auf 50 g sinken. Dieser hohe Preis, der für einen „Adu“ genannten Fisch belegt ist, muß jedoch als Ausnahme angesehen werden.

Preise für andere Lebensmittel sind recht selten in der Siedlung belegt. Für einen 1/2 Sack Mehl mußten beispielsweise 4 Deben bezahlt werden, 20 Normalbrote kosteten 2 Deben, und für 25 große Brote mußten 5 Deben bezahlt werden. Kuchen war ebenfalls recht billig, denn für einen einfachen Kuchen (mit einem Gewicht von etwa 270 g) wurden 1/40 Deben bezahlt. Das war der niedrigste Preis, der jemals in Deir el Medineh für irgendeine Ware bezahlt wurde.

5 l Bier kosteten 2 Deben, während die Weinpreise bei 2 Deben pro Am-

Salzleckende Ziege, Grab des Merreruka in Sakkara, 6. Dynastie. Ziegen gehörten zu den weniger wertvollen Handelsobjekten in der Arbeitersiedlung. Für 2 Deben konnte eine gesunde erwachsene Ziege erworben werden.

phore zu 2 l (das Volumen dieser Amphoren ist nicht ganz sicher zu berechnen!) lagen. Honig kostete der halbe Liter 1 Deben, besonders gute Qualität konnte aber auch 2 oder 3 Deben kosten.
Auch Bohnen waren sehr billig, denn 1 Sack wurde mit 2 Deben bezahlt, und noch billiger war Gemüse aller Art. Eine „Handvoll" oder ein Bündel waren schon für 1/2, manchmal sogar für 1/4 Deben zu haben. Niedrig waren auch die Preise für Öle und Fette. 1/2 l Sesamöl kostete 1 Deben, Salböl der einfachsten Qualität wurde für 1/2 Deben angeboten. Frisches Fett war ebenfalls preiswert, denn der halbe Liter kostete zwischen 1/2 und 1 De-

ben, niemals mehr. Salz war dagegen recht teuer, 1 Sack wurde mit 8 Deben berechnet, was beispielsweise dem Vierfachen des Getreidepreises entsprach. 1 Hin Weihrauch kostete 1/4 Deben, und für eine Rolle Papyrus mußten 2 Deben bezahlt werden. Diese Papyrusrollen hatten eine Höhe von 40–48 cm und eine Länge von immerhin 4 m.
Die Preise für Metallgefäße richteten sich fast ausschließlich nach dem Gewicht. Die kleinsten Töpfe und Kessel kosteten 3–5 Deben, während die größten Kessel bis zu 70 Deben kosten konnten.
Wenn wir nochmals die Warenpreise zusammenfassen wollen, so ergibt sich folgendes Bild, das sich in tabellarischer Form am übersichtlichsten darstellen läßt. Objekte, die unterschiedliche Preise hatten, werden in der Tabelle entweder unter ihrem niedrigsten aufgeführt, oder aber es wird der „Normalpreis“ genannt, also der Preis, der mit Abstand am häufigsten bezahlt werden mußte. Alle Preise sind in Kupferdeben umgerechnet und angegeben. Man sollte sich daran erinnern, daß der Monatslohn eines Arbeiters bei 7, der eines Vorgesetzten bei 9,5 Deben lag, um die Preisangaben richtig einschätzen zu können.

Preistabelle

1/40	1 Kuchen
1/4	1 Hin Weihrauch, Geflügel pro Stück
1/4–1/2	1 Bund Gemüse
1/2	1 Hin Salböl, 1 Sieb und ein Gefäß, 1 Matte
1/2–1	1 Hin frisches Fett
1	1 Fächer, 1 Kosmetikstäbchen, 1 Amulett, 6 kg Fisch, 50 g sehr guter Fisch, 1 Hin Honig, 1 Hin Sesamöl, 1 Korb für 1/2 Sack Getreide, 1 Arbeiterschurz
1–2	1 Früchtekorb, 1 Rasierklinge
1–3	1 Holzkiste
1–5	1 Truhe
2	1 Liege, 1 hölzernes Oipemaß, 1 Paar Sandalen, 1 Kamm, 1 Ziege, 20 Normalbrote, 5 l Bier, 2 l (?) Wein, 1 Sack Bohnen (74 l), 1 Rolle Papyrus (4 m lang)
2–3	1 Fußschemel
2–7	1 Schwein
2,5–20	Rudju-Kleider
3	1 Denit-Korb, 1 Messer, 1 Lanzenspitze
3–5	Bronzeringe
3–70	Metallgefäße
4	1/2 Sack Mehl
4–5	1 Paar Ledersandalen
4–8	1 Stuhl

4–20	1 Kopftuch guter Qualität
4–30	Sedju-Kleider
5	1 Meses-Hemd, Leinenbinden, 25 Großbrote, 1 Halskragen
5–7	Äxte
6	1 Spiegel
7	1 Meißel
8	1 Sack Salz
8–10	1 Werkzeugkiste
10	1 Bettlaken, 1 Kleiderkiste
10–15	1 Ebenholzkiste
15	1 Frauenbett
16–30	Kälber
18	1 Sänfte
20	1 Männerbett, 1 Daju-Kleid
20–60	kleine Rinder, Djayat-Stoffe
25	1 Eselin, 1 Bett mit Matratze
31	1 Eselhengst
60	große Hacken aus Bronze
100–140	ausgewachsene, männliche Rinder

Diese Preisliste zeigt ganz deutlich, daß die Grundnahrungsmittel am billigsten waren. Kleinere, einfache und schmucklose Möbelstücke, Körbe und Toilettartikel waren ebenfalls für jedermann durchaus erschwinglich in dieser Siedlung. Doch für Kleider, besseres Schuhwerk, Metallgegenstände aller Art, Möbel usw. mußte schon 1 Monatsgehalt oder mehr aufgewandt werden. Am teuersten waren Tiere wie Esel und Rinder, sehr große Metallgefäße und natürlich hochwertige Kleidung. Wenn man sich überlegt, daß Rinder bis zum 20fachen eines Arbeiterlohns kosten konnten, kann man ermessen, welchen hohen Stellenwert Rinder in Deir el Medineh gehabt haben müssen.

Ein wichtiger Warenpreis fehlt noch in unserer Tabelle, der Getreidepreis. Hier liegt jedoch ein Problem bei der Ermittlung der Preise, so daß die altägyptischen Bewertungen für Getreide gesondert behandelt werden sollen. Das Problem liegt in der Eigenschaft des Getreides als Wertmesser, also in seiner Geldfunktion. Während man bisher von einer recht sicher erkennbaren Konstanz der Warenpreise sprechen kann, fällt der Preis für Getreide aus diesem Rahmen, denn er war teilweise erheblichen Schwankungen unterworfen, oben wurde bereits daraufhingewiesen. Die Gründe für diese Schwankungen lagen, wie oben dargelegt, in der Erhaltung der Kaufkraft der lohnempfangenden Arbeiter. Daher wurde der Wert des Getreides den schwankenden Ausgabemengen angepaßt. Wurde beispielsweise weniger Getreide als vorgeschrieben ausgegeben, stieg gleichzeitig der Wert im sel-

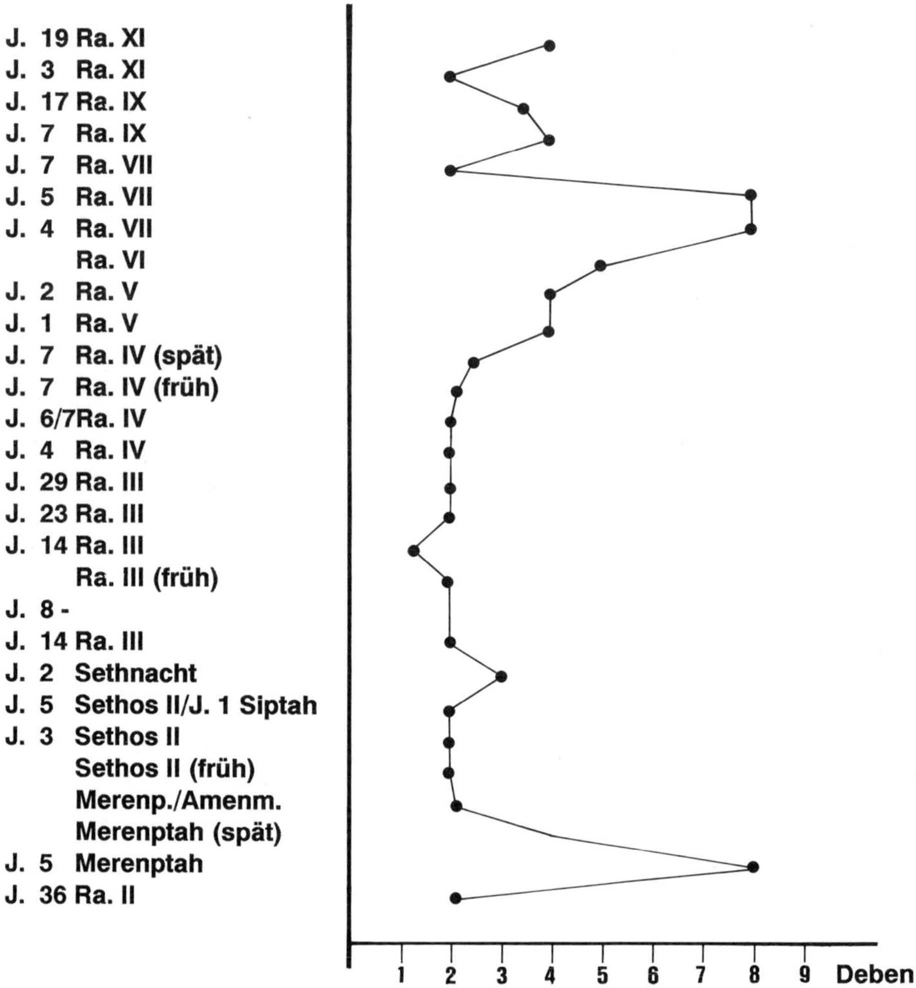

Tabelle der Gerstewertentwicklung

ben Prozentsatz. Umgekehrt fiel der Wert entsprechend, wenn wieder größere Mengen ausbezahlt wurden. Natürlich funktionierte diese Anpassung nicht immer reibungslos, was dann in der 20. Dynastie zu den Arbeiterstreiks beitrug.
Die Entwicklung des Gerstewertes ist in der folgenden Tabelle für die Zeit der 19. und 20. Dynastie abzulesen. Alle Werte werden in Kupferdeben angegeben, wobei ein Silberschenati zu 4 Deben Kupfer umgerechnet ist.
Diese Gerstewertkurve läßt einige interessante Schlüsse zu. Ein erstes Maximum hatte der Gerstepreis in der Zeit des Merenptah. Wir wissen, daß die-

ser König große Mengen an Getreide an das Hethiterreich lieferte, da dort eine Hungersnot herrschte. Seit dem Friedensvertrag zwischen Ramses II. und dem Hethiterkönig Hattusilis III. im Jahre 1269 v. Chr. waren beide Länder zur gegenseitigen Hilfeleistung verpflichtet. Und noch Jahrzehnte später kam der Ramsessohn Merenptah als Pharao von Ägypten dieser Vertragsverpflichtung nach. Doch die Getreidelieferungen führten, so dürfen wir annehmen, in Ägypten zu einer deutlichen Verknappung, die sich in dem gesteigerten Wert widerspiegelte. Als dann die Ägypten entzogenen Mengen verkraftet waren, konnte der Preis für die Gerste unter den Nachfolgern des Merenptah wieder auf den üblichen Wert von 2 Deben zurückgenommen werden ohne erkennbare negative Folgen für die Wirtschaft des Landes.

Ein erneuter Preisanstieg ist in der Zeit des Sethnacht festzustellen. Dieser König kam erst nach langen innenpolitischen Auseinandersetzungen an die Regierung, und er beschuldigte nach seinem Sieg seine ehemaligen Gegner, darunter einen bedeutenden Syrer namens Bay, den Kanzler des Siptah und der Königin Tausret, sie hätten Ägypten ausgeplündert. Eine Stele aus dem Jahr 2 des Sethnacht vermerkt kurz:

„Ägypten war in Unordnung, Ägypten hatte Gott vergessen."

Und an anderer Stelle heißt es über diese Zeit der inneren Kämpfe:

„Das Land Ägypten wurde umgestürzt von außen. Jedermann war sich selbst Gesetz. Sie hatten keine Vorgesetzten für viele Jahre. Das Land Ägypten wurde beherrscht von ‚Großen' und von ‚Stadtherrschern', Gewalttätigkeiten fanden statt. Danach kam eine Zeit von leeren Jahren und Irsu, ein Syrer, war ‚Großer'. Er beherrschte das Land und (seine) Gesinnungsgenossen plünderten den Besitz Ägyptens."

Wenn auch der Text nach diesen Ereignissen, aus der Sicht des Siegers Sethnacht geschrieben wurde und sicherlich propagandistisch überzeichnet, so ist es gewiß, daß in Ägypten keine geordneten Verhältnisse herrschten. Das führte natürlich u. a. zu Problemen bei der Verteilung der Güter an die Menschen und im Gefolge auch zu Minderlieferungen von Getreide an die Arbeiter von Deir el Medineh. Diese geringeren Lieferungen wurden jedoch durch einen höheren Wert der gelieferten Mengen kompensiert, so daß keine reale Kaufkraftverminderung bei den Arbeitern eintrat — es ist daher bezeichnend, daß wir in dieser Zeit nichts von Streiks u. ä. hören.

Seit dem Jahr 7 Ramses' IV. stieg der Gerstewert kontinuierlich an. In dieser Zeit gab es große innenpolitische Probleme im thebanischen Bereich. Hinzu kamen mehrere Einfälle von Nomaden in die Thebais, einmal wurde Deir el Medineh selbst angegriffen und mußte von den Arbeitern mit der Waffe in der Hand verteidigt werden. All das dürfte zu einer erneuten Verknappung des Getreides geführt haben und damit wieder zu einer Wertsteigerung, wie es die Texte auch erkennen lassen. Der Versuch Ramses' VII.,

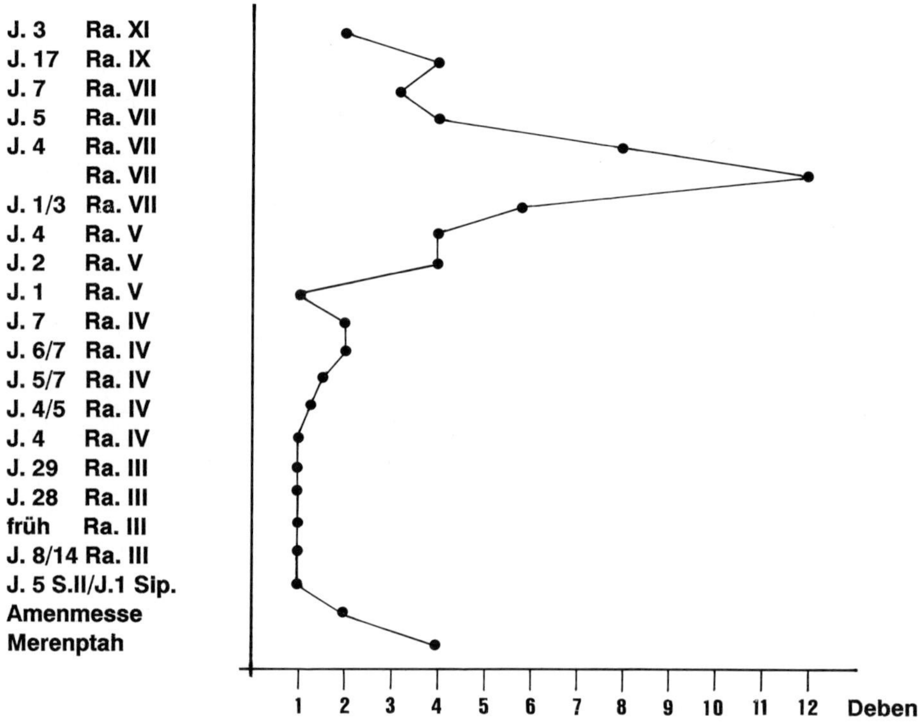

Tabelle der Emmerwertentwicklung

in seinen letzten Jahren den Gerstewert wieder zu reduzieren, schlug fehl, denn in den Wirren der ausgehenden 20. Dynastie konnte der Normalwert von 2 Deben niemals über längere Zeiträume hinweg beibehalten werden. Das kann man an den Daten der Kurve deutlich erkennen.

Ganz ähnlich wie der Gerstewert verhielt sich auch der Wert für Emmer, was aus folgender Abbildung ersichtlich ist. Dabei muß der allgemein niedrigere Wert dieses Getreides berücksichtigt werden, er lag im Normalfall bei 1 Deben pro Sack. Außerdem fielen Wertveränderungen bei diesem Getreide nicht so sehr ins Gewicht, da Emmer zwar in großer Menge als Lohn an die Arbeiter ausgegeben wurde, dennoch finden wir es ganz selten nur als Bezahlung für Waren. D. h. im Gegensatz zur Gerste spielte Emmer als Wertmaßstab und Vorgeldform keine so bedeutende Rolle. Daher kam es, daß die Anpassungen des Wertes an die gelieferten Mengen nicht so exakt erfolgten, wie das beim Gerstewert der Fall war. Dennoch kann man sagen, daß Emmerpreise und Gerstepreise sich sehr ähnlich verhielten.

Abkürzungen in der Tabelle wie vorher beim Gerstewert.

Das wichtigste Resultat aus der Beobachtung altägyptischer Warenpreise ist zweifelsohne die Feststellung einer Preiskonstanz, einer Unveränderlichkeit der Preise über große Zeiträume hinweg. Alle Objekte, die in Material, Verarbeitung, Verzierung und Herstellung gleich waren, hatten immer denselben Preis. Man vergleiche nur die Preise für Hemden und Körbe. Am auffälligsten ist die Preiskonstanz bei denjenigen Waren, von denen Preise auch vor der Ramessidenzeit vorliegen. Ziegen beispielsweise kosteten in der Zeit Amenophis' III. dasselbe wie später. Das gilt auch für einige Stoffarten und einige Kleidungsstücke. Dabei ist besonders augenfällig die Preisgestaltung beim Jefed-Stoff, der seit der 6. Dynastie unverändert 2,5–3 Silber-Schenati kostete. Das ist eine Preiskonstanz über einen Zeitraum von über einem Jahrtausend hinweg, ein sehr eindrucksvolles Beispiel.
Gerade die Unveränderlichkeit der Warenpreise sagt einiges über das altägyptische Wirtschaftssystem aus. Man überlege sich, wie die Preise in einer freien Marktwirtschaft im Idealfall gebildet werden. Grundsätzlich richten sie sich nach Angebot und Nachfrage. In der modernen Volkswirtschaftslehre wird als Gesetz formuliert:
„Steigt die Nachfrage, so steigen Preise und Menge ebenfalls. Fällt die Nachfrage, so fallen Preise und Menge auch. Steigt das Angebot, so steigt die Menge, während der Preis fällt, fällt das Angebot, so fällt die Menge bei steigenden Preisen."
Kann dieses Gesetz bei der Preisgestaltung im Alten Ägypten Anwendung gefunden haben? Wenn ja, müßten bei Veränderungen von Angebot und/oder Nachfrage Preisveränderungen festzustellen sein. Vielleicht nicht am Einzelbeispiel, aber wenigstens ein klarer Trend zu einem anderen Preis müßte erkennbar sein. Wieder am Beispiel unserer Arbeitersiedlung wollen wir einige Möglichkeiten durchspielen. Dabei gehe ich von der Überlegung aus, daß die Wirtschaft in Deir el Medineh relativ abgeschlossen war; Beziehungen nach außen waren kaum — und wenn, dann ausschließlich über die Vorgesetzten — vorhanden. D. h. die Anzahl aller Dorfbewohner war die relativ konstante Nachfragerzahl, die angebotene Menge an Waren dürfte ebenfalls recht konstant gewesen sein.
Wie wir aus dem Streikpapyrus erfahren haben, bemängelten die Handwerker u. a. das Fehlen von Kleidung. Ökonomisch interpretiert hieß das nichts anderes, als daß bei vorhandener, unveränderter Nachfrage das Angebot an Kleidung (hier aus den Lieferungen des Staates) zurückgegangen war. Nach dem Gesetz von Angebot und Nachfrage müßten demzufolge die Kleiderpreise einen steigenden Trend aufgewiesen haben — genau das aber war nicht der Fall. Wie die Texte ganz eindeutig zeigen, blieben alle Stoff- und Kleiderpreise in der Zeit der Streiks völlig unverändert. D. h. in dieser Situation einer Verringerung des Angebots verhielten sich die Preise nicht nach dem Gesetz von Angebot und Nachfrage.

Wieder im Streikpapyrus wurde vermerkt, daß die Arbeiter nur den halben Lohn erhielten. Da der Getreidewert noch unverändert blieb, (vgl. oben die beiden Tabellen), kam das einer Einkommensverschlechterung gleich, die zu einer Verringerung der Nachfrage und somit nach dem ökonomischen Gesetz zu Preisnachlässen hätte führen müssen. Doch die Warenpreise blieben konstant und verhielten sich wieder nicht nach dem Marktmechanismus. Die Halbierung des Lohnes ging daher einzig und allein zu Lasten der Lohnempfänger. Gerade darin ist einer der Hauptgründe für die ausbrechenden Streiks zu sehen.
Ein weiterer Anlaß für Preisveränderungen wäre ein Fallen oder Steigen der Nachfrage gewesen. Im realtiv isolierten Wirtschaftsgebiet von Deir el Medineh war das gleichbedeutend mit einer Veränderung der Zahl der Handwerker. Obwohl solche Änderungen mehrfach vorgenommen wurden, einmal wurde die Zahl der Arbeiter sogar verdoppelt, hatte das keinerlei Einfluß auf die Preisgestaltung.
Die Nachfrage kann auch durch Einkommensverbesserungen gesteigert werden. Diese Möglichkeit hatten die Handwerker durch den Grabraub. Die Plünderungen der Gräber ihrer Vorfahren setzte Werte frei, die dem Wirtschaftskreislauf zugeführt wurden und eigentlich zu deutlichen Preissteigerungen hätten führen müssen. Doch ein ganz anderer Trend ist in dieser Situation auszumachen: Die Preise blieben auch zu den Zeiten der großen Grabräubereien, also in der Regierungszeit Ramses' IX., konstant. Da auch die Warenmenge nicht verändert wurde, fragt man sich, was mit den Werten, die aus den Gräbern geraubt wurden, passiert ist. Ein Teil wanderte sicherlich sofort wieder in die Gräber der Räuber, die auf diese Art zu einer billigen Grabausstattung kamen. Der weitere, für uns interessantere Teil diente dem Erwerb von Konsumgütern. Dabei ist ein eindeutiger Hang zum höherwertigen Konsumgut zu beobachten. Gerade am Ende der 20. Dynastie wurden die teuersten Kleider gekauft. Besonders auffällig ist diese Veränderung im Konsumverhalten der Arbeiter beim Weinkauf zu erkennen. War bislang Wein ein Getränk, das sich nur die Oberschicht leisten konnte — besonders teuer war süßer Wein, der mit Honig vermischt wurde —, so hören wir in dieser Zeit, daß einfache Handwerker dieses Getränk trotz des enorm hohen Preises kauften. Durch ihre Beute waren sie in der Lage, durch Kauf an ein wichtiges Statussymbol zu gelangen — ein im Alten Ägypten einmaliger Vorgang.
Ebenso erwarben einfache Leute jetzt erstmalig Land und Dienerinnen, und durch Getreidekäufe in Theben waren sie in der Lage, die Fehler der Verwaltung individuell zu korrigieren. Auffällig ist außerdem, daß nur in der Zeit der großen Grabräubereien die Arbeiter Waren mit Gold bezahlten, das sie nur aus den Gräbern gestohlen haben können, denn Gold wurde niemals an sie als Lohn bezahlt. In dieses Bild paßt auch, daß die höch-

Vier goldene Kettenanhänger, Spätzeit. Solche Schmuckteile waren üblicherweise Bestandteil der Grabausstattung höherer Beamter oder — wie in diesem Fall — von Mitgliedern der Herrscherfamilie.

sten Preise für Möbel und Särge aus dieser Zeit stammen, was den Trend zum hochwertigen Gut deutlich werden läßt.
Man kann feststellen, daß die ägyptischen Warenpreise konstant waren und sich nicht durch das freie Spiel der Kräfte an einem Markt bildeten. Vielmehr waren sie wahrscheinlich durch die Behörden festgesetzt. Damit kann man mit großer Sicherheit behaupten, daß das Wirtschaftssystem ganz bestimmt keine freie Marktwirtschaft im modernen Sinne war. Dieses System war gekennzeichnet durch einen hohen Grad an ökonomischer Unfreiheit und Abhängigkeit des einzelnen von der Verwaltung.

Großen Wert legten die Ägypter zu allen Zeiten auf eine kostbare und umfangreiche Grabausstattung. Davon machten auch die Handwerker von Deir el Medineh keine Ausnahme. Wann immer sie dazu in der Lage waren, kauften sie die Dinge ein, die zu einer Grabausstattung gehörten. Die Preise für diese Dinge waren naturgemäß sehr unterschiedlich, da sie stark von der Qualität und vom Material der Objekte abhingen. Ich gebe im folgenden die belegten Preisgrenzen an, wobei diese Grenzen keine allgemeine Gültigkeit haben können, da aus Deir el Medineh eben nur die Preise belegt sind, die die Arbeiter für ihre Grabausstattungen bezahlen konnten. Beamte, Priester oder Mitglieder der Köngisfamilie waren natürlich in der Lage, sehr viel kostbarere Objekte in ihre Gräber zu geben.
Sargpreise sind in unserer Handwerkssiedlung sehr häufig belegt. So kosteten Särge mit mumienförmigem Deckel zwischen 8 und 200 Deben, je nach Ausführung der Bemalung und der Verzierungen. Am häufigsten wurden für Särge 20–25 Deben bezahlt. Dabei war der größere, äußere Sarg billiger als der kleiner, innere, der jedoch sehr viel kostbarer und sorgfältiger gearbeitet war, denn in ihm lag ja die Mumie, der Verstorbene selbst. Den hohen Preis von 200 Deben zahlte gegen Ende der 20. Dynastie ein Schreiber für seinen Sarg. Allein das Holz zum Bau eines Sarges wurde mit 4–5 Deben berechnet, die Dekoration kostete zwischen 5 und 20 Deben, meistens um 10, und die Zimmermannsarbeit wurde mit 2–15 Deben, im Durchschnitt mit 8 Deben Kupfer entlohnt.
Die Mumienmasken, die im innersten Sarg Kopf und Oberkörper des Toten bedeckten, kosteten 15–40 Deben, meistens um 20. Sie waren natürlich nicht aus Gold gearbeitet, wie wir das aus den Königsgräbern kennen, sondern aus Holz oder Pappe, die bemalt wurden. Die Verzierung oder Bemalung solch einer Mumienmaske wurde mit 2–7 Deben bezahlt.
Preise für Sarkophage sind äußerst selten belegt, da diese in der Nekropole der Arbeitersiedlung kaum verwendet wurden. Einmal wurde ein Sarkophag mit 21 Deben berechnet. Somit kann man feststellen, daß allein für Särge, Mumienmaske und Sarkophag 86–96 Deben zu bezahlen waren, immer die Durchschnitsspreise angenommen. Nimmt man immer die höchsten Preise, so kommt man bis auf stolze 356 Deben für die Särge eines Schreibers.
Wie wir aus der Bestattung des Tutanchamun wissen, lagen die Särge auf hölzernen Betten. Preise dafür sind aus Deir el Medineh ebenfalls belegt. Sie lagen gewöhnlich bei 20–30 Deben, also erheblich über den Preisen für die Betten, in denen die Lebenden schliefen. In keiner Bestattung durften Uschebtis fehlen, das waren kleine Figuren von Arbeitern, die für den Toten im Jenseits alle anfallenden Arbeiten ausführen sollten. Wir kennen nur einen Preis von 40 primitiven Uschebtis, die alle zusammen nur 1 Deben kosteten. Ein hölzerner Uschebtikasten kostete einmal 2 Deben.

Die Eingeweide des Toten wurden in speziellen Gefäßen, den Kanopenkrügen, beigesetzt. Ihr Preis lag bei 3 Deben in einer sehr einfachen Ausführung. Die Haushaltsgegenstände, die einer Grabausstattung beigefügt werden mußten, kosteten 2–10 Deben, und ein Totenbuchpapyrus wurde mit 15–60 Deben berechnet. Auch die Totenstatuen waren recht teuer. Sie kosteten 5–15 Deben, ein einfacher Totenschrein mußte mit 5 Deben bezahlt werden. Eine bronzene Figur der Göttin Isis hatte einmal einen ungewöhnlich hohen Preis: 195 Deben gab ein Schreiber für solch eine Statue aus, die er dann ebenfalls seiner Grabausstattung beifügte.
Alles zusammengerechnet, mußte für die Grabausstattung rund 130 Deben aufgewendet werden, ohne Kleidung, Nahrungsmittel, Möbel und Werkzeuge zu berechnen. Schließt man diese Dinge noch ein, so kam schon eine einfachste Grabausstattung auf mindestens 200–250 Deben, also etwa 30–35 Monatslöhne eines Handwerkers. Berücksichtigt man, daß jeder Arbeiter von seinem Lohn natürlich seinen monatlichen Bedarf zu decken hatte, so wird ersichtlich, daß er viele Jahre lang arbeiten mußte, um sich seine Grabausstattung kaufen zu können.
Rechnet man bei allen Preisen einmal die maximalen Werte (bei Uschebtis usw. wurde der 5fache Wert des belegten geschätzt) zusammen, so kommt man auf über 700 Deben, ohne die Kleidung, für die Grabausstattung eines Schreibers. Mit Kleidern, Schmuck, Amuletten, Statuen, Möbeln usw. können leicht 1000 Deben und mehr angesetzt werden. D.h. ein Schreiber mußte bei einem Monatslohn von 9,5 Deben über 100 Monatslöhne für seine Grabausstattung hinblättern. Das scheint kaum denkbar. Daher kann man mit Sicherheit auf einige einträgliche Nebeneinnahmen der Beamten schließen. Bestechung, Übervorteilung der Untergebenen, manipulierte Abrechnungen usw. sind bestens belegt. Hinzu kamen selbstverständlich die „Einkünfte“ aus dem Grabraub — alles zusammen ermöglichte den Beamten eine würdevolle Bestattung.
Dennoch: Alle diese Rechnungen erscheinen bescheiden im Vergleich zu den Grabausstattungen der Könige und der höchsten Beamten. Man erinnere sich, daß allein der Materialwert des innersten Goldsarges des Tutanchamun dem Wert von 35000 Arbeiterlöhnen entsprach. Leider haben wir keine Vorstellung vom Gesamtwert einer solchen Ausstattung, aber man kann mit Sicherheit sagen, daß auch für die Alten Ägypter unschätzbare Werte in den Gräbern verborgen lagen. Das war auch der Grund dafür, daß trotz strengster Strafen der Grabraub zu den einträglichsten Geschäften in Ägypten gehörte und leider gehört.
Zum Schluß möchte ich noch einige Besonderheiten nicht unerwähnt lassen. Praktisch nichts wissen wir zwar von den Preisen für Häuser und Land, dennoch kann man einige Ausagen treffen. Grundsätzlich war es in der Arbeitersiedlung so, daß die Handwerker ihre Häuser selbst bauten.

Dann gehörten sie ihnen auch, und niemand hatte einen Anspruch auf diese Häuser, der Eigentümer konnte sie beliebig vererben oder veräußern. So wurde einmal ein kleines Wohnhaus im Austausch für einen Sarg gegeben. In der späten 20. Dynastie konnten die Arbeiter sogar Bauland erwerben, was vorher undenkbar gewesen war. Dieses Land war anscheinend nicht einmal teuer, denn für ein Grundstück, dessen Größe leider nicht angegeben ist, mußten nur 5 Deben bezahlt werden. Häuserteile wie Türen, Pfosten, Säulen usw. waren — wenn auch selten — durchaus Handelsobjekte. Türen kosteten zwischen 1 und 8 Deben, je nach Ausführung und Größe, für hölzerne Türpfosten mußten 4–5 Deben bezahlt werden, ihre Bemalung kostete 1–2 Deben. Einmal wurde eine Säule für 3 Deben verkauft.
Eine ganze Reihe von Texten, die alle nicht aus Deir el Medineh stammen, nennt uns die Preise für Sklaven. Dabei dürfte es sich hauptsächlich um Kriegsgefangene gehandelt haben, die als lebende Kriegsbeute nach Ägypten gebracht worden waren. Thutmosis III. berichtete in seinen Feldzugsschilderungen, daß er viele Gefangene gemacht habe. Beispielsweise kamen allein aus der Eroberung von drei syrischen Städten 2503 Personen, Männer, Frauen und Kinder, nach Ägypten. Insgesamt wurden allein in der Zeit Thutmosis' III. über 100000 Kriegsgefangene nach Ägypten verschleppt. Die Zahlen für die nachfolgenden Könige dürften zwar nicht so hoch, aber immer noch ganz beträchtlich gewesen sein.
Eine andere Art, an Sklaven heranzukommen, bildeten die Tribute der unterworfenen Völker. Allein aus Syrien kamen zwischen 51 und 700 Personen im Rahmen der jährlichen Tributzahlungen nach Ägypten und, wie die Annalen Thutmosis' III. weiter notieren, kamen aus Nubien bis zu 134 Sklaven jährlich. Daneben gab es einen schwunghaften und sicherlich recht einträglichen Sklavenhandel. Außerdem kamen Sklaven in geringer Zahl auch als Geschenke ausländischer Fürsten und Könige nach Ägypten. König Tuschratta von Mitanni schickte einmal 30 Frauen zu Amenophis III., und König Kadeschmanelil von Babylon sandte 25 Frauen und 25 Männer. Während der Amarnazeit kam als Geschenksendung des Königs von Jerusalem eine größere Gruppe von über 100 Sklaven an den ägyptischen Hof. Die Liste ließe sich noch lange fortsetzen.
Diese Sklaven — und man wird sie im Gegensatz zu den oben behandelten Dienern und Dienerinnen so bezeichnen dürfen — wurden in Ägypten angesiedelt. Tausende verschwanden in den Arbeitshäusern des Palastes und der großen Tempel oder wurden vom König an verdiente Beamte weitergegeben. So sagte Thutmosis III.:
„(Ich überweise dem Amuntempel Gefangene), um sein Arbeitshaus zu füllen als Hörige, um in ihm (dem Arbeitshaus) oberägyptisches Leinen, Pahet-Stoffe, weiße Stoffe, Secheru-Stoffe und Wemet-Stoffe herzustellen. Sowie zur Feldbestellung für die Arbeit auf den Domänen, um Korn anzubauen zum Füllen der

Speicher der Gottesopfer. (Es folgt eine leider nur fragmentarisch erhaltene Liste mit den genauen Zahlen der Sklaven.)"
Inschriften dieser Art existieren von vielen Königen des Neuen Reichs. Allein Ramses III. stiftete in seiner 32jährigen Regierungszeit 86 486 Personen für den großen Amuntempel von Karnak. Der Retempel von Heliopolis erhielt im gleichen Zeitraum 12 963 Sklaven, der Ptahtempel von Memphis 3 029, und die vielen kleineren Provinztempel erhielten zusammen 5 811 'Köpfe', zusammen fast 110 000 Personen.
Mit der Verpachtung der Arbeitskraft dieser Sklaven wurde ein schwunghafter Handel getrieben, wie ein Text aus der Zeit Amenophis' III. zeigt:
„Verkaufsabmachung, die Naj mit ihrem Bruder abschloß, dem Reinigungspriester des Amun Iahmj. Es werden ihr gegeben 10 Silber-Schenati als Preis für 10 (Arbeits-) Tage der Sklavin Ascha-ihet."
Urkunden dieses Inhalts sind mehrfach erhalten. Demzufolge wurde der Arbeitstag einer Sklavin mit 1–2 Silber-Schenati berechnet, das waren in dieser Zeit 16 Kupferdeben. Eine Sklavin zu kaufen, war natürlich erheblich teurer, denn der Preis für einen Menschen lag im Ägypten des Neuen Reichs bei etwa 400 Kupferdeben.
Eine ganz besondere Art von Preisen stellten in Deir el Medineh die Eselsmieten dar. Wenn man so will, waren die Mieten eine Kapitalverzinsung. Diese Eselsmieten und die Streitereien, die damit oft verbunden waren, bilden eine große Gruppe der Texte aus der Arbeitersiedlung.
„Geben des Esels des Churi an den Holzfäller Pawedehet für seine Arbeit mit seiner Ausrüstung, macht täglich 1/2 Oipe (Gerste)."
Damit haben wir den Mietpreis für einen Esel, nämlich 1/2 Oipe Gerste oder 1/4 Deben Kupfer pro Tag. Bei einem Durchschnittspreis von 31 Deben für einen Eselhengst amortisierte sich der Kaufpreis also in 124 Tagen. Das Problem bestand daher nur darin, bei einem Monatslohn von 7 Deben den Kaufpreis aufzubringen. Außerdem kostete der Esel noch Futtermittel, die der Besitzer von den Bauern kaufen mußte. Hinzu kam ferner, daß es ja fraglich war, ob der Esel würde vermietet werden können, denn nur dann brachte er seinem Herrn auch einen Ertrag.
Derjenige, der den Esel mietete, war für das Tier voll verantwortlich. Starb der Esel, so mußte voller Ersatz in Geld geleistet werden, dasselbe galt auch bei der Erkrankung des Tieres oder bei etwaigen Verletzungen.
„Jahr 22 (Ramses' III.), 2. Monat der Sommerzeit, Tag 5. Gerichtshof dieses Tages: die vier Inspektoren des Inneren, die vier Inspektoren des Hafens. Es erstattete ihnen der Arbeiter Chaemnu Anzeige:
'Der Wasserträger Penniut hat meine Eselin und ihr Füllen weggenommen (d. h. gemietet), und sie sind bei ihm gestorben. Das ist bereits viermal im Gericht angezeigt worden, und er ist viermal für mich verurteilt worden, die Eselin und das Füllen zu bezahlen. Er hat mir aber nichts gegeben."

Seine Aussage wurde gehört, wobei der (der Wasserträger) sagte: ‚Der Arbeiter hat recht. Ich bin tatsächlich zu seinen Gunsten verurteilt worden.'
Die Strafe wurde für ihn festgesetzt."
Das Verleihen von Eseln war ein so lukratives Geschäft, daß auch Tiere aus den großen Herden der Tempel und des Königs vermietet wurden. Aber sehr oft hören wir, daß der vorher vereinbarte Mietzins nicht entrichtet wurde, und es gab lange Gerichtsverhandlungen und Klagen über die ausstehenden Beträge:
„Übergabe des Esels an Usermaatrenacht für seine Arbeit. Er brachte ihn mir zurück im 1. Monat der Sommerzeit, Tag 15. (Doch) keine (einzige) Sache (als Bezahlung) ist durch ihn gegeben worden."
Die Notiz ist fast typisch zu nennen. Die Gerichte stellten zwar oft genug fest, daß der Beklagte im Unrecht sei und zu zahlen habe, doch bis dann der Vermieter schließlich sein Geld erhielt, vergingen manchmal Monate und Jahre. Nicht einmal drakonische Strafen konnten die Zahlungsmoral verbessern. Z. B. verdoppelte sich die Darlehenssumme Jahr für Jahr, wenn der Schuldner nicht bezahlte. Das führte aber nicht etwa zur schnelleren Tilgung der Schuld, sondern eher zu zeitgewinnenden Prozessen. Dennoch: trotz aller Probleme gab es keinen Zweifel, daß die Vermietung von Eseln, aber auch von Rindern oder Sklaven zu den besten Geschäften gehörte, die es im Alten Ägypten gab.
Da gerade auch die An- und Verkäufe das Rechtswesen im Alten Ägypten nicht unwesentlich tangieren, soll an diese Stelle ausführlich auf Recht und Gesetze in Ägypten eingegangen werden, wobei wiederum das Deir el Medineh-Material im Vordergrund stehen wird.

Der rechtliche Rahmen

Recht und Gesetz

Basis für das altägyptische Recht war die Maat, die gerechte Weltordnung, welche die Götter dem Land gegeben hatten. Der König war als Vertreter der Götter auf Erden der Garant für die Durchführung dieser „Verfassung“. Allein der König besaß das dogmatische Wissen um den Willen der Götter; daraus folgte, daß nur er die Maat verwirklichen konnte, woraus staatsrechtlich seine Herrschaftslegitimation resultierte. Um die Maat durchzuführen, hatten die Götter dem Herrscher besondere Fähigkeiten und Macht verliehen, deren äußere Zeichen die Herrschaftsinsignien darstellten. Aus dieser göttlichen Macht heraus — und in der Zeit des frühen Alten Reichs wurde der Pharao selbst als Gott angesehen, später nur noch als Sohn des Gottes — hatten alle Königsbefehle gesetzesähnlichen Charakter. Jedes Wort des Herrschers war absolut bindend, war Gesetz und mußte von jedermann befolgt werden, sei er Vezir oder Bauer. Dieser Imperativ ging einher mit der Unfehlbarkeit des königlichen Wortes. Dieses Dogma kam sehr deutlich in der altägyptischen Geschichtsschreibung zum Ausdruck. Grundsätzlich wurden historische Texte zum Teil erheblich nach den Ereignissen, die sie behandeln, verfaßt, was sogar für die sogenannten Kriegstagebücher Thutmosis’ III. gilt. Inhaltlich wurden diese Annalen zu allen Zeiten nach dem selben Grundmuster gestrickt: Der König zieht für seine Entscheidungen die Vorschläge seiner Berater ein. Diese raten nun grundsätzlich falsch, und der Herrscher entscheidet nach seinem Gutdünken. Daß er damit Erfolg hat, beweisen dann die Ereignisse, wie sie im Text geschildert werden. Dabei schreckten Pharaonen wie Ramses II. auch nicht vor offensichtlichen Geschichtsverfälschungen zurück, wenn man sich seine Berichte über seinen ‚großen Sieg‘ über die Hethiter in der Kadesch-Schlacht ansieht. Das war vom Dogma her auch nicht anders zu erwarten, da der König als einziger im Besitz der Maat war und den Willen der Götter kannte. Zahlreiche Texte dieser Art sind erhalten und müssen mit großer Vorsicht analysiert werden, um sie der Propaganda zu entkleiden und den eigentlichen historischen Fakten auf die Spur zu kommen.

Da Ägypten als komplexes Staatsgebilde nicht von einem einzigen Menschen verwaltet werden konnte, delegierte der König Macht an seine Beamten, die sich dann ebenfalls maatgerecht zu verhalten hatten, indem sie die nach dem Dogma unfehlbaren Beschlüsse Pharaos ausführten. Sie teilten damit aber auch das Wissen um die Maat mit ihrem Herrscher, und je ranghöher ein Beamter war, desto größer war dieses Wissen und desto näher reichten auch seine Beschlüsse an die Unfehlbarkeit heran. Doch blieb jeder Beamte immer vom König abhängig, jedenfalls in der Theorie.

Der König besaß die absolute Macht über Leben und Tod eines jeden Ägypters, er konnte frei über die Arbeitskraft verfügen, aber ihm oblag auch der Schutz der Bedürftigen und die Sorge für das Wohlergehen der Gemeinschaft, und er mußte die korrekte Durchführung der Kulte und Rituale sichern. All das gehörte in den Bereich der Maat, der auch jeder Herrscher unterworfen war und die ganz eindeutig seine Machtbefugnisse eingrenzte. Dennoch wurde dieses Grundgesetz, das das politische, religiöse und soziale Verhalten bestimmte, nie schriftlich fixiert, was aber auch nicht notwendig war, da ja allein der König die Maat kennen mußte und durfte, die so zu einem wichtigen Herrschaftsinstrument wurde. Erst das Kennen der Maat hob den König aus der Masse heraus.
Die alleinige legislative Macht lag im ägyptischen Staat beim Herrscher. Diese Macht war unteilbar, auch die höchsten Staatsbeamten durften keine Gesetze erlassen. Sie waren rein ausführende Organe, welche die Anwendung der Gesetze im Namen Pharaos durchsetzen mußten. Sie durften Bestrafungen gegen Gesetzesübertreter aussprechen, aber auch das nur in engen Grenzen, da bei Kapitalverbrechen der König als letzte Instanz die Urteile bestätigen mußte.
Trotz seiner fast unbegrenzten Machtfülle konnte es sich kein Pharao auf lange Sicht erlauben, Gesetze zu erlassen, die von großen Teilen der Bevölkerung als ungerecht empfunden wurden. Hier standen die Pharaonen vor ähnlichen Problemen wie Herrscher zu allen anderen Zeiten und in allen anderen Gesellschaften auch. Trotz seiner dogmatischen Unfehlbarkeit mußte jeder König gewisse Rücksichten nehmen, um regieren zu können. Zu Thutmosis III. sagten einmal seine Beamten:
„Du machst die Gesetze fest bis in alle Ewigkeit zur Zufriedenheit der Menschen. Du befriedigst die Bedürfnisse und gründest die beiden Länder (d.i. Ägypten), indem die Ämter an (ihren richtigen) Plätzen sind."
Damit bescheinigten die Beamten dem König maatgerechtes Verhalten, kluge Staatsorganisation und eine gerechte Gesetzgebung, worin sich Thutmosis III. nach allgemeiner Auffassung wohltuend von seiner Vorgängerin Hatschepsut unterschied.
Die Notwendigkeit, klug und weise zu regieren, führte auch König Achthoes in der 1. Zwischenzeit seinem Sohn und Nachfolger Merikare vor Augen. In einer viel zitierten, oben bereits angesprochenen Lehre gab er ihm Ratschläge, wie er erfolgreich regieren könne:
„Mache deine Beamten reich, damit sie deine Gesetze ausführen. Denn einer, der in seinem Haushalt reich ist, braucht nicht parteiisch zu sein, denn ein Besitzender ist einer, der keine Not leiet. Ein Armer jedoch spricht nicht nach der für ihn gültigen Maat. Der, welcher ‚Ach, hätte ich doch!' sagt, ist nicht rechtschaffen. Er ist parteiisch gegenüber dem, den er vorzieht, und er neigt sich dem Herrn seiner Bestechung zu."

Später fuhr Achthoes eindringlich fort und ermahnte seinen Sohn zu maatgerechtem Verhalten, indem er sagte:
„Handle maatgerecht, solange du auf Erden weilst. Beruhige den Weinenden, bedränge nicht die Witwe, verdränge keinen vom Eigentum seines Vaters und schädige nicht die Beamten in ihrer Stellung. Hüte dich vor ungerechter Bestrafung und töte nicht, denn das kann für dich nicht nützlich sein."
Damit unterstrich Achthoes ganz offensichtlich die Notwendigkeit, daß sich auch ein König der Maat unterwerfen mußte. Nicht einmal er durfte von der gerechten Weltordnung abweichen, denn dann — und das wissen wir aus späteren Texten — würden die Götter dem König die Maat entziehen und damit gleichzeitig seine Herrschaftslegitimation, was zum Zusammenbruch der Herrschaft führen mußte. Es war immer der schlimmste Vorwurf, ein König herrsche ohne Maat. So beurteilte man die Hyksosherrschaft und die der Königin Hatschepsut ebenso wie die des Echnaton in der Amarnazeit.
Die ganze Komplexität des Maatbegriffs wird offensichtlich in dem Satz „Ein Armer spricht nicht nach der für ihn gültigen Maat." Damit sprach Achthoes ein wichtiges Phänomen an, daß nämlich jede Gruppe in der Gesellschaft sich nach einer eigenen, gruppenspezifischen Maat zu verhalten habe. Somit wurden die Unterschiede der Bevölkerungsschichten ideologisch festgeschrieben, eine Veränderung kam einem Verstoß gegen die Maat gleich und konnte entsprechend geahndet werden. Der König mußte gemäß seiner Maat gerechte Gesetze erlassen, die Maat seiner Untertanen schrieb die Befolgung dieser Anordnungen vor. Mord und Totschlag beispielsweise waren für jedermann Verstöße gegen die Maat außer für den König, der als einziger die Todesstrafe verhängen durfte und sich dennoch in Einklang mit der göttlichen Ordnung befand. Gefordert war die Unterstützung Bedürftiger durch die Wohlhabenden, und dennoch lebten weite Teile der Bevölkerung am Rande des Existenzminimums. Bestechung war ein herber Verstoß gegen die Maat und trotzdem eine lukrative Einnahmequelle für die Beamten. Jeder König sollte seine eigenen Bauten und Statuen errichten und die seiner Vorgänger unangetastet lassen — die Usurpation von Statuen, Gräbern und ganzen Tempeln wurde spätestens nach dem Alten Reich zum bedauerlichen Normalfall. Doch was sollte ein König machen, wenn er einerseits verpflichtet war, Tempel zu bauen, Statuen zu errichten und Gräber anzulegen, ihm jedoch andererseits die ökonomischen Voraussetzungen fehlten? Er verstieß gegen die Maat, um andere Bestimmungen derselben Maat zu erfüllen, und nach dem Vorbild des Herrschers verhielten sich auch seine Untergebenen. Allein aus diesem Grunde hatte es ganz gewiß Vorteile, daß die Maat nicht schriftlich fixiert war. So blieben die Interpretationsmöglichkeiten und die Chance der Gewichtung einzelner Bestimmungen erhalten. Nur so ist es zu verstehen, daß der Begriff Maat alle

Epochen überdauerte, doch ebenso sicher ist, daß zu jeder Zeit die Menschen etwas anderes unter der von den Göttern gegebenen Ordnung verstanden.

Zwei Arten von Gesetzen waren zu unterscheiden. Zum einen erließ der König Gesetze, die allgemein das Zusammenleben von Menschen nach bestimmten Regeln festlegten. Darunter fielen kriminelle Delikte, die bestraft werden mußten, aber auch Eigentumsübertragungen, also ein Vertragsrecht unter Aufsicht des Staates und seiner Behörden. Davon zu unterscheiden waren königliche Befehle, die sich auf ganz spezielle Dinge bezogen, wie Steuerbefreiungen von Tempeln, Schenkungen oder die Errichtung öffentlicher Gebäude. Auch diese Anordnungen hatten den Charakter von Gesetzen, so daß jeder, der sich beispielsweise vor einer Dienstverpflichtung zu drücken versuchte, als Gesetzesübertreter bestraft werden konnte. Das Strafmaß war bei beiden Arten von Gesetzen jeweils festgesetzt.

Der griechische Historiker Diodor berichtet (I,94), daß bereits König Menes, der seit der Ramessidenzeit als erster Pharao und Reichsgründer angesehen wurde, die ersten Gesetze aufschreiben ließ. Das ist zwar denkbar, da die Errichtung des Staates auch allgemeine Gesetze erforderte, doch läßt sich weder dieser Akt noch ein einziges Gesetz aus dem Quellenmaterial erweisen, da aus dieser frühen Zeit keine juristischen Texte vorliegen. Erhalten sind dagegen einige Königsbefehle zu speziellen Angelegenheiten aus dem späten Alten Reich. Dabei handelte es sich um Bestimmungen zur Steuerbefreiung von Tempeln, die, auf Stein geschrieben, in jenen Tempeln aufgestellt wurden und so den Rechtsanspruch der Institution bewiesen. Allgemeine Gesetze sind aus dieser Zeit nicht bekannt, erst im Neuen Reich wird die Belegsituation deutlich besser, da jetzt einige wenige Gesetze erhalten sind. Eine regelrechte Gesetzessammlung wie wir sie im babylonischen oder hethitischen Bereich kennen, ist jedoch bisher nicht entdeckt worden.

Die ältesten geschriebenen Gesetze Ägyptens sind auf einer Stele des Haremhab in Form eines Königsdekrets erhalten. Wahrscheinlich entsprang die Notwendigkeit, neue Gesetze zu erlassen, aus den Wirren der Amarnazeit, die erst mit Haremhab endgültig überwunden wurden. Im Text kommt das in einem Satz zum Ausdruck, der als Teil einer gewaltigen Lobhudelei Haremhabs ganz an den Anfang gestellt wurde:

„... *Mit dessen (Haremhabes) Beliebtheit die Erde überschwemmt ist. Die Maat ist zurückgekommen und hat sich mit ihm (Haremhab) vereinigt ...*“

In einer leider etwas beschädigten Passage des Dekrets heißt es dann weiter:

„*(Er hat die Gesetze) bestimmt für das Ausführen der Maat in den beiden Ländern. Er jubelt und küßt ihre (der Maat) Schönheit. Seine Majestät bedachte sich wegen des Schutzes des ganzen Landes (diese Gesetze, um) abzuwehren die Sünde und zu vertreiben die Lüge ... Sie (Beamte) brachten den (Schreiber) seiner*

Majestät. Da nahm er Binse und Papyrus, und er setzte es schriftlich auf, alles so, wie es seine Majestät gesagt hatte."
Es folgen dann 9 Gesetze, deren Verständnis teilweise durch Beschädigungen im Text erschwert ist. So weit es möglich ist, werden diese einzigen Gesetze aus dem Alten Ägypten wörtlich wiedergegeben. Gleich im ersten Paragraphen erfüllte Haremhab eines der Hauptgebote der Maat, die Schwachen zu schützen, und nahm seine eigenen Beamten an die Kandarre:
„*Wenn sich ein Lehnsmann ein Schiff mit seiner Ausrüstung herstellt, um die ‚Begleitung Pharaos' (eine Steuer) ausführen zu können ... und die Angestellten (des Versorgungsmagazins Pharaos kommen und nehmen) das Schiff weg und rauben das Geld, das als Abgabe gebracht wurde, so daß der Lehnsmann nun ohne Besitz ist ..., so befiehlt (Meine Majestät, davon abzulassen, denn das ist ein Verstoß) gegen die Gesetze Ägyptens. (Betreffend eines jeden Angestellten des Versorgungsmagazins, von dem man hört, er geht) und nimmt das Schiff eines Soldaten oder eines Menschen im ganzen Land weg, so vollziehe man das Gesetz an ihm mit Abschneiden der Nase und Verbannung nach Sile (d. i. die Grenzfestung nach Syrien im Ostdelta).*"
Unter dem Begriff Lehnsmann sind hier Bauern zu verstehen, denen man Felder zugewiesen hatte, um sie in die Lage zu versetzen, bestimmte Leistungen für den Staat zu erbringen. Sie waren darüber hinaus verpflichtet, Lastschiffe auf eigene Kosten auszurüsten, um ihre Ernteerträge in die Magazine zu transportieren. Üblich scheint in dieser Zeit die Beschlagnahme solcher Schiffe durch Staatsbeamte gewesen zu sein, was für den Lehnsmann eine Katastrophe gewesen sein muß. Verlor er dadruch ja nicht nur seinen Eigenbesitz, sondern auch noch die schon bereitgestellten Abgaben an den Staat, so daß er plötzlich als Schuldner registriert wurde. Den Fehlbetrag mußte er dann später nachliefern, was ihn und seine Familie in tiefste Armut stürzte. Das führte zu Unzufriedenheit und konnte den König selbst in innenpolitische Schwierigkeiten bringen. Genau dagegen wandte sich das Gesetz zum Schutze der Bauern gegen die Beamtenwillkür. Ganz ähnlich war der Inhalt des zweiten Paragraphen, was die große Bedeutung zeigt, die nach Ansicht Haremhabs die Ausmerzung dieser Mißstände hatte. Von größter rechtspolitischer Bedeutung war ein kleiner Nachsatz in dem Gesetzestext: „..., *denn das ist ein Verstoß gegen die Gesetze Ägyptens.*" Hier begründete der Gesetzgeber seine Verordnung. Ein absolut herrschender Pharao warb um Verständnis für seine Gesetze und hoffte sie durch Aufklärung verständlich zu machen, so daß sie von der großen Masse als gerecht empfunden und akzeptiert wurden. Es wurden zwar die Gesetze von ganz oben diktiert, aber gleichzeitig auch erklärt und begründet. Das ist ein Zug, den man in einer absoluten Monarchie vordergründig kaum erwarten darf. Der König warb regelrecht für die gerechte Sache seiner Politik. Das ist jedoch gerade bei Haremhab aus seiner prekären innenpolitischen Situation

heraus leicht erklärbar. Er besaß keinerlei familiäre Bindung zur entmachteten Herrscherfamilie, somit fehlte ihm eine der traditionell wichtigsten Stützen der Herrschaft. Realpolitisch betrachtet war die Machtbasis des Haremhab das Militär, dem er als General und wahrscheinlich Oberbefehlshaber unter Tutanchamun angehörte, bevor er die Macht übernahm, vielleicht im Rahmen eines regelrechten Militärputsches. In seiner Gesetzgebung ist damit sicher auch der Versuch zu sehen, innenpolitisch zu überzeugen und sich damit unabhängiger vom Militär zu machen. Gleichzeitig unterstrich der König seinen Willen, gegen alle Widerstände die Maat zu verwirklichen und gerecht zu herrschen, sich also in den Rahmen der Tradition zu stellen und vielleicht so große Pharaonen wie Thutmosis III. oder Amenophis I. zum Vorbild zu haben.

Im 3. Paragraphen seiner Gesetze ging Haremhab gegen die übliche Praxis der Beamten vor, die Knechte von Bauern und Soldaten zu Zwangsarbeit heranzuziehen. Das sollte in Zukunft beschränkt werden. Behielt ein Beamter Knechte oder Mägde länger als 6 oder 7 Tage in seinem Dienst, so wurde er bestraft durch das Abschneiden der Nase und Verbannung nach Sile. Dieses Vorgehen war durchaus üblich und wurde auch durch die neuen Verordnungen Haremhabs nicht wirkungsvoll bekämpft, denn wenig später hören wir aus anderen Texten von ähnlichen Fällen. Es war für die Beamten sehr einfach, sich kostenlose Arbeitskraft zu besorgen, denn die einfachen Leute verfügten kaum über Möglichkeiten, juristisch gegen die Ungesetzlichkeiten vorzugehen, da die Machtverhältnisse in Ägypten dies weitgehend verhinderten. Keiner der Betroffenen konnte wirklich nachprüfen, ob ein Beamter im Auftrag des Königs zwangsrekrutierte oder in die eigene Tasche wirtschaftete. Hier könnte nur eine intensive Kontrolle durch den Staat die Einhaltung der Gesetze gewährleisten.

Der nächste Abschnitt beschäftigte sich mit der Besteuerung von Rindern. Dazu wurden jährlich die Herden gezählt und die Tiere mit einem Brandzeichen versehen. Starb ein Rind im Laufe des Jahres, mußte der Hirte als Beweis das unversehrte Fell aufbewahren und bei der Steuerschätzung vorlegen. Üblich war, daß die Beamten diese Felle schon vorher konfiszierten, so daß der Hirte später, wenn die Steuereintreiber kamen, in Rückstand geriet, da er den natürlichen Tod des Tieres nicht mehr durch das unversehrte Fell nachweisen konnte und daher zu Schadenersatz verpflichtet war.

„... wenn dann (der Rindervorsteher) Pharaos (kommt zum Veranstalten der Rindersteuer im ganzen Land), und er (die Haut von den Hirten) als Steuer (einziehen will), dann findet man diese Haut nicht mehr bei ihnen, obwohl man weiß, daß gegen sie ein Rückstandsanspruch besteht. Sie (die Hirten) müssen dann darauf vertrauen, (daß man ihnen glaubt), wenn sie sagen: ‚Sie sind uns weggenommen worden!' Das ist etwas Übles, man tue es nicht!

Ebenso, wenn der Rindervorsteher Pharaos kommt, um die Rindersteuer im

Modell eines pflügenden Bauern, Mittleres Reich. Die Bauern bildeten die große Masse des ägyptischen Volkes. Ihre soziale Lage war entsprechend schlecht. Beamtenwillkür und hemmungslose Ausbeutung waren an der Tagesordnung. Nur in den seltensten Fällen gelang es dem Bauern, seine Rechte gegen die Oberen durchzusetzen, obwohl es Gesetze zum Schutz der Bauern gegeben hat. Pelizaeus-Museum, Hildesheim.

ganzen Land durchzuführen, so holt er die Felle der gestorbenen (Rinder), die im (ganzen Land) sind, ab. Es hat (Meine Majestät befohlen, davon Abstand zu nehmen) wegen seiner rechten Absichten."

Als Strafe für die Übertretung dieses Gesetzes sollte der Übeltäter 100 Hiebe und fünf blutende Wunden erhalten. Die unrechtmäßig angeeigneten Häute wurden eingezogen. Als Begründung für dieses Gesetz wurden ganz einfach die rechten Absichten Pharaos genannt.

Im nächsten Gesetz wurden unrechtmäßige Bereicherungen von Beamten des Harim angeprangert und unter Strafe gestellt:
„Betreffend einen weiteren Fall von Unrecht, von dem man im Lande hört, daß er geschieht. (Wenn die Inspektoren) des Haushalts der Königin und die Tischschreiber des Harim hinter den Bürgermeistern her sind und sie bedrohen und die Lieferung für die Nord- und Südfahrt einholen, wie man sie von den Bürgermeistern seit der Zeit des Königs Thutmosis' III. holte. Was nun die Nord- und Südfahrt anbetrifft, für die sie einziehen, sie besteht, seit König Thutmosis III. jährlich (beim Opetfest) nach (Norden und Süden) fuhr bei seiner Reise nach Theben (wo das Opetfest gefeiert wurde). Und die (Inspektoren) des Harim treten an die Bürgermeister heran und sagen: ‚Gib die Lieferungen für die ausgefallene Reise!'"
Diese etwas umständlich formulierte Passage ist so zu verstehen, daß seit Thutmosis III. jeder König einmal im Jahr während des Opetfestes durch ganz Ägypten reiste, um Ordnung zu halten, Recht zu sprechen usw. Diese Reise mußte aus Sondersteuern der Bürgermeister finanziert werden, die für Unterkunft und Verpflegung des Königs und seines Hofstaates aufkommen mußten. Ein sicher recht hoher Betrag war dazu notwendig und belastete die Kassen der Stadtverwaltungen schwer. Zu allem Unglück war es üblich geworden, daß die Harimsbeamten schon vorher die Abgaben einzogen mit der Begründung, die Bürgermeister hätten auch für eine ausgefallene oder ausfallende Reise des Pharaos aufzukommen. Also müßten sie zahlen, denn in diesem Jahr werde Pharao nicht persönlich erscheinen — so versicherten die unredlichen Harimsbeamten. Die Stadtverwaltungen zahlten dann an die Harimsbeamten, und wenn der König dann später doch noch persönlich erschien, mußten sie noch einmal bezahlen und wurden so doppelt belastet, was als ungerecht empfunden wurde. Haremhab stellte dann weiter fest, daß diese Reise grundsätzlich nie ausfalle, und fuhr im Text fort:
„Was soll das, daß erneut danach gekommen wird, um von ihnen die Lieferungen zu holen ... das ist eine üble Sache. Es hat Meine Majestät befohlen, daß man von heute an so etwas nicht mehr tun soll."
Im nächsten Paragraphen wurde ein weiterer Mißtstand angeprangert: Den Bauern und Gärtnern wurden ihre Gemüseernten unrechtmäßig weggenommen. Wer das in Zukunft tue, müsse mit harten Strafen rechnen:
„So tue man das Gesetz gegen ihn (mit der Strafe, die gegen) jemand (angewendet wird), der Dekrete überschreitet."
Das Strafmaß richtet sich in diesem Fall nach einem leider nicht bekannten Gesetz gegen die Übertretung von Dekreten. Haremhab bezog sich hier offensichtlich auf bestehendes Recht, das zur Anwendung kommen sollte.
Das nächste Gesetz richtete sich gegen ein häufiges Wirtschaftsvergehen, gegen das Verfälschen des Oipe-Maßes. Mit diesem genormten Hohlmaß wur-

de z. B. Getreide abgemessen. Manchmal versuchten die Beamten, die Ablieferungen der Bauern mit einem zu großen Maß zu messen. Wenn sie selbst dann später mit dem Magazin abrechneten, wurde ein korrektes Maß verwendet, so daß die Differenz ein netter Nebenverdienst der Beamten zu Lasten der Erzeuger war. Wir kennen solch einen Fall auch aus Deir el Medineh. Dort wurde eine Lieferung an die Arbeiter mit einem zu kleinen Maß gemessen, so daß die Leute weniger erhielten, als ihnen zustand.

Die beiden nächsten Gesetzestexte sind aufgrund großer Textlücken kaum noch verständlich und sollen hier nicht näher betrachtet werden.

Im weiteren Verlauf dieses als Dekret abgefaßten Textes schilderte Haremhab seine intensiven Bemühungen, Ägypten zu reorganisieren. Persönlich fuhr er durch das ganze Land, beseitigte Mißstände, wo immer er sie antraf, setzte Beamte ein und schärfte ihnen ein, daß sie gesetzestreu, überparteilich und unbestechlich zu sein hätten. Solche Ermahnungen scheinen in dieser Zeit durchaus notwendig gewesen sein.

„Ich befördere sie zum Richter der beiden Länder ... Ich setzte sie ein in die beiden großen Städte Ober- und Unterägyptens (gemeint sind wohl die beiden Hauptstädte Memphis und Theben), indem ein jeder seine Einkünfte in ihnen hatte, ohne daß es davon eine Ausnahme gab. Ich gab ihnen Vorschriften und Gesetze in ihre Bücher.“

Und später belehrte der König seine Beamten mit Worten, die wir aus früheren Zeiten bereits kennen, wenn er sagte:

„Gesellt euch nicht zu anderen Menschen! Nehmt keine Geschenke (also Bestechung) von anderen an! Seht, jeder von euch, der sich mit einem anderen einlassen wird, der sei für euch einer, der unrecht handelt gegen die Maat. Was aber jeden Bürgermeister oder Priester angeht, von dem man folgendes hört: ‚Er sitzt, um Recht zu sprechen im Gerichtshof, der zum Richten eingerichtet worden war, und begeht darin ein Verbrechen gegen die Maat‘, so wird das für ihn zu einem großen und todeswürdigen Verbrechen!

Denn, meine Majestät hat das getan, um die Gesetze des Landes Ägypten zu reorganisieren und um nicht zuzulassen, daß ein weiterer Fall (von Ungerechtigkeit) geschieht, und um (alle Leute), die Verhörende des Gerichts sind, auf den Weg der Maat zu setzen.“

Haremhab drohte also mit der Todesstrafe, wenn seine Anweisungen nicht befolgt würden, aber andererseits schilderte er im folgenden Abschnitt in den glühendsten Farben die Vorteile, die ein gerechter und unbestechlicher Beamter haben werde: Reich werden sie sein, ihre Versorgung sei gesichert, Ehren vom König würden über ihnen angehäuft, und niemand müsse Not und Armut erleiden. Diese Passagen sind uns in der Lehre des Merikare bereits begegnet und zeigen erneut die Anlehnung Haremhabs an alte und als gerecht empfundene Vorstellungen.

Die Ermahnungen des Haremhab waren uralt, denn immer wieder riefen die Könige ihre Beamten zu Unbestechlichkeit, Unparteilichkeit und Gerechtigkeit auf. Beim Vezir als Leiter der Staatsverwaltung gehörten sie sogar zur Dienstanweisung, die in einem Text im Grabe des Vezir Rechmire in Theben-West aus der Zeit Thutmosis' III. erhalten ist. Dort nehmen sie neben anderen Bestimmungen einen breiten Raum ein. Daran kann man ermessen, daß Beamtenwillkür an der Tagesordnung war und die Anweisungen der Könige kaum befolgt wurden, obwohl drastische Strafen angedroht wurden, wie das bei Haremhab zu erkennen ist.

Wie wir gesehen haben, war der König der alleinige Gesetzgeber. Für das Durchführen seiner Gesetze standen ihm die Beamten und eine Polizeitruppe zur Verfügung. Oberster Richter war immer der König selbst, dem in letzter Instanz problematische Rechtsfälle zur endgültigen Entscheidung vorgelegt werden mußten. Außerdem konnte nur der König die Todesstrafe verhängen. Sein Stellvertreter und höchster Richter im Lande war der Vezir als Vorsitzender des Hauptgerichtshofes mit seinen Büros. In den Städten und Dörfern waren kleinere Gerichtshöfe eingerichtet, die unter der Leitung der örtlichen Beamten oder Priester standen. Die Gerichte entschieden gewöhnlich kleinere Streitigkeiten in ihrem Bereich, wobei oft Dorfbewohner als Laienrichter fungierten. In ihren Amtsbereichen hatten auch die höheren Beamten richterliche Gewalt. Erst wenn es größere juristische Probleme gab, wurde ein Fall an die nächsthöhere Instanz in die Stadt oder sogar an das Vezirbüro überwiesen. Dort wurde der Fall endgültig behandelt und das Urteil gesprochen. Dem Schuldigen war es dann aber noch grundsätzlich möglich, dem Pharao direkt seinen Fall vorzutragen, doch scheint das in der Rechtspraxis nur sehr selten vorgekommen zu sein. Von einem Fall dieser Art werden wir später noch aus Deir el Medineh hören. Neben den allgemein gehaltenen, geschriebenen Gesetzen, wie wir sie durch das Dekret des Haremhab kennengelernt haben, existierte zumindest im Vezirbüro, aber auch an den untergeordneten Gerichten eine Sammlung von Prozeßakten, die im Verfahren herangezogen werden konnten. Diese Präzedenzfälle wurden in den Prozeßprotokollen immer wieder zitiert, so daß man davon ausgehen darf, daß sie ein ganz wichtiges Mittel zur Urteilsfindung darstellten. Man wird bei dieser Praxis unwillkürlich an die angelsächsische Gerichtspraxis erinnert. Einmal wurde in einem Protokoll auf eine persönliche Entscheidung des Königs Bezug genommen. Ansonsten fehlen erstaunlicherweise Hinweise auf bestehende Gesetze in den Gerichtsakten völlig. Man kann dieses Fehlen eigentlich nur damit erklären, daß allgemein davon ausgegangen wurde, daß die Präzendenzfälle den Gesetzen entsprechend entschieden worden waren, so daß der Verweis auf die anzuwendenden Gesetze entfallen konnte. Da die Sammlung von Fallbeispielen vollständig nur im Vezirbüro existierte, war eine einheitliche Rechtsprechung gewährleistet. Selbstverständlich konnte der König auch gegen traditionel-

les Recht entscheiden. Bei späteren Fällen würde nun ausschließlich diese neue Entscheidung zum Vergleich herangezogen werden.
Wir wollen uns jetzt der Rechtspraxis im Alten Ägypten zuwenden. Wieder sind wir dabei auf die Fülle von Dokumenten juristischen Inhalts aus Deir el Medineh angewiesen, die den Alltag im Rechtswesen erhellen. Spektakuläre Rechtsfälle werden als Beispiele im Wortlaut der Protokolle vorgestellt. Einige Vorbemerkungen seien vorangestellt. Jedes Rechtsgeschäft wurde schriftlich festgehalten, um später Streitigkeiten möglichst zu vermeiden. Beglaubigt wurden solche Dokumente von unbeteiligten Zeugen. Bestimmte Urkunden schickte man sogar zum Vezirbüro, wo sie mit dem Amtssiegel des Vezirs versehen wurden und dadurch Rechtskraft erhielten. Bei unterschiedlichen Rechtsauslegungen waren beide Parteien zunächst gehalten, zu einer gütlichen Einigung zu kommen, wie in Briefen immer wieder zu erkennen ist. Auch vor Gericht versuchten die Richter immer zuerst, den Streit ohne Verhandlung zu schlichten, erst wenn dabei kein Erfolg erzielt werden konnte, kam es zum Prozeß.
Der Streitfall wurde zuerst vor dem lokalen Gerichtshof in Deir el Medineh verhandelt, dem führende Persönlichkeiten des Dorfes angehörten. Manchmal präsidierte dem Gericht einer der hohen, für die Nekropole zuständigen Beamten oder ein Priester des Amuntempels. Konnte dieser Gerichtshof der ersten Instanz den Streitfall nicht entscheiden, wurde als obere Instanz der Vezir selbst eingeschaltet. Nur in äußerst seltenen Fällen rief man den König an, der dann den Fall endgültig entschied. Vor Gericht hatten beide streitenden Parteien das Recht auf Anhörung, wobei der ranghöhere gewöhnlich zuerst gehört wurde. Bei ranggleichen Personen wurde zuerst der Beschuldigte vernommen. Zeugen konnten benannt und sogar zur Aussage gezwungen werden. Von allen Aussagen fertigte man wörtliche Protokolle an, von denen einige erhalten sind.
Nach Abschluß der Beweisaufnahme sprach das Gericht im Idealfall einstimmig das Urteil und überwachte auch seine Vollstreckung.
Von ganz entscheidender Funktion im Prozeß war der Eid. Die vollständige Eidesformel lautete: „So wahr Amun dauert! So wahr der Herrscher dauert, dessen Zorn unheilvoller ist als der Tod!“ Diese verbindliche Formel geben die Texte meistens nur verkürzt wieder, oftmals wird nur vom „Eid beim Herrn“ gesprochen. Der Eidleistende sprach die Formel und nannte gleich anschließend die Strafen, denen er bei Zuwiderhandlung unterliegen werde. Prügel, Naseabschneiden, Verbannung in die Steinbrüche zu Zwangsarbeit, Verstümmelungen und Tod waren die üblichen Strafen. Eidesleistungen konnten ganze Prozesse entscheiden. Zeugen wurden ebenso vereidigt wie die streitenden Parteien selbst. Bei Prozeßende — besonders bei den Prozessen vor den lokalen Gerichtshöfen — konnten die Laienrichter den Schuldigen zu der Eidesleistung zwingen, etwas zu unterlassen oder

eine bestimmte Leistung zu erbringen. Damit war der Prozeß nicht durch ein Urteil, sondern durch die Eidesleistung abgeschlossen. Meineid galt als todeswürdiges Verbrechen und stand vom Strafmaß auf einer Stufe mit Rebellion, Mord oder Grabraub. Ob allerdings Meineidige wirklich bestraft wurden, geht aus den erhaltenen Texten nicht sicher hervor. Es ist aber sehr wahrscheinlich, obwohl zu bedenken ist, daß man die Strafe Gottes oder des Herrschers für sehr viel schlimmer hielt, wie die Eidesformel zeigt.
Zu den häufigsten Streitfällen in Deir el Medineh gehörten Wirtschaftsvergehen aller Art. Säumiges Zahlen von Schulden oder Zahlungsverweigerungen wurden vor dem Ortsgericht verhandelt. Ein typisches Beispiel ist folgender Text aus der mittleren 20. Dynastie:
„3. Monat der Sommerzeit, Tag 9. An diesem Tag, Klageerhebung bei mir durch den Arbeiter Imenemipet gegen den Wasserträger Penniut von der Nekropole. In Gegenwart des Vorarbeiters Chonsu und des Schreibers Amunnacht.“
In dieser einleitenden Passage wurden die streitenden Parteien und die Mitglieder des Gerichts vorgestellt, das aus einem Vorarbeiter und dem Nekropolenschreiber bestand. Beide waren Laienrichter, die im Dorf Richterfunktionen ausüben durften. Dann folgte im Protokoll die eidliche Aussage des Beklagten:
„Lasse ich den letzten Tag des 3. Monats der Sommerzeit vergehen, ohne daß ich die 20 Kupferdeben an Imenemipet gegeben habe, dann soll ich 100 Hieben unterliegen und sie (die 20 Deben) sollen gegen mich verdoppelt sein.“
Der beklagte Wasserträger Penniut versprach vor Gericht unter Eid, seinen Zahlungsverpflichtungen bis Ende des Monats nachzukommen, der Klage des Imenemipet wurde also stattgegeben.
In einem anderen Fall klagte der Nekropolenschreiber Paser gegen den Maler Nebnefer. Wir wissen nicht, worum es in diesem Prozeß ging, doch kennen wir aus dem Protokoll das drastische Urteil:
„Der Schreiber Paser war mit dem Maler Nebnefer vor Gericht. Man fand den Schreiber Paser im Recht, man fand den Maler Nebnefer im Unrecht. Die Gerichtsversammlung sprach: ‚Versetzt ihm 100 Stockhiebe, ebenfalls 10 Brandwunden und liefert ihn aus zum Steinebrechen im thebanischen Gebirge, bis ihn der Vezir begnadigt.‘“
Der Vezir besaß dem Text zufolge das Recht, Strafgefangene zu begnadigen und Strafen zu mildern. Körperliche Strafen, wie sie hier verhängt wurden, waren im Alten Ägypten durchaus üblich und fallen in keiner Weise aus dem Rahmen. Das Vergehen des Malers muß jedoch recht schwer gewesen sein, vielleicht war er des Betruges oder schweren Diebstahls oder eines der leichteren Kapitalverbrechen überführt worden — vielleicht hatte er auch seinen Eid gebrochen.
Ein besorgter Vater versuchte einmal vor Gericht, seine Tochter vor seinem anscheinend etwas windigen Schwiegersohn zu schützen:

„Jahr 23 (Ramses' III.), 1. Monat der Winterzeit, Tag 4. An diesem Tag: Rede, die Tenermonth gemacht hat zum Vorarbeiter Chonsu und zum Schreiber Amunnacht, Sohn des Ipui: ‚Veranlaßt, daß Nachtemmut den Eid beim Herrn leistet und verspricht, er werde meine Tochter nicht verlassen.' Der Eid des Herrn, was er gesprochen hat: ‚So wahr Amun dauert! So wahr der Herrscher dauert! Wenn ich zum Verlassen der Tochter des Tenermonth künftig umkehren werde, soll ich 100 Hieben unterliegen und allen Zugewinn, den ich gemeinsam mit ihr erwerbe, verlieren.'"

Dieser Text gehört zu einer Gruppe, die man ohne weiteres als Eheverträge ansehen kann. Darin wurde festgelegt, wie das Vermögen der Eheleute bei einer Trennung oder beim Tode eines der Partner verteilt werden sollte. Erbstreitigkeiten gehörten auch in Deir el Medineh zum Gerichtsalltag, und es war für alle Beteiligten am einfachsten, wenn solch ein beschworener Vertrag aufgesetzt worden war. Bezeichnend für die Situation armer Menschen vor Gericht war ein Stoßgebet, in dem es hieß:

„Oh, Amun-Re, der für die Armen eintritt, die geschädigt sind. Er (der Gott) möge veranlassen, daß die Gerichtsversammlung einstimmig den Armen schützt. Der Arme möge gerechtfertigt werden! Derjenige, der Geschenke trägt (also eine Bestechung versucht), möge traurig (im Sinne von erfolglos) sein!"

Ein Kommentar erübrigt sich, und am praktischen Nutzen solcher Gebete ist wohl zu zweifeln, wie die vielen Fälle von Bestechung und Bestechlichkeit — auch in Deir el Medineh — beweisen.

Ein interessanter Fall wurde im Jahr 5 Sethos' II. vor dem Ortsgericht verhandelt, das diesmal aus dem Vorarbeiter Paneb und der gesamten Arbeiterschaft bestand. Der zweite Vorarbeiter Hay klagte gegen drei Arbeiter und eine Frau wegen übler Nachrede und Verleumdung und sagte:

„‚Was mich anbetrifft, ich verbrachte die Nacht in meinem Schuppen. Da zog Penamun zusammen mit seinen Leuten umher. Sie spachen: ›Eine Anklage ist in der großen Hand Pharaos, er lebe, sei heil und gesund, gegen Hay: Er (Hay) redete schmählich gegen König Sehtos.‹'

Die Gerichtsversammlung sprach zu ihnen: ‚Sagt uns, was ihr gehört habt!' Sie (die Angeklagten) verdrehten ihre Aussage bis zum Streiten (d. h. sie widersprachen sich selbst und begannen sogar zu streiten). Da sprach der Vorarbeiter Paneb zu ihnen: ‚Sagt uns, was ihr gehört habt!' Sie erwiderten: ‚Wir haben nichts gehört.' Die Gerichtsversammlung sprach zu ihnen: ‚Sprecht: ›So wahr Amun dauert, so wahr der Herrscher dauert! Es gibt keine Anklage in der Hand Pharaos.‹ Wenn ihr davon (aber nur) heute schweigt, um in Zukunft diesbezüglich umherzuziehen, dann werden euch Nase und Ohren abgeschnitten.' Man versetzte ihnen 100 gehörige Stockhiebe."

Mehrere Rechtsgepflogenheiten kamen hier zum Ausdruck. Es gab ein Gesetz zur Bestrafung von Majestätsbeleidigung, das auch noch an einer anderen Stelle belegt ist. Anklagen nach dieser Vorschrift wurden direkt beim

König verhandelt, so daß der Betroffene gleichzeitig Richter war, was aber anscheinend nicht als ungerecht empfunden wurde.
Zum anderen war es verboten, falsche Behauptungen in die Welt zu setzen, es gab also einen gesetzlichen Schutz vor übler Nachrede und Verleumdung. Die Strafe von 100 Stockschlägen war für ägyptische Verhältnise recht milde, doch im Wiederholungsfall sollte ja die härtere Strafe des Verstümmelns angewandt werden. Die Ehre des ungerecht beschuldigten Vorarbeiters Hay wurde vom Gericht vollständig wiederhergestellt. Welche Bedeutung dieser Fall für das gesamte Dorf gehabt haben muß, ist an der Tatsache abzulesen, daß die gesamte Arbeiterschaft den Gerichtshof bildete.
Wie überall gab es auch in Deir el Medineh Probleme im Zusammenleben vieler Menschen auf engstem Raum. Während sich der größte Teil der Dorfbewohner an die bestehenden Gesetze hielt, gab es immer wieder kriminelle Elemente, die die Ordnung störten und dafür bestraft wurden. Diebstahl, Betrug, aber auch Mord, Sexualverbrechen und schwerer Raub waren durchaus nicht selten. Wurden die Missetäter gefaßt, kamen sie zuerst vor das Ortsgericht. Bei schweren Vergehen stellte dieses Gericht nur die Schuld des Angeklagten fest und überwies dann den Fall zur endgültigen Entscheidung an den Vezir.
Ein Fall von Diebstahl erregte im Jahr 6 Sethos' II. das ganze Dorf. Das ausführliche Protokoll der Verhandlung ist gücklicherweise erhalten, so daß der Fall rekonstruiert werden kann.
Der Arbeiter Nebnefer erschien vor Gericht, das aus den beiden Vorarbeitern, drei Schreibern, dem Oberpolizisten, dem Wächter und der gesamten Arbeiterschaft bestand. Diese Zusammensetzung läßt die Wichtigkeit des Falles erkennen. Nebnefer klagte die Städterin Herja des Diebstahls an und sagte vor Gericht aus:
„Was mich anbetrifft, ich vergrub einen Meißel von mir in meinem Haus nach dem Krieg. Man stahl ihn! Ich ließ alle Leute, die im Dorf sind, sich über meinen Meißel durch einen Eid binden. Nach vielen Tagen kam die Städterin Nebemnehem und sagte zu mir: ‚Der Zorn Gottes ist an mir geschehen. Ich sah Herja, als sie deinen Meißel wegnahm.‘ So sprach sie.“
Die Anklage war nach dieser Einleitung ganz klar. Dem Handwerker war ein Meißel gestohlen worden, den er in den Nachkriegswirren in seinem Haus vergraben hatte. Bei dem Krieg handelte es sich wahrscheinlich um Angriffe feindlicher Nomaden auf das Gebiet um Theben, die auch mehrfach Deir el Medineh bedrohten. Einmal mußten die Arbeiter ihr Dorf verteidigen, wobei einige getötet und mehrere verletzt wurden. In der 20. Dynastie waren diese Kriege recht häufig, was sicher an der innenpolitischen Schwäche der Pharaonen lag, die zu einer wirkungsvollen Verteidigung Ägyptens kaum in der Lage waren.
Die Aufregung des Nebnefer über den Diebstahl war verständlich, denn ein

Hacke aus Holz, Neues Reich. Pelizaeus-Museum, Hildesheim.

Meißel aus Bronze oder Kupfer stellte einen erheblichen Wert dar. Je nach Größe und Gewicht entsprach er im Wert bis zu einem Monatslohn eines Handwerkers. Nebnefer hatte diesen Diebstahl sofort gemeldet. Daraufhin hatten alle Einwohner des Dorfes unter Eid erklärt, nichts über den Diebstahl zu wissen. Erst lange danach gestand dann eine Dorfbewohnerin, daß sie den Diebstahl durch die Herja beobachtet habe, und war zur Kronzeugin der Anklage geworden.
Herja wurde vor Gericht zitiert und verhört:
„Bist du diejenige, die den Meißel des Nebnefer in Wahrheit wegnahm, oder nicht?‘ Herja erwiderte: ‚Nein, ich bin nicht diejenige, welche ihn stahl.‘ Die

Gerichtsversammlung sprach daraufhin zu ihr: ‚Kannst du den großen Eid beim Herrn über den Meißel leisten und sprechen: › Ich bin nicht diejenige, die ihn wegnahm?‹‘ Daraufhin sprach die Städterin: ‚So wahr Amun dauert! So wahr der Herrscher dauert, dessen Zorn unheilvoller ist als der Tod, nämlich Pharao! Wenn man feststellt, daß ich diejenige bin, die den Meißel gestohlen hat, (dann soll ich bestraft werden o. ä.)‘.“

Die Beschuldigte leugnete unter Eid, so daß Aussage gegen Aussage stand. Dem Gericht erwuchsen daher erhebliche Schwierigkeiten, die Wahrheit herauszufinden. Man entschloß sich zu einer Hausdurchsuchung bei der beschuldigten Herja:

„*Nach einer Stunde, nachdem die Gerichtsversammlung sie verhört hatte, schickte man den Gerichtsdiener Pasched mit ihr aus. Sie holten den Meißel! Er war von ihrer eigenen Hand vergraben worden zusammen mit einem Gefäß des Gottes Amun. Sie hatte sie in ihrem Haus vergraben. Sie hatte das Gefäß des Amun ebenfalls gestohlen. Trotzdem leistete sie den Eid beim Herrn und sprach: ‚Ich bin nicht diejenige, die den Meißel wegnahm.‘ Daraufhin verkündete die Gerichtsversammlung: ‚Eine große, todeswürdige Verbrecherin ist die Städterin Herja. Der Arbeiter Nebnefer ist im Recht!‘ Man hat den Fall gelassen bis der Vezir kommt.*“

Die vom Gericht angeordnete Durchsuchung des Wohnhauses der Herja brachte schließlich die Wahrheit an das Licht. Der Meißel wurde zusammen mit einem Gefäß aus dem Besitz des Amuntempels, das sie ebenfalls gestohlen haben mußte, entdeckt. Das Gericht sprach die Angeklagte schuldig, ließ aber den Fall bis zum Eingreifen des Vezir ruhen, da das Ortsgericht in so einem schweren Fall von Diebstahl in zwei Fällen gepaart mit einem Meineid das Strafmaß nicht mehr bestimmen durfte, denn das lag in der Zuständigkeit der höhren Instanz.

Doch damit endet das Protokoll noch nicht. Der Schreiber verwies jetzt auf einen ganz ähnlichen Fall, der sich vor etwa 50 Jahren im Dorf zugetragen hatte. Auch damals hatte eine Frau des Diebstahls überführt werden können, und der Vezir sprach das Urteil.

„*Der Vezir ließ den Schreiber Hatj kommen. Er veranlaßte, daß sie (die Diebin) zum Ufer geführt wurde.*“

D. h. damals hatte der Vezir die Verurteilte in die Verbannung geschickt, wie das ‚Führen zum Ufer‘ zu verstehen ist.

Der Schreiber fuhr dann fort:

„*Möge mein Herr handeln, um zu veranlassen, daß die Strafe an dieser Frau vollzogen wird, die den Meißel und das Gefäß wegnahm, damit keine Frau wie sie (in Zukunft) die gleiche Handlung wiederholt. Siehe, ich ließ meinen Herrn das erfahren, denn es ist doch (nur) der Vezir, der (bestrafen) kann.*“

Damit brachte der Schreiber des Protokolls den Wunsch des Gerichtshofes des Dorfes zum Ausdruck, der Vezir möge die überführte Verbrecherin genauso bestrafen wie damals, um als Abschreckung ähnlichen Diebereien vorzubeugen. Aus dem Schlußsatz geht hervor, daß der Vezir in solch einem Fall das Strafmaß bestimmen mußte, das Ortsgericht durfte das nicht. Zum Abschluß dieses Abschnitts über das Rechtswesen im Alten Ägypten sei auf einen besonders schlimmen Fall von Notzucht oder Schändung einer verheirateten Frau eingegangen. Erhalten ist die auf Papyrus geschriebene Anklageschrift aus der mittleren 20. Dynastie:

„Ich bin ein Diener bei dem Arbeiter Imeneminet, und ich pflegte Lieferungen in das Haus des Paium zu tragen. Ich machte seine Tochter zu meiner Ehefrau. Ich verbrachte die Nacht im Hause meines (Schwieger-) Vaters. Einmal brach ich auf, um zu seinem Haus zu gehen. Ich fand (dort) den Arbeiter Merisachmet, Sohn des Menna. Er schlief mit meiner Frau im 4. Monat der Sommerzeit, Tag 4. Ich ging hinaus und sagte es dem Richterkollegium. Das Richterkollegium verabreichte mir (jedoch) 100 Stockhiebe und sagte: ‚Was sagst du da?'"

Ein namentlich nicht genannter Mann, der als Diener oder Knecht eines Arbeiters zur untersten sozialen Schicht im Dorf gehörte, hatte die Tochter eines Arbeiters geheiratet und wohnte mit ihr im Haus seines Schwiegervaters, da die Knechte im Gegensatz zu den Handwerkern nicht das Recht auf ein eigenes Haus besaßen. Eines nachts ertappte er seine Frau „in flagranti" mit dem Arbeiter Merisachmet, den er sofort wegen Ehebruchs anzeigte. Doch das Gericht glaubte ihm nicht und ließ ihm sogar die Bastonnade geben, wohl wegen unrechtmäßiger Anschuldigungen gegen einen scheinbar ehrenwerten Handwerker. Gegen diese himmelschreiende Ungerechtigkeit wandte sich jedoch der Vorarbeiter und sagte:

„Was soll das Verabreichen dieser 100 Hiebe an ihn? Der eine trägt Lieferungen, während der andere Ehebruch treibt. Ein großes Unrecht ist, was das Richterkollegium getan hat."

Diese Intervention des Vorarbeiters zu Gunsten des Knechts ist ein schönes Beispiel für die Verwirklichung der Maat im Alltag und führte schließlich zu einer Anklage gegen Merisachmet. Dieser leitste nun den Eid beim Herrn und sagte:

„‚Sollte ich (wieder) mit der Frau reden (d. h. ihr beiwohnen), dann sollen meine Nase und Ohren (verstümmelt werden, und ich) soll nach dem Land Nubien verbannt werden.' Doch er wiederholte das Hingehen von neuem, und er schwängerte sie. Der Arbeiter Menna, sein Vater, stellte ihn vor das Richterkollegium."

Merisachmet wurde eidbrüchig und schlief erneut mit der Ehefrau des Knechts. Diesmal wurde die Frau schwanger, und daraufhin wurde der Übeltäter von seinem eigenen Vater angezeigt. Das Gericht zwang Merisachmet erneut zu einem Unterlassungseid und verwies den Fall nun an die höhere Instanz. Wie das ganze ausging, wissen wir leider nicht, da der Text sich darüber ausschweigt. Doch Merisachmet wurde mit Sicherheit nicht verbannt, da er noch lange nach diesem Fall in Deir el Medineh lebte. Vielleicht hatte er sich doch noch von der Frau getrennt, so daß eine weitere Strafverfolgung unterblieb. Wir hören auch nichts davon, daß die Frau strafrechtlich verfolgt worden wäre. Ob das allerdings allgemeine Praxis war, entzieht sich unserer Kenntnis. Möglicherweise lag in diesem speziellen Fall der Tatbestand der Notzucht vor, so daß die Frau als unglückliches Opfer einer Vergewaltigung anzusehen war.

Eine besondere Rolle im altägyptischen Rechtsleben spielte die Gottesgerichtsbarkeit. Der längst verstorbene König Amenophis I. genoß in der Arbeitersiedlung von Deir el Medineh göttliche Verehrung, ja, er wurde sogar gelegentlich als „Herr des Ortes" bezeichnet. In dieser Eigenschaft konnte er als überirdischer Gerichtspräsident in Streitfällen angerufen werden. Seine Entscheidungen teilte der Gott durch bestimmte Bewegungen seiner Barke mit, die von mehreren Priestern getragen wurde. Das in seiner Barke stehende Kultbild des Gottes Amenophis wurde in feierlicher Prozession an bestimmten Festtagen und an den arbeitsfreien Sonntagen in das Dorf getragen. Nach den notwendigen Zeremonien hatten die Dorfbewohner Gelegenheit, ihre Streitfälle dem Gott mitzuteilen, der dann die Entscheidung traf und durch seine Priester zum Ausdruck brachte. Dabei hatten die Mitglieder des weltlichen Gerichtshofes die Funktion von Zeugen und sorgten für einen korrekten Ablauf dieser Gottesgerichtsprozesse. Bei seinen Entscheidungen war auch der Gott an die bestehenden Rechtsnormen gebunden, was letztlich bedeutete, daß Gottesurteile nicht königliches Recht brachen.

Die Praxis des Gottesurteils kam im Ägypten des Neuen Reichs verstärkt auf. Sie gab den Priestern die Möglichkeit, das Rechtswesen konkret zu beeinflussen und den Ablauf der Prozesse mitzugestalten. Außerdem war ein Gott, genauso wie der Pharao, allwissend, unfehlbar und natürlich im Besitz der Maat, so daß seine Urteile schon aufgrund des Dogmas richtig und gerecht sein mußten. Gegen ein Gottesurteil gab es keine Einspruchsmöglichkeit, denn der Gott galt als die letzte Instanz. Nach den erhaltenen Texten schlichtete der Gott hauptsächlich Streitigkeiten um Eigentum und Besitzansprüche aus Testamenten oder Verkäufen. Amenophis konnte auch zur Bewertung von Waren herangezogen werden, wenn sich Käufer und Verkäufer nicht über den Preis einigen konnten. Man kann sagen, daß Gottesurteile sehr häufig zur Schlichtung von Wirtschaftsstreigigkeiten herbeigeführt wurden. Damit war den Priestern die Macht gegeben, den Wirtschaftskreislauf zu beeinflussen. Einmal ließ man Amenophis I. den Namen eines Diebes nennen, da das weltliche Gericht nicht in der Lage war, den Schuldigen zu überführen. Dennoch fällt auf, daß das Strafrecht nicht in die Zuständigkeit des Gottesgerichts fiel — es war also gegenüber dem weltlichen Gericht in seiner Zuständigkeit deutlich eingeschränkt.

Zwei Fälle von Gottesgerichtsbarkeit sollen stellvertretend für viele ähnlich gelagerte näher betrachtet werden. Im Jahr 4 Ramses' IV. erhob ein Arbeiter namens Qenna Klage gegen den uns schon aus dem Fall von Vergewaltigung bekannten Merisachmet, der anscheinend einer der windigsten von allen Arbeitern des Dorfes war:

„... *Dieser Tag, Klage des Arbeiters Qenna, Sohn des Sawadjit, beim König Amenophis, er lebe, sei heil und gesund, dem Herrn, er lebe, sei heil und gesund, des Dorfes.*"

Die Segenswünsche „er lebe, sei heil und gesund" gehörten immer hinter den Namen des Königs, auch wenn dieser, wie in diesem Fall, bereits seit rund 350 Jahren tot war.

„*,Komme zu mir, mein guter Herr! Ich bin derjenige, der das Haus des Arbeiters Pacher (wieder) aufgebaut hat, als es verfallen war. Siehe, der Arbeiter Merisachmet, Sohn des Menna, verhinderte, daß ich in ihm wohnen kann, indem er behauptete: ›Es ist der Gott, der zu mir gesagt hat: »Teile es mit ihm!«‹ So sprach er. Er hat (aber) nicht an ihm gemeinsam mit mir gebaut.' So sprach er mündlich zu dem Gott.*"

Der Fall war klar. Der Kläger hatte ohne fremde Hilfe ein verfallenes Haus wieder aufgebaut, um darin zu wohnen. Dagegen hatte sich Merisachmet gewandt mit der Begründung, es sei ein Gottesurteil ergangen, nach dem das Haus zwischen ihm und Qenna zu teilen sei. Amenophis I. sprach jetzt das Urteil und sagte zu Merisachmet:

„*,Gib das Haus an Qenna, seinen Besitzer, zurück! Es gehört ihm durch Verordnung Pharaos. Niemand soll seine Teilung vornehmen!' So sprach der Gott mündlich in seiner (Merisachmets) Gegenwart und in Gegenwart von (es folgt eine Liste von Zeugen) am Eingang des Grabes der Vorarbeiters Qaha.*"

Der Gottesentscheid erging eindeutig zu Gunsten des Qenna. Der Entscheidung lag ein Gesetz des Königs zugrunde, das wir im Wortlaut nicht kennen, das aber aus dem Fall selbst zu rekonstruieren ist: „Wenn jemand eigenhändig ein verfallenes Haus wieder aufbaut, auf das niemand mehr einen Rechtsanspruch hat, so genießt er das alleinige Wohnrecht, und das Haus geht in seinen Besitz über. Bauen mehrere Personen an dem Haus, so wird es zwischen ihnen geteilt."

Die hier beschriebene Verhandlung fand nicht in einem Gerichtsgebäude, ja nicht einmal im Dorf selbst statt, sondern man tagte am Eingang zum Grab eines Vorarbeiters, der zur Zeit Ramses' II. gelebt hatte. Zum Schluß band sich Merisachmet durch einen Eid, sich an den Gottesbeschluß zu halten — ob das allerdings geschehen ist, erscheint zweifelhaft, wenn man sich an den Fall von Vergewaltigung erinnert, in dem Merisachmet eidbrüchig geworden war.

Im zweiten Fall bat ein Arbeiter den Gott um Hilfe bei der Aufklärung mehrerer Diebstähle aus seinen Vorratskammern. Er selbst und wahrscheinlich auch das Gericht standen vor einem Rätsel, wer die Diebe sein könnten. Da der Gott allwissend war, müßte es ihm nicht schwergefallen sein, die Namen der Diebe zu nennen:

„Verzeichnis aller Diebstähle, die gegen mich, den Arbeiter Nachtemmut, begangen wurden: Sie gingen in das Haus. Sie stahlen zwei Großbrote und drei verschiedene Brote. Sie gossen mein Öl aus, und sie öffneten meinen Emmerspeicher. Sie stahlen einen Klumpen Blei. Sie gingen auch in mein Haus am Hafen, stahlen meinen gestrigen Anteil an Broten und gossen das Öl aus. 3. Monat der Sommerzeit, Tag 13, beim Erscheinen des Königs Amenophis (d. i. eine feierliche Prozession): Sie gingen in das Vorratshaus und stahlen drei Großbrote, 8 Brote und einen Korb Gebäck. Sie schleppten ein Faß Bier fort, das auf dem Wasser war, während ich im Haus meines Vaters war. Handle, mein Herr, um mir jeden Frevler bekanntzugeben!"

Nachtemmut war also mehrfach bestohlen worden. Ja mehr noch, dieser Fall sah nach einem Racheakt aus, denn die Diebe hatten nicht nur Lebensmittel gestohlen, sondern auch Öl ausgegossen und die Speicher geöffnet. Man stand vor einem Rätsel und bat den Gott um Nennung der Schuldigen. Leider wissen wir nicht, was die Priester nun taten, denn sie standen bei diesem Fall vor erheblichen Problemen. Wenn der Nimbus der Allwissenheit des Gottes erhalten bleiben sollte, mußten die Übeltäter genannt werden. Da aber keine Zeugen aufzutreiben waren, hatten die Priester natürlich Probleme bei der Wahrheitsfindung. Wie letztlich der Fall gelöst wurde, wissen wir nicht, da der Text mit der Bitte um Hilfe an den Gott endet.

Exkurs: Der Fall Paneb

Den schlimmsten Verbrecher in Deir el Medineh kennen wir aus einer Anklageschrift aus der Zeit des Siptah, eines Königs der späten 19. Dynastie. Der Papyrus ist in der Art eines Memorandums verfaßt und zählt in kurzen Abschnitten die Verfehlungen und Verbrechen auf, die ein gewisser Paneb in seinem Leben beging. Leider sind die einzelnen Passagen undatiert, so daß die zeitliche Abfolge der Straftaten nicht immer sicher festzustellen ist. Einige Beschädigungen des Papyrus erschweren besonders am Anfang des Textes das Verständnis des Inhalts, diese Teile werden nicht in wörtlicher Übersetzung wiedergegeben. Der Papyrus befindet sich heute im British Museum in London.

Paneb war sicher der gefährlichste Gangster, der je in Deir el Medineh gelebt hatte. Mord, Totschlag, Vergewaltigung, Grabraub, Raub, Diebstahl, Bestechung und einiges mehr gingen auf sein Konto, zeitweilig war er Anführer einer regelrechten Verbrechergang, unter der alle Einwohner zu leiden hatten.

Paneb wurde in der Zeit Ramses' II. geboren und starb in der Regierungszeit des Siptah und der Königin Tausret im Alter von ca. 50 – 60 Jahren. Wir

Armbänder einer Prinzessin, 18. Dynastie, Zeit Thutmosis' III. Solche Kostbarkeiten waren in den Gräbern der Reichen und der Könige zu finden. Das war allgemein bekannt und verführte zu allen Zeiten die Menschen, die Gräber der Vorfahren auszurauben. Auch der „Obergangster" von Deir el Medineh, Paneb, machte da keine Ausnahme und beraubte hemmungslos Gräber.
Pelizaeus-Museum, Hildesheim.

kennen ihn außer aus diesem Text noch aus einer Reihe anderer Ostraka und Papyri, in denen jedoch niemals auf seine Verbrecherkarriere eingegangen wird. Der Fall zeigt in einigen Passagen ganz offensichtlich die Machtlosigkeit der Menschen, aber auch der Behörden der Nekropolenverwaltung, mit einem Kriminellen dieses Ausmaßes fertigzuwerden.
Die Anklage reichte ein Arbeiter namens Amunnacht ein, der ein Sohn des

Vorarbeiters Nebnefer war. Nach dem Tode seines Vaters hatte man seinen Bruder Neferhotep als Nachfolger des Vaters eingesetzt. Neferhotep war in der Zeit des Königs Amenmesse im Kampf gegen eingedrungene Feinde, die in Theben Beute machen wollten, gefallen.

Paneb war schon in jungen Jahren nicht vor Verbrechen zurückgeschreckt, um zu Macht und Reichtum zu gelangen:

„Erinnerung an seine Handlung: Bei einer Nachtpartie verletzte er immr wieder Leute von der Arbeitstruppe, indem er oben auf die Mauer ging und auf die Leute Ziegel warf."

In der erwähnten Mauer ist mit Sicherheit die archäologisch nachweisbare Umfassungsmauer des Dorfes zu sehen, die ganz aus Nilschlammziegeln erbaut war. Teile davon sind noch heute recht gut erhalten. Paneb verhielt sich also schon in jungen Jahren wie ein Rowdy und bewarf die Dorfbewohner mit Steinen. In dieser Zeit versuchte er sich auch erstmalig als angehender Grabräuber, jedoch vorerst noch mit eher mäßigem Erfolg:

Erinnerung an sein Gehen zum Begräbnis der Henutmire, sie lebe, sei heil und gesund. Er stahl eine Gans. Dann leistete er den Eid beim Herrn darüber und sprach: ‚Sie ist nicht bei mir!' Doch in seinem Haus fand man sie."

Henutmire war eine der Töchter Ramses' II., die bereits vor ihrem Vater starb und wahrscheinlich im Tal der Königinnen bestattet wurde. Aus ihrem Begräbnis stahl Paneb eine Gans, man erwischte ihn, und er legte einen Meineid ab — für ihn noch ein gringes Vergehen im Vergleich zu dem, was er später anstellte. Bei einer Hausdurchsuchung fand man die Gans, doch scheint Paneb deswegen nicht weiter belangt worden zu sein, man ließ anscheinend noch einmal Gnade vor Recht ergehen, was jedoch Paneb nicht an weiteren Straftaten hinderte.

Ungewöhnlich massiv ging er gegen die Familie des verstorbenen Nebnefer vor, wobei er auch vor Gewaltanwendung nicht zurückschreckte. Das betraf den Anklagenden auch persönlich, der der Sohn des Vorarbeiters war. Er schrieb:

„Erinnerung daran, daß er veranlaßte, daß ich einen Eid ablegte bezüglich des Hauses meiner Mutter und meines Vaters und sagte: ‚Ich werde nicht darin wohnen.' Er (Paneb) ließ den Arbeiter Pasched kommen und begann, das Dorf zusammenzurufen, und sagte: ‚Verhindert, daß jemand von der Familie des Vorarbeiters Nebnefer erblickt wird, wie er zum Opfer für ihren Gott Amun geht.' So sprach er. Sie fürchteten sich vor ihm (die Familienangehörigen des Nebnefer). Er fing an, Steine gegen die Diener des Ortes zu werfen."

Unter Gewaltanwendung verhinderte Paneb, daß Opfer für den verstorbenen Vorarbeiter und seine Frau gebracht wurden, wodurch Amunnacht seinen Sohnespflichten nicht nachkommen konnte und gegen die Maat verstieß. Das hatte für ihn unangenehme Folgen, denn in diesem Falle war er auch nicht berechtigt, seine Eltern zu beerben. Wahrscheinlich wollte sich

Paneb das Erbe selbst unter den Nagel reißen. Danach begann Paneb, systematisch Gräber zu plündern, und er machte auch vor Tempelbesitz nicht halt. Noch in der Regierungszeit des Merenptah entwendete er eine Statue aus dem Hathortempel, der sich ganz in der Nähe des Dorfes befand. Wieder wurde er ertappt, und wieder passierte ihm nichts — sein Einfluß im Ort muß jetzt schon sehr groß gewesen sein.
Nur wenige Tage später geriet Paneb in einen ernsthaften Streit mit dem Vorarbeiter Neferhotep, der bis dahin sein Gönner gewesen war. Auch diesmal scheute Paneb nicht vor Gewaltanwendung zurück, um sein Ziel zu erreichen:
„Erinnerung an seine Verfolgung des Vorarbeiters Neferhotep, meines Bruders, obwohl er ihn gefördert hatte. Er (Neferhotep) verriegelte seine Tür vor ihm. Doch er (Paneb) nahm einen Stein und zerbrach damit seine Türen. Man ließ Neferhotep nun durch Leute bewachen, denn er (Paneb) sprach: ‚Ich werde ihn in dieser Nacht töten!' Er verletzte neun Leute in dieser Nacht. Der Vorarbeiter Neferhotep klagte ihn daraufhin beim Vezir Amenmose an. Er vollzog die Strafe an ihm. Doch er (Paneb) klagte daraufhin den Vezir bei (König) Amenmesse an. Er veranlaßte, daß er (der Vezir) fortging, indem er sprach: ‚Er verletzte mich!'"
Jetzt war Paneb nicht mehr zu halten. Nicht nur, daß er seinen ehemaligen Gönner, den Vorarbeiter Neferhotep, mit Morddrohungen verfolgte und sogar mit brachialer Gewalt in dessen Haus eindrang, sondern als sich der verängstigte Vorarbeiter mit einer Leibgarde umgab, trommelte Paneb seine Leute zusammen und ging gegen die Wächter vor. Bandenkrieg in Deir el Medineh — Wild-West in Theben. Verständlicherweise konnten solche Zustände nicht länger geduldet werden, und Neferhotep klagte seinen Widersacher beim Vezir an. Dieser sprach Paneb schuldig und verhängte eine Strafe über ihn. Und jetzt leistete Paneb sein Meisterstück. Irgendwie muß er über exzellente Beziehungen bei Hofe verfügt haben, denn er durfte den Fall dem König Amenmesse vortragen. Es gelingt ihm, den König davon zu überzeugen, daß der Vezir der Bösewicht sei, indem er behauptete, dieser habe ihn tätlich angegriffen und verletzt! Der König glaubte ihm und entließ den Vezir — man kann es kaum verstehen, daß es möglich war, daß ein Vezir von einem einfachen Arbeiter gestürzt werden konnte. Wahrscheinlich spielten ganz andere, uns unbekannte, innenpolitische Gründe die entscheidende Rolle. Vielleicht war der Vezir bereits in Ungnade gefallen, und vielleicht kamen dem König die Anschuldigungen Panebs in dieser Situation gerade recht.
Jedenfalls flippte Paneb jetzt endgültig aus. Als Kämpfe im thebanischen Bereich ausbrachen, wurde dabei der Vorarbeiter Neferhotep getötet, und seine Stelle wurde frei. Üblich war, daß jetzt sein Sohn oder — wie in unserem Fall — sein Bruder zum Nachfolger bestimmt wurde. Doch Paneb war

schneller und bestach den neuen Vezir, indem er ihm fünf Dienerinnen schenkte. Seine guten Beziehungen bei Hofe taten ein übriges, Paneb wurde selbstverständlich zum Vorarbeiter befördert und konnte aus dieser neuen Machtposition heraus seine Umtriebe erweitern und nahezu ungestört fortsetzen. Im Dorf war ihm jetzt niemand mehr gewachsen. Er raubte Gräber aus und machte dabei auch nicht vor den Schätzen der Königsgräber im Tal der Könige halt, wie ein weiterer Anklagepunkt feststellte:
„Er redete schmählich über eine Grabstätte auf der Westseite der Nekropole, obwohl ein Grabstein an ihr war (d. h. sie war belegt und damit sakrosankt). Er stieg in das Grab des Arbeiters Nachtmin hinunter. Er stahl das Ruhebett, das unter ihm war. Er holte die Sachen, die man einem verstorbenen Menschen gibt, er nahm sie weg."
Doch damit nicht genug. Als König Sethos II. starb, plünderte Paneb dieses Grab rigoros direkt nach dem Begräbnis aus. Kostbare Tücher, wertvolle Türbeschläge waren vor ihm und seiner Gang ebenso wenig sicher wie Weihrauch und kostbare Öle. Er plünderte die Magazine im Grab Sethos' II. und feierte seinen Erfolg, indem er den Wein des Königs durch die eigene Kehle rinnen ließ. Er wurde zwar entdeckt, doch nahm der Nekropolenschreiber eine Bestechung an, so daß der Fall wiederum sang- und klanglos zu den Akten gelegt wurde. Danach wütete Paneb mit schier ungebremster krimineller Energie weiter und erzog auch seinen Sohn entsprechend mit Gewalt und Einschüchterung:
„Sein Sohn floh vor ihm zur Stätte der Torwächter. Er (der Sohn) leistete den Eid beim Herrn und sagte: ‚Ich kann ihm nicht widerstehen.' Er sprach weiter: ‚Paneb vergewaltigte die Städterin Tui, die Frau des Arbeiters Qenna war. Er schändete die Städterin Hener, als sie bei Pendua war (d. h. dessen Frau war). Er vergewaltigte die Städterin Hener (erneut), als sie bei Hessunebef war.' So sprach er, sein eigener Sohn! Und als er die Hener vergewaltigte, schändete er auch ihre Tochter Webechet. Auch sein Sohn Aapechti schändete die Webechet."
Kaum eine Frau war vor den Nachstellungen des Paneb und seines Sohnes sicher. Als er dann auch noch eine weitere Frau oben auf der Mauer schändete, war eigentlich das Maß voll, doch nichts passierte ihm. Niemand wagte es, sich gegen Paneb zu stellen und die Behörden zu informieren. Der einzige, der eigentlich dazu in der Lage gewesen sein müßte, war der zweite Vorarbeiter im Dorf, doch dieser wurde von Paneb völlig eingeschüchtert:
„Erinnerung an sein Sprechen zum Vorarbeiter Hay: ‚Ich werde zu dir auf den Berg kommen und dich töten!'"
Daß Paneb ohne Skrupel Meineide schwor, um sie sofort zu brechen, wunderte bei seinem Vorstrafenregister eigentlich nicht mehr. Fast resignierend nannte die Anklageschrift auch solche Punkte mehrmals.
Völlig wehrlos waren die einfachen Arbeiter, deren Chef ja Paneb mittlerweile geworden war, seinen Machenschaften ausgeliefert. Immer wieder

zog er sie unrechtmäßig zu Sonderschichten heran, um sie für sich persönlich arbeiten zu lassen:

„Erinnerung an sein Einsetzen der Arbeiter zum Steinebrechen über die Arbeit für König Sethos II. hinaus. Tagtäglich schleppten sie (Steine) zu seinem Grab (gemeint ist das Grab Sethos' II. im Tald er Könige). Er (Paneb) stellte von diesen Steinen vier Säulen in seinem eigenen Grab auf. Er plünderte die Stätte Pharaos. Leute, die am Nekropolenbereich vorübergingen, sahen die Steinmetzen, als sie beim Arbeiten da standen, über die Arbeit für Pharao hinaus. Sie hörten auch ihre Stimmen. Er benutzte die Arbeitsgeräte Pharaos und das Beil für die Arbeit in seinem (Panebs) Grab."

Insgesamt 16 Arbeiter, das waren alle Angehörige der rechten Seite der Arbeiterschaft, die Paneb unterstand, mußten für ihn — natürlich ohne Lohn — arbeiten. Er ließ sie an seinem Grab bauen, und dabei benutzten sie Werkzeuge aus dem Besitz des Königs, sie verwendeten also staatliche Produktionsmittel. Zu den vielen Straftaten des Paneb kam somit nun auch noch ein schlimmes Wirtschaftsvergehen hinzu, die persönliche Aneignung der Verfügungsgewalt über die staatlichen Produktionsmittel, ein Vergehen, das, wenn es Schule machen sollte, die Grundfesten des altägyptischen Staates erschüttern konnte.

„Erinnerung an sein Holen eines großen Grabmeißels von der Arbeit. Er zerbrach ihn in seinem Grab!"

Aber wiederum belangte niemand Paneb, noch hielt seine Macht stand, doch gerade der letzte Vorwurf mußte ihn schwer treffen, und niemand konnte mehr „den Fall zu den Akten legen". Vielleicht gibt die nächste Passage indirekt Antwort darauf, warum ihm solange nichts passierte, warum Paneb über Jahre hinweg unbehelligt von jeder Strafverfolgung blieb:

„Erinnerung an sein Einsetzen der Arbeiter für die Bearbeitung von bespannten Betten für den Verwalter des Amuntempels, während ihre Frauen Kleider für ihn webten."

Paneb ließ die Arbeiter auch für die hohen Beamten arbeiten, die auf diese Art billig zu Produkten kamen und daher beide Augen zugedrückt haben werden, um diese billige Quelle nicht versiegen zu lassen.

Paneb beauftragte außerdem einen seiner Untergebenen mit der Rindermast für volle zwei Monate, so daß der Arbeiter in dieser Zeit nicht seinen eigentlichen Arbeiten am Königsgrab nachkommen konnte. Ein weiterer Grund dafür, daß Paneb lange nicht angeklagt wurde, ist der, daß er nicht davor zurückschreckte, Menschen zu ermorden, die ihm gefährlich werden konnten, wie der letzte Absatz im Text ausführte:

„Er ist dieses Amtes (eines Vorarbeiters) nicht wert. Doch ist er wohlbehalten. Er ist wie ein Unzuverlässiger. Er tötete diese Leute, um zu verhindern, daß sie Anzeige bei Pharao machen könnten. Siehe, ich ließ denoch den Vezir von seinem Betragen wissen."

Durch diesen mutigen Beweis von Zivilcourage des Amunnacht wurde schließlich doch der Vezir informiert. Der Papyrus wurde außerhalb des Dorfes unter einem großen Stein versteckt gefunden, denn Amunnacht war es sicherlich viel zu gefährlich, solch ein brisantes Dokument in seinem Haus aufzubewahren. So, wie wir Paneb kennengelernt haben, wäre er kaum davor zurückgeschreckt, einen weiteren Zeugen der Anklage zu ermorden. Nun aber erfuhr der Vezir von diesen Verbrechen in Deir el Medineh.

Leider gibt der Text nicht an, ob wirklich Anklage gegen Paneb erhoben wurde. Doch dürfen wir mit einiger Sicherheit davon ausgehen. Durch einen glücklichen Zufall ist ein kleines Ostrakon entdeckt worden, das im Jahr 6 des Siptah ganz lapidar vermerkt:

„Jahr 6 (Siptah), Hinrichten des Vorarbeiters."

Eines der Verbrechen, die Paneb in seiner kriminellen Karriere begangen hatte, war der Grabraub. Damit stand er jedoch nicht allein, denn seit ältester Zeit hören wir immer wieder, daß Gräber aufgebrochen und ausgeplündert wurden. Grabraub als einträgliche Erwerbsquelle war trotz hoher Strafen zu verlockend. Mit ökonomischen Auswirkungen dieses Phänomens wollen wir uns im folgenden Abschnitt eingehender beschäftigen.

Grabraub

„Siehe, einer, der als Falke (d. i. der König) begraben worden war (ist jetzt arm o. ä.), was die Pyramiden versteckten, ist fort."

So beklagte zutreffend eine literarische Schrift die Zustände in den Nekropolen Ägyptens am Anfang des Mittleren Reichs. Gräber und Pyramiden waren schon damals ausgeplündert, denn der unvorstellbare materielle Wert der Grabbeigaben weckte zu allen Zeiten Begehrlichkeiten. Auch ein noch so intensiver Schutz konnte die Grabanlagen zu keiner Zeit vollständig vor Beraubung und Zerstörung bewahren.

Wir wollen speziell die Verhältnisse in der Ramessidenzeit betrachten, denn nur aus dieser Epoche liegen die originalen Gerichtsprotokolle vor, welche die Überführung und Verurteilung von Grabräubern zum Thema haben. Die in sehr sorgfältiger hieratischer Kanzleischrift abgefaßten Papyri werden heute in den großen ägyptischen Museen in Turin, Liverpool, Kairo und im British Museum in London aufbewahrt. Ohne Zweifel gehören sie zu den interessantesten juristischen Texten aus dem Alten Ägypten. Darüber hinaus geben sie uns einen tiefen Einblick in die sozialen und innenpolitischen Verhältnisse gegen Ende des Neuen Reichs.

Ganz wie heute wurden auch im Alten Ägypten die Nekropolen streng bewacht — wir haben ja schon oben über die Nekropolenpolizei von Deir el Medineh gesprochen. Solche Polizeiposten oder auch kleinere Wachstationen gab es mit Sicherheit auch in Sakkara, Giza und in den anderen großen Friedhöfen, wenn wir auch nichts sicheres mehr darüber wissen. Doch dürfte der Nutzen der Bewachung meistens recht gering gewesen sein, da die Polizisten, verlockt durch die zu gewinnenden Reichtümer, oftmals gemeinsame Sache mit den Grabräubern machten. Meistens waren sogar höhere und höchste Beamte und Priester eingeweiht und beteiligt, wie wir noch hören werden.

Immer wieder versuchte man seitens der Staatsmacht, durch Inspektionen und peinlich genaue Untersuchungen den Dieben auf die Spur zu kommen oder die Räubereien wenigsten einzudämmen, doch war der Erfolg bescheiden. Diese Kommissionen waren aus den höchsten Beamten zusammengesetzt, sogar der Vezir selbst leitete einmal auf Befehl des Königs solch eine Untersuchung. Die Ergebnisse wurden nach Abschluß der Untersuchung protokolliert und sind in Teilen glücklicherweise erhalten geblieben.

„(An diesem Tag wurden ausgesandt die) Inspektoren der großen, edlen Nekropole: Der Vezirschreiber und der Schreiber des Schatzhausvorstehers, um die Gräber der vergangenen Könige zu überprüfen und die Gräber und Ruhestätten der Verehrten (der Toten), deren Zeit vergangen ist und die in der (Nekropo-

le) von Theben-West waren. Durch den Vorsteher von Theben und Vezir Chaemwase, den königlichen Truchseß Nesamun, den Schreiber Pharaos und Vermögensverwalter der Gottesgemahlin des Amun, des Königs der Götter, der königliche Truchseß Neferkaremeriamun, der Sprecher (juristischer Beamter) Pharaos ... (hier bricht der Text ab)."

Diese Kommission wurde demzufolge vom Vezir als oberstem Richter Ägyptens nach dem König, von zwei Truchsessen des Königs, das waren direkte Beauftragte Pharaos und von weiteren Beamten gebildet. Diese schickten ihre Schreiber nach Theben, die dort die eigentliche Überprüfung der Grabanlagen vornahmen. Man erkennt die Bedeutung, die dem Problem des Grabraubes beigemessen wurde, daran, daß der Vezir persönlich zum Leiter der Untersuchungskommission bestellt wurde. Hinzu kamen noch der Polizeichef von Theben-West, Paweraa, die Leiter der Polizeiposten der Tempel und der Nekropole mit ihren Leuten, zwei Priester und zwei weitere Schreiber.

Diese hochkarätige Mannschaft inspizierte die Gräber der Könige der 17. und frühen 18. Dynastie und legte die Ergebnisse ihrer Prüfung schriftlich nieder. Solche Nekropolenüberprüfungen muß es auch zu anderen Zeiten und an anderen Orten in Ägypten gegeben haben, doch nur in diesem Fall sind uns die Protokolle erhalten geblieben.

Im Text heißt es:

„Die Pyramiden, Gräber und Grabstätten, überprüft an diesem Tag durch die Inspektoren:

Der ‚Ewige Horizont' des Königs Djeserkare, Sohn des Re (d. i. der Königstitel) Amenophis (d. i. Pharao Amenophis I., der Gründer der 18. Dynastie), der 120 Ellen (= ca. 60 m) mißt in die Tiefe ausgehend von dieser Stele, genannt Paaqa, nördlich des Tempels ‚Amenophis vom Weinberg'. (Es folgt nun erneut die Liste der Inspektoren, wie sie bereits oben gegeben wurde.)

Heute überprüft: Es wurde unversehrt gefunden an diesem Tag durch die Inspektoren."

Das Grab Amenophis' I. war also im Jahr 16 Ramses' IX., in dem diese Überprüfung stattfand, noch unversehrt. Als nächstes überprüfte man Gräber von Königen der 11. Dynastie, die vor einigen Jahren im Assasif wieder entdeckt worden sind.

„Das Königsgrab des Königs, Sohn des Re, Intef, der Große, das sich nördlich des Tempels ‚Amenophis des Hafens' befindet und dessen Pyramide von ihm (dem Grab) gestohlen war.

Aber seine (des Intef) Stele ist noch ‚in Situ' vor ihm (dem Grab), und die Figur des Königs ist auf dieser Stele mit einem Hund, genannt Behkaj, zwischen seinen Füßen. Überprüft an diesem Tag: Es wurde unversehrt gefunden."

Die im Text beschriebene Stele (oder eine ganz ähnliche) ist in Theben-West gefunden worden. Genau wie im Papyrus beschrieben, ist ein Hund na-

Karte der Goldminen, Papyrus, 20. Dynastie. Der Papyrus zeigt die Wege zu den nubischen Goldminen, er nennt die Siedlungen und Gebirge namentlich. Dieses einmalige Dokument dürfte eine der ältesten Landkarten der Menschheit sein. Aus diesen Minen gewannen die Ägypter jährlich mehrere Tonnen Gold, über die der König die alleinige Verfügungsmacht besaß. Einen Teil dieses Goldes verteilte er an verdiente Beamte, die ihrerseits einen Großteil des Goldes ihrer Grabausstattung hinzufügten. Durch Raub kam das meiste Gold schließlich in den Wirtschaftskreislauf, wo es das Wirtschaftssystem stark erschütterte.
Ägyptisches Museum, Turin.

mens Behkaj dargestellt zusamen mit vier weiteren Jagdhunden des Königs Intef.

Die Kommission stellte zwar fest, daß die Grabpyramide abhandengekommen war, sicherlich wegen ihrer vergoldeten Spitze, doch ansonsten war das Grab am Ende der 20. Dynastie noch nicht ausgeplündert. Es hatte damit immerhin rund ein Jahrtausend unversehrt überdauert, ganz im Gegensatz zu den meisten anderen Königsgräbern, die oftmals direkt nach den Bestattungsfeierlichkeiten geplündert worden waren.

„Das Königsgrab des Königs Nubcheperre, Sohn des Re, Intef. Es wurde aufgefunden, indem es angebohrt worden war von den Dieben. Sie haben einen Tunnel von 2 1/2 Ellen gegraben an seiner Nordseite, von der äußeren Halle des Felsgrabes des Oberopferträgers des Amuntempels Jurii aus, der verstorben ist. Es war unversehrt, die Diebe waren nicht erfolgreich.“

In dieser Passage wurde nun berichtet, daß die Grabräuber versucht hatten, in das Königsgrab einzudringen. Doch nach gut einem Meter gaben sie ihren Versuch wieder auf, wahrscheinlich waren sie bei ihrer Tätigkeit gestört oder gar entdeckt worden. Dabei drangen sie vom Vorhof des Felsgrabes eines Opferträgers im Amuntempel von Karnak aus vor. Sein Grab wurde ebenfalls in Theben-West entdeckt. Er lebte in der Ramessidenzeit, wahrscheinlich starb er Ende der 20. Dynastie, d. h. zur Zeit der Grabinspektion war er noch nicht allzu lange tot.

Der hier erwähnte König Intef regierte in der 17. Dynastie in Theben und war Zeitgenosse der Hyksosherrscher. Das Grab eines weiteren Pharao der 17. Dynastie war, wie die Kommission weiter berichtet, bereits geplündert.

„Das Königsgrab des Königs Sechemreschedjtaui, Sohn des Re. Sebekemsaef (II.). Es wurde durch Diebe beschädigt aufgefunden, (es war) getunnelt bis in den Endraum, des Königsgrabes von der äußeren Halle des Felsgrabes des Nebaman, des Scheunenvorstehers des Königs Thutmosis' III., aus. Die Grabkammer des Königs wurde geplündert aufgefunden und gleichermaßen die Grabkammer der großen königlichen Gemahlin Nubchaes, seiner Frau. Die Diebe haben Hand an sie gelegt. Der Vezir, die Edlen und die Truchsesse erforschten den Sachverhalt, und die Art der Beschädigungen, welche die Räuber gemacht hatten gegen diesen König und seine Frau, wurden entdeckt.“

Wiederum wurde hier beschrieben, wie die Diebe von einem Privatgrab aus in das Doppelgrab des Königs und seiner Königin eingedrungen waren und es ausgeraubt hatten. Alle anderen überprüften Königsgräber wurden jedoch nach dem Bericht der Kommission noch unversehrt aufgefunden. Darunter waren die Anlagen so bedeutender Pharaonen wie beispielsweise der beiden Hyksosbezwinger Taa, der Tapfere, und Kamose. Das Endergebnis dieser Inspektion wurde schließlich in einem Schlußabsatz festgehalten:

„Summe: Königsgräber der verstorbenen Könige, die an diesem Tag überprüft wurden durch die Inspektoren und die unversehrt aufgefunden wurden: 9. Königsgräber, beschädigt aufgefunden: 1; Summe: 10“

Schlimmer sah es dagegen in der Nekropole der Privatleute aus, die anscheinend nicht so gut bewacht war wie die Köngisgräber. Hier wurde ebenfalls eine ganze Reihe von Gräbern untersucht, und dabei vermerkten die kon-

trollierenden Beamten erhebliche Zerstörungen und Beraubungen dieser Anlagen.
Auch die Nekropolenarbeiter und ihre Vorgesetzten beteiligen sich lebhaft am großen Geschäft des Grabraubes, wie die Akten beweisen. Trotz härtester Strafen und höchster Risiken, entdeckt zu werden, fanden sich immer wieder Leute, die die Grabanlagen beraubten und sich die darin enthaltenen Reichtümer aneigneten. Dabei bevorzugten die Diebe zum einen Gegenstände, die sie selbst verarbeiten konnten, beispielsweise hölzerne Türen, Särge, Möbelstücke und Kästen. Zum anderen entwendeten sie auch Gefäße, Stoffe und sogar ganze Statuen. Natürlich hatten sie es hauptsächlich auf das Edelmetall abgesehen. Die Objekte wurden meistens eingeschmolzen, manchmal jedoch auch unverändert verkauft, was natürlich das Risiko einer Entdeckung durch die Behörden erhöhte, andererseits war der erzielte Gewinn aber deutlich höher.
Gegen Ende der 20. Dynastie scheinen diese Grabplünderungen schließlich überhand genommen zu haben, so daß der Staat sich zu harten Gegenmaßnahmen entschloß. In monatelangen Verhören, die von Folterungen der Verdächtigen begleitet waren, versuchten hohe, direkt vom König eingesetzte Beamte das Ausmaß des Grabraubes und seine Organisation zu erkennen. Dabei erfuhr man auch, wer die gestohlenen Dinge zu welchem Preis von den Dieben gekauft hatte, und man stellte überrascht fest, daß Leute aus allen Berufen und aus allen sozialen Schichten der Bevölkerung direkt oder indirekt am Grabraub beteiligt waren.
Ein Dieb schilderte den Verhörenden ausführlich die Beraubung des Grabes des Königs Sebekemsaef II. und der Königin Nubchaes, die er zusammen mit einigen Freunden im Jahr 13 Ramses' IX. geplant und ausgeführt hatte (vgl. oben den Kommissionsbericht zum selben Grab):
„Wir fanden das Grab der Königin Nubchaes, wir öffneten es gewaltsam, und wir fanden sie liegend gleichermaßen (wie den König, der vorher genannt ist). Wir öffneten ihre äußeren Särge und ihre inneren Särge, in denen sie lag. Wir fanden auch diese edle Mumie dieses Königs, ausgestattet wie ein Soldat. Eine große Anzahl Udjat-Augen-Amulette und Goldverzierungen waren an seinem Nacken, und seine Mumienmaske aus Gold war an ihm. Die edle Mumie dieses Königs war gänzlich mit Gold bedeckt, und sein innerster Sarg war innen verziert mit Gold und Silber und außen mit Einlagen aus allen Arten von Edelsteinen. Wir stahlen das Gold, das wir an dieser edlen Mumie dieses Gottes fanden und an seinen Augenamuletten und Verzierungen, die an seinem Hals und am inneren Sarg waren, in dem er lag. Wir fanden die Königin genauso, und wir stahlen von ihr ebenfalls alles, was wir fanden. Dann legten wir Feuer an ihre inneren Särge. Wir raubten ihre Grabausstattung, die wir bei ihnen fanden, Objekte aus Gold, Silber und Bronze, und teilten sie unter uns auf. Wir machten acht Teile von dem Gold, das wir an diesen beiden Göttern und an

ihren Mumien fanden und an den Amuletten und Verzierungen und an den inneren Särgen.“

Diese Zeugenaussage, ja eigentlich war es ein vollständiges Geständnis, ist typisch. Ein Dieb bekannte seine Schuld und verriet seine Helfer — in diesem Fall bestand die Diebesbande aus acht Personen —, und er schilderte exakt, auf welche Art und Weise die Grabräuber vorgegangen waren.

Interessant ist für uns die Beschreibung der Gräber und Mumien, denn alle diese Anlagen sind zwar bekannt, doch als sie von Archäologen entdeckt wurden, waren sie natürlich geplündert. Dennoch gewinnt man durch diese Aussagen einen ungefähren Eindruck, wie es in einem unberührten ägyptischen Königsgrab ausgesehen haben muß.

Bezeichnend ist auch, daß die Diebe nach getaner Arbeit Feuer in die Gräber legten, wahrscheinlich, um etwaige Spuren zu verwischen. Dieser Tatbestand ist zumindest in einigen Gräbern in Theben-West auch archäologisch nachweisbar.

Doch zurück zu unserem Grabräuberprozeß. Eine detaillierte, leider nicht mehr vollständig erhaltene Liste der Diebe schloß an den bisherigen Text an. Es handelte sich bei den überführten und geständigen Räubern um Handwerker und Arbeiter, die in der Stadt Theben und auch in Theben-West wohnten. Eine Art Adreßbuch von Theben-West stand auf der Rückseite eines Papyrus'. Dabei wurden alle Häuser in Theben-West erfaßt und ihre Bewohner mit Namen und Berufsbezeichnung registriert.

Von den genannten Dieben war einer Steinmetz im Amuntempel, ein anderer war Zimmermann, der zum Haushalt des Oberjägers des Amun, also zum Personal des großen Karnaktempels gehörte, ein weiterer war Wasserträger im Totentempel Thutmosis' IV., ein anderer war Feldarbeiter, und einer war Diener eines Nubiers aus dem Haushalt des Hohepriesters des Amun. Man sieht, daß praktisch alle Berufe vertreten waren. Bemerkenswert ist auch, daß alle Mitglieder dieser Bande irgendwie zum Karnaktempel oder gar direkt zum Personal des Hohepriesters des Amun gehörten.

Das Protokoll fuhr dann fort:

„Summe der Männer, die im Grab dieses Gottes waren: 8. Sie wurden befragt durch Stockschläge, und ihre Hände und Füße wurden verdreht, doch sie erzählten alle dieselbe Geschichte. Der Bürgermeister von Theben und Vezir Chaemwase und der königliche Schreiber und Truchseß Pharaos Nesamun befahlen, die Diebe vor sie zu schleppen nach Theben-West (also eine Art Lokaltermin) im Jahr 16 (Ramses' IX.), im 3. Monat der Überschwemmungszeit, Tag 19. Die Diebe bezeichneten das Grab dieses Gottes, in dem sie die Räume ausgeplündert hatten. Ihr Prozeß und ihr Urteil wurden protokolliert, und eine Meldung wurde zum Pharao geschickt.“

Der König selbst hatte die Untersuchung veranlaßt und wurde nun durch den Bericht der Kommission über das Ergebnis informiert. Nach und nach

gewannen der Vezir und seine Kollegen im Untersuchungsausschuß ein immer besseres Bild über das Ausmaß der Grabräubereien in Theben-West. Durch die Aussagen der Diebe sowie ihrer Helfer und Hehler gelang es den Behörden, immer wieder wenigstens Teile der gestohlenen Werte sicherzustellen. Dennoch war das meiste für alle Zeiten verloren.
Leider sagt dieser Teil des Textes nichts über das Urteil und das Strafmaß aus, doch aus vergleichbaren Protokollen wissen wir, daß die Grabräuber in der Regel mit dem Tode bestraft wurden. Welche Strafen über die Hehler und Helfer verhängt wurden, ist nicht mehr festzustellen. Man muß aber auch für diesen Personenkreis mit sehr harten Strafen wie Tod, Verbannung, mit Zwangsarbeit in den Steinbrüchen oder Goldminen oder Verstümmelungen rechnen.
Die Aussage eines Kupferschmiedes der Nekropole, eines Mitglieds der Handwerkerschaft von Deir el Medineh, läßt gut den Weg des Raubgutes erkennen. Nach der Preisgabe der Namen seiner Mittäter schilderte ein gewisser Pachihat, Sohn des Qedachetef und der Buipet, was vorgefallen war:
„Wir drangen in die Gräber von Theben-West ein, und wir brachten das Silber und Gold, das wir in diesen Gräbern fanden, auf die Seite. Wir nahmen es und verkauften es im Boot des Djar im Hafen von Theben: Alle sechs von uns gingen zusammen. Es war der Fischer des Bürgermeisters von Theben Panachtemipet, der uns nach Theben-West übersetzte, und sein Anteil war exakt der gleiche wie unser."
Diese Passage offenbart die Einfachheit und auch die Öffentlichkeit, mit der das gestohlene Gut veräußert wurde. Die Diebe ließen sich von einem Fischer über den Fluß setzen, wo sie schon von Pachihat erwartet wurden. Dann plünderten sie ganz in Ruhe die Gräber aus, bezeichnenderweise ohne dabei auf irgendwelche Schwierigkeiten seitens der Nekropolenpolizei zu stoßen. Mit ihrer Beute fuhren sie nach Theben-Ost zurück und verkauften sie dort im Hafen an einen Schiffer, der dann alles ohne Probleme in andere Gebiete Ägyptens befördern und mit gutem Gewinn weiterverkaufen konnte. Auch das war der Aufmerksamkeit der Behörden entgangen.
Der Grabraub wurde von fast allen Bevölkerungsschichten betrieben. Sogar Priester und andere Tempelangestellte wurden als Diebe überführt und gestanden der Kommission ihre Verbrechen:
„Jahr 18 (Ramses' IX.), 2. Monat der Überschwemmungszeit, Tag 24. Entgegennahme der Aussage des Reinigungspriesters Penwenhab (d. i. der unterste Priesterrang in einem Tempel, gewöhnlich von Laien ausgeübt), seine Erklärung wurde gehört. Sie (die verhörenden Beamten) sagten zu ihm: ‚Was hast du zu sagen bezüglich der Goldauflage der Statue des Nefertem (ein Gott der Jugendlichkeit o. ä.), die dem König Ramses II. dem großen Gott, gehört?' Er antwortete: ‚Ich ging zusammen mit dem Gottesvater (mittlerer Priesterrang) Hapiwer, dem Gottesvater Sdej, dem Gottesvater Paisen, dem Sohn des Hapiwer,

und dem Gottesvater Pacharu. Wir rissen (das Gold) von dieser goldbedeckten Säulenbasis des Nefertem ab. Wir brachten fast 4 Deben und 6 Kite Gold (= 418 gr.), und ich schmolz es ein, und der Gottesvater Hapiwer teilte es zwischen sich und seinen Begleitern auf. Sie gaben mir 3 Kite des Goldes (ca. 27 gr.), und sie gaben 3 Kite dem Gottesvater Pacharu (für einen nicht näher bezeichneten Dienst), und sie nahmen den Rest.'"

Ein anderer Angeklagter, ein Goldschmied, gestand später noch ein weiteres Verbrechen im Grab Ramses' II., das wegen seiner besonders wertvollen Ausstattung ein Hauptanziehungspunkt für die Räuber war:

„Sie gingen zu dem Schrein dieses Gottes und stahlen 4 Amulette aus Silber und brachen sie ab. Ich machte von ihnen (den Amuletten) Kopien aus Holz und befestigte sie an ihrer Stelle. Die vier Amulette wogen 6 Deben Silber (= 546 gr.), sie teilten es (das Silber) unter sich auf.

Männer beim Gottesvater Pacharu und beim Reinigungspriester Penwenhab, denen das Gold der Nefertem-Statue gegeben wurde: Dem Sem-Priester (recht hoher Priesterrang in großen Tempeln) Chaemipet: 1 Deben Gold; dem Schreiber der Königsurkunden Sobekmose: 6 Kite Gold; dem Gottesvater Hapiwer: 3 Kite; dem Gottesvater Sedj: 3 Kite; dem Gottesvater Pacharu: 3 Kite; dem Reinigungspriester Penwenhab: 3 Kite; dem Reinigungspriester Pesen, Sohn des Hapiwer: 3 Kite; dem Reinigungspriester Sethmose: 1 Kite Gold.

Menge dessen, was den Gott bedeckte: 8 Kite.

Gesamtsumme: 4 Deben Gold."

Aus der Aussage erfahren wir, daß die Diebe Verzierungen an den Schreinen im Grab Ramses' II. abgebrochen hatten, die ein Goldschmied durch hölzerne Imitationen ersetzte. Ob das etwa aus Pietät oder aus Achtung vor dem Verstorbenen gemacht wurde, erscheint recht fraglich. Man denkt eher an eine Veschleierungsmaßnahme seitens der Räuber, damit bei einer etwaigen oberflächlichen Prüfung des Grabes der Raub nicht sofort entdeckt werden konnte. Das war mit Sicherheit klüger, als Feuer in das Grab zu legen, um die Spuren zu verwischen, wie das sehr häufig getan wurde.

Wenn man sich überlegt, daß Priester und sogar Schreiber, also Staatsbedienstete, am Grabraub beteiligt waren, wird auch verständlich, warum so viele Grabplünderungen unentdeckt blieben — die Diebe wurden von ihren Vorgesetzten, ja sogar von den höchsten Stellen und von den Tempeln gedeckt, was bei dem hohen Wert der Beute eigentlich auch kein Wunder ist. In unserem Fall wurden 4 Deben Gold entwendet, die zu dieser Zeit etwa 8 Deben Silber oder 800 Deben Kupfer entsprachen. Sieht man sich die Warenpreise an, so konnte man beispielsweise für 800 Kupferdeben eine kleine Rinderherde von 10–15 Tieren erwerben. 800 Deben entsprachen dem Monatslohn von über 110 Handwerkern, oder, anders ausgedrückt, um diese Summe zu erhalten, mußte ein Arbeiter in Deir el Medineh 9 1/2 Jahre arbeiten!

Schmelzen von Metall, Grab des Merreruka in Sakkara, 6. Dynastie. Sechs Arbeiter haben lange Blasrohre am Mund und blasen Luft in einen Schmelztiegel, um die notwendige Schmelztemperatur zu erhalten. Das geschmolzene Metall wird anschließend in Formen gegossen. Die so gefertigten Objekte gelangten in die Gräber als Grabbeigaben und wurden geraubt wie andere Dinge auch.

Auch für Schreiber oder für die vielen rangniedrigen Priester und Tempelangestellten waren 4 Deben Gold eine bedeutende Summe, denn ihr Gehalt lag ja nur wenig über dem der Handwerker. Dafür lohnte anscheinend das hohe Risiko, beim Raub erwischt zu werden.
Nachdem die ersten Diebe verhört und überführt waren, wandte sich die Kommission der Aufgabe zu, die Beute sicherzustellen. Dabei wurden massenhaft Häuser durchsucht, und bei sehr vielen Handwerkern in Deir el

Medineh, aber auch in der Stadt Theben selbst entdeckten die Beamten unzähliges Diebesgut. Diese Objekte wurden exakt aufgelistet und den Gerichtsprotokollen beigegeben. Teilweise sind auch diese Listen erhalten, und ein kleiner Auszug daraus soll die korrekte bürokratische Erfassung des Grabraubes verdeutlichen:

„Gefunden im Besitz des Diebes, des großen Verbrechers, des Nekropolenarbeiters Mose, Sohn des Pentawere. Als sein Anteil (an der Beute): Weißgold, verarbeitet: 1 Deben, 9 Kite; Silber: 20 Deben, 3 Kite; Summe des Goldes und Silbers: 22 Deben, 2 Kite. Bronze: eine beschriftete Vase, macht 25 Deben; gutes, oberägyptisches Leinen, umbunden, 2 Sedjer-Bettlaken, verschnitten; gebundenes Mek-Leinen und gutes oberägyptisches Leinen: 6 Stücke; gebundenes Mek-Leinen und 2 Kleider.

Zusammen: verschiedene Stoffe aus oberägyptischem Leinen: 10."

In dieser Phase der Untersuchungen wurden Dutzende von Wohnungen von Dieben und ihren Hehlern durchsucht und das Diebesgut registriert. Neben Edelmetallen in geschmolzener From, als Barren oder als Bruch, wurden, wie in diesem Fall geschildert, auch kostbare Stoffe gefunden und beschlagnahmt. Was da alles innerhalb weniger Wochen in den Häusern gefunden wurde, liest sich streckenweise wie der Katalog eines ägyptischen Museums: Zwei kleine Libationsgefäße, ein großer Topf aus Bronze, Silbergefäße, Goldeinlagen von Statuen, Schreinen und Särgen, Elfenbeinverzierungen usw. usw. Unvorstellbare Werte waren das schon damals, und dennoch: Diese Gegenstände stellten nur einen Bruchteil dessen dar, was im Laufe von Jahrtausenden aus den Gräbern gestohlen worden war.

An einem einzigen Tag beschlagnahmte die Kommission nicht weniger als 50 Deben Gold (fast 5 kg!), 190 Deben Silber (fast 18 kg.), 48 Deben Bronze und einen ganzen Berg von Kleidungsstücken und Stoffen, insgesamt 63 Stücke feinster Qualität. Hinzu kamen diverse kleinere Objekte wie Amulette, Schmuck, Holzgegenstände, Möbel, Türen usw. Das alles war die Beute aus den Raubzügen einer einzigen Bande, die nur aus acht Mann bestand.

Bei den Hausdurchsuchungen wurden von den Beamten alle wertvollen Stücke registriert, die sich in dem Haus befanden, was prompt zu Problemen führte, denn die Diebe sagten immer wieder aus, daß ihnen einzelne Objekte gehörten und daß diese eben nicht aus den Räubereien stammten, sondern regulär erworben worden seien. Diese umstrittenen Objekte wurden gesondert registriert und ebenfalls beschlagnahmt, so daß für die Diebe eine weitere Strafe hinzukam, nämlich ein empfindlicher Verlust an Eigenbesitz.

Da die Räuber voll geständig waren, gelang es den Beamten, weitere Objekte bei den Hehlern zu konfiszieren. Unter den Hehlern waren sogar die Ehefrau eines Tempelschreibers und eine Reihe von Tempelangestellten. Alle mußten das Gold und Silber, das sie von den Grabräubern erhalten hat-

Gießen von Metall in vorbereitete Formen, Grab des Merreruka in Sakkara, 6. Dynastie. Das Ausgießen des flüssigen Metalls in die Gußformen war der entscheidende Vorgang im Produktionsprozeß in der Metallverarbeitung. Hier entschied sich, ob das zu fertigende Objekt gelingen würde oder nicht.

ten, wieder abgeben, ob sie darüber hinaus noch bestraft wurden, läßt sich heute nicht mehr feststellen.

Nach und nach gelang es den zuständigen Beamten, viele Dinge der Grabausstattung von Königen und Privatleuten aufgrund dieser Geständnisse zurückzubekommen. Die Diebe mußten goldene und silberne Geräte, aber auch Stoffe, Edelsteine und vieles mehr abliefern, was exakt verbucht und registriert wurde. Leider wissen wir nicht, was dann mit dem beschlagnahmten Gut geschah. Ob es der Familie des Vestorbenen, aus dessen Grab

die Sachen stammten, zurückgegeben wurde oder ob es in die Schatzkammern der Verwaltungen gelangte, ist nicht mehr zu erfahren.
Einige Beispiele für Beschlagnahmen mögen einen Eindurck vermitteln. Ein Oberstallmeister mußte 1/2 Kite Gold, 1/2 Kite Silber und 2 Deben Kupfer zurückgeben. Bei zwei Tempelschreibern wurden Goldobjekte im Wert von je 1 Kite beschlagnahmt. Sogar der oberste Pförtner und der oberste Wächter von Deir el Medineh waren im Besitz von Diebesgut, das sie wie alle anderen auch zurückgeben mußten.
Man erkennt an dieser nur unvollständigen Aufstellung, daß nicht nur Bauern, Handwerker oder Fischer, sondern auch mittlere und kleinere Beamte in den Grabraub verwickelt waren. Gerade die Beamten waren natürlich kraft ihres Amtes in der Lage, die Diebe zu schützen, wofür sie einen Anteil an der Beute erhielten.
Ein kurzer Auszug aus dem Papyrus kann das belegen:
„Der Kupferschmied Penniut: 1 Kite Gold; der Fischer Charui und der Fischer Pennacht: 1 Kite Gold, 1 Kite Silber, 4 Deben Kupfer, 2 gefärbte Kleidungsstücke. Übergeben an den Schreiber Pentahetnacht: 2 Deben Kupfer.“
Fast 30 Personen wurden ermittelt, die im Besitz von Diebesgut waren, und das war mit Sicherheit nur die Spitze des Eisberges. Naturgemäß konnte nur ein ganz geringer Prozentsatz der Beute sichergestellt werden, da mit Beginn der Inspektionen die Diebe und ihre Helfer gewarnt waren und das meiste sicher versteckt haben werden.
Eine Hausdurchsuchung in Deir el Medineh erbrachte den Beweis, daß auch die Nekropolenhandwerker am Grabraub beteiligt waren, Das war auch kein Wunder, kannten sie doch als einzige die genaue Lage der Gräber, die sie ja selbst gebaut hatten. Interessant ist, daß wieder Beamte und Priester, Schreiber, Schiffskapitäne, Kaufleute und untere Priesterränge im Besitz des gestohlenen Gutes waren. Die Grabräuber scheinen zu keiner Zeit Absatzschwierigkeiten für ihre Ware gehabt zu haben, und ihr Kundenkreis gehörte durchaus zur bessergestellten Schicht der Bevölkerung.
Beamte und Vorgesetzte der Arbeiter wurden sehr häufig mit einem bestimmten Anteil an der Beute bestochen, damit sie Stillschweigen bewahrten, wie es das lange Protokoll eines Verhörs erkennen läßt:
„Verhör des Priesters und Tempelgärtners Ker. Seine Aussage wurde angehört, und sie (die verhörenden Beamten bei Gericht) sagten zu ihm: ‚Erzähle die Geschichte, wie du gegangen bist und das Gold der Türpfosten herausgebrochen hast zusammen mit deinen Kumpanen.‘ Er sagte: ‚Der Tempelschreiber Sedj ging zusammen mit dem Priester und Goldschmied Tuti zu den Türpfosten. Sie brachten 1 Deben und 3 1/2 Kite Gold heraus, das er zum Offizier Penminu brachte. Wir gingen später wieder zu den Türpfosten und stahlen 3 Kite gold. Wir gingen zusammen mit dem Tempelschreiber Sedj, dem Priester Tuti und dem Priester Peisen: zusammen 4 (Mann).

Dann gingen wir erneut zu den Türpfosten mit dem Tempelschreiber Sedj und dem Priester Nesamun. Wir nahmen 5 Kite Gold fort und teilten es.
Dann gingen wir noch einmal zu den Türpfosten mit dem Priester Hori, Sohn des Pacharu, dem Tempelschreiber Sedj und dem Priester Nesamun und stahlen 5 Kite Gold. Davon kauften wir Getreide in Theben ein und teilten es auf.
Nun, nach einigen Tagen, kam der Tempelschreiber Sedj eneut und brachte drei Männer mit sich, und sie gingen wieder zu den Türpfosten. Sie nahmen 4 Kite Gold weg, und wir teilten es unter uns und ihnen auf. Dann, nach einigen Tagen, stellte uns Penminu (d. i. ein Vorgesetzter) zur Rede und sagte: ›Ihr habt mir nichts abgegeben!‹
So gingen wir wieder zu den Türpfosten, brachen 5 Kite Gold von ihnen, kauften davon ein Rind und gaben es Penminu. Aber der königliche Briefschreiber Sethmose hatte gelauscht, und er drohte uns, indem er sagte: ›Ich werde es dem Hohepriester des Amun melden!‹
So holten wir erneut 3 Kite Gold und gaben es dem königlichen Briefschreiber Sethmose. Bei einer späteren Gelegenheit gingen wir noch einmal und gaben ihm 1 1/2 Kite Gold. Summe des Goldes, das dem königlichen Briefschreiber Sethmose gegeben wurde: 4 1/2 Kite Gold.‘“
In diesem Stil fuhr der Text fort und zählte weitere Personen mit ganz ähnlichen Aussagen auf. Insgesamt wurden nach und nach fast 300 g Gold von den Türpfosten wahrscheinlich eines Tempels gestohlen. Schließlich bemerkte der Bürgermeister von Theben den Diebstahl und ließ bezeichnenderweise etwas, aber längst nicht alles Gold durch den am Diebstahl beteiligten Schreiber Sethmose beschlagnahmen, ohne jedoch die Diebe und Hehler zu verfolgen. Also sogar der oberste Dienstherr der thebanischen Verwaltung, dem auch die Aufsicht über die Gräber unterstand, war somit indirekt an den Beraubungen der Gräber beteiligt. Danach ging dieselbe Diebesbande noch frecher und dreister vor und beraubte das Grab Ramses' II., einige Privatgräber und schließlich sogar die Totentempel in Theben-West. Diese enorme Ausweitung der Aktivitäten dieser Bande kann eigentlich nur mit stillschweigender Duldung durch die Behörden erklärt werden. Leider wissen wir nicht, wie die Diebe schließlich überführt wurden. Wahrscheinlich kam ihnen eine unbestechliche Kommission des Königs auf die Schliche, deckte die Zusammenhänge auf und ließ die Grabräuber verhaften. Der Bürgermeister von Theben und die genannten Schreiber gingen dabei straflos aus, da sie in späteren Texten noch mit Namen und Titel genannt sind — von den Dieben selbst hören wir jedoch später nichts mehr. Sie wurden sicherlich hingerichtet, denn das war das für Grabraub üblche Strafmaß.
Dieser Grabräubertext läßt uns einige interessante Details zur altägyptischen Wirtschaftsgeschichte des späten Neuen Reichs erkennen. Allgemein kann man, wie oben bereits ausgeführt, die ägyptische Wirtschaft als eine

staatlich gelenkte Verteilungswirtschaft bezeichnen, die jedoch dem einzelnen durchaus eine individuelle Befriedigung seiner Bedürfnisse ermöglichte. Dieses Prinzip ist seit der Blüte des Alten Reichs in der 4. Dyn. zu belegen, und es wurde über die Jahrtausende hinweg, bis in die Ramessidenzeit, nur wenig verändert beibehalten.
Warenpreise, Löhne und vor allem die Geldwerte, also das Verhältnis der Werte der geldähnlichen Dinge zueinander, waren staatlich festgesetzt und nicht dem freien Spiel von Angebot und Nachfrage unterworfen, wie wir das aus den modernen freien Wirtschaftssystemen kennen.
Durch das Prinzip der Verteilung einerseits und die Angabe von Fixdaten andererseits waren die Mengen der benötigten Waren leicht zu berechnen und konnten den regionalen Märkten zur Verfügung gestellt werden. Dabei traten sowohl der Staat als auch Privatpersonen als Anbieter auf. Über lange Zeit hinweg funktionierte, wie gesagt, dieses Prinzip ausgezeichnet. Doch wenn auch nur ein einziger dieser Faktoren, aus welchen Gründen auch immer, verändert wurde, so lief dieses System Gefahr, nicht länger reibungslos zu funktionieren. Man kann sogar sagen, daß die kleinste unplanmäßige Veränderung dieses Wirtschaftssystems zum Zusammenbruch führen mußte, da keinerlei Möglichkeit bestand, daß sich das System aufgrund eines inneren Schutzmechanismus einer veränderten Sachlage anpaßte.
Wenn beispielsweise der Faktor Arbeitslohn verändert wurde, so stieg oder fiel damit die Kaufkraft des einzelnen. Wurde der Lohn bei gleichzeitiger Konstanz der Warenpreise erhöht, standen schon sehr bald keine ausreichenden Warenmengen mehr zur Verfügung, da der Markt sehr schnell leergekauft wurde. Im umgekehrten Fall konnten nicht genügend Waren abgesetzt werden, obwohl ein potentieller Bedarf bestand. Wie auch immer, in solch einer Situation mußte das ganze starre Wirtschaftssystem zusammenbrechen, ein mormaler Kreislauf war nicht mehr möglich, ganz zu schweigen von den zu erwartenden innenpolitischen Problemen, die durch die Unzufriedenheit weiter Teile der Bevölkerung hervorgerufen wurden.
Genau diese Gefahr war duch die Zunahme des Grabraubes gegen Ende des Neuen Reiches gegeben. Denn wie unser Text aussagt, konnten die Grabräuber natürlich das Edelmetall zum Kauf von Waren benutzen. Da die gestohlenen Werte enorm hoch waren (man vergleiche nur die üblichen Löhne mit der aus den Gräbern gestohlenen Goldmenge), stieg die Kaufkraft der Bevölkerung sehr plötzlich an, so daß in kürzester Zeit das Warenangebot ausverkauft war. Den staatlichen Stellen, aber auch den privaten Handwerkern blieb nicht genügend Zeit, die Kaufkraftsteigerung durch ein erhöhtes oder verändertes Warenangebot abzuschöpfen.
Dadurch trat ein weiterer Effekt ein: Durch diese großen Geldmengen war ein kleiner Teil der Bevölkerung in der Lage, Waren zu kaufen, während der weitaus größere Teil — die Nichträuber — nicht einmal mehr ihren Be-

darf decken konnten. Die unvermeidliche Folge war der totale Zusammenbruch des Verteilungssystems. Im Gefolge standen Unruhen und schließlich die Ausdehnung des Grabraubes, da immer mehr Menschen diesen illegalen Weg gingen, um überhaupt ihre elementarsten Bedürfnisse befriedigen zu können. Es ist daher kein Zufall, daß die Texte aus dieser Zeit immer wieder von Arbeiterunruhen (z. B. Streiks) und Hungersnöten im thebanischen Raum berichten.

Gewöhnlich gaben die Ägypter zu allen Zeiten einen erheblichen Teil ihres Einkommens für den Erwerb ihrer Grabausstattung aus. Die dafür notwendigen Dinge konnte man direkt vom Hersteller beziehen. Auch dieser kleine, aber nicht unbedeutende Handel wurde durch den Grabraub beeinträchtigt, da viele potentielle Kunden sich ihre Grabausstattung zusammenrauben konnten. Die Hersteller mußten dabei empfindliche Einkommenseinbußen hinnehmen.

In dieser schwierigen innenpolitischen Situation hatte die Staatsmacht zwei Möglichkeiten einer vernünftigen Reaktion. Entweder konnte man das Wirtschaftssystem liberalisieren und beispielsweise die Preisbindung aufheben, oder man mußte unter allen Umständen und mit allen Mitteln den Grabraub verhindern. Man entschloß sich für die zweite Möglichkeit, wie die jetzt anlaufende massive Verfolgung der Grabräuber bewies. Darüber hinaus trat in geringem Ausmaß auch eine ungeplante, aber wohl nicht mehr zu verhindernde Liberalisierung der Wirtschaft ein.

Eine andere Auswirkung des Grabraubes ist auf die Sozialstruktur der ägyptischen Gesellschaft der Ramessidenzeit zu beobachten. Bisher waren alle Ehrungen und Beförderungen praktisch ausschließlich vom König gekommen. Er war es, der alles Land besaß und es an seine Untertanen weiterverteilte, er war es, der jemanden in eine höhere soziale Schicht beförderte, er war es, der einen mißliebigen unloyalen Beamten jederzeit enteignen und somit in die unterste soziale Klasse verstoßen konnte. Kurzum, in der Regel war die Zugehörigkeit des einzelnen zu einer bestimmten sozialen Schicht letztlich von der Gunst des Königs abhängig.

Selbstverständlich konnte zu keiner Zeit dieses Grundprinzip mit letzter Konsequenz durchgehalten werden, Ausnahmen gab es eigentlich immer. Schon seit dem Beginn des Alten Reichs existierte eine relativ unabhängige Gruppe von Landbesitzern, die ihr Vermögen sogar vererben konnten und es damit weitgehend vom Zugriff des Königs fernhielten. War diese Gruppe zuerst noch sehr klein und unbedeutend, so stieg die Zahl ihrer Angehörigen in den Wirren des ausgehenden Alten Reichs beträchtlich an. Die Neuordnung des Staates und der Gesellschaft im Mittleren Reich ließ diese Gesellschaftsgruppe wieder stark schrumpfen, aber spätestens im Neuen Reich gab es schließlich einen regelrechten Besitz- und Geldadel, der große Privilegien und Freiheiten genoß.

Die Zugehörigkeit zu einer bestimmten sozialen Schicht der Gesellschaft äußerte sich hauptsächlich in einer umfangreichen Titulatur, welche die Beamten führten. Die Titel drückten den Rang und die Funktion des Titelträgers aus und definierten so seinen Platz in der Gesellschaft und in der Hierarchie. Neben den Titeln gab es eine ganze Reihe von sozialen Merkmalen, die eine ähnliche Funktion wie diese hatten, nämlich die Position des Ausgezeichneten in der Rangordnung zu zeigen. Eine besondere Kleidung oder eine ganz spezifische Darstellungsweise in den Gräbern, eine typische Gestik oder eine besondere Handlung zeigten immer den Rang der dargestellten Person, wie die unzähligen Grabmalereien beweisen.
Wenn im Grab ein hochgestellter Beamter dargestellt wurde, so wurde er immer in Ruheposition gezeigt. Er steht, bestenfalls schreitet er, aber eine starke Bewegung war für den hohen Beamten nicht typisch. Im Gegensatz dazu wurden seine Untergebenen und Diener immer in Bewegung dargestellt, so daß man sagen kann, daß die Bewegung ein typisches soziales Merkmal darstellt. Noch gravierender waren die Unterschiede der Klassen in der Kleidung oder im Schmuck zu sehen.
Ein weiteres Klassenmerkmal war ein spezifisches Konsumverhalten, und natürlich war auch an der Qualität der Grabausstattung der soziale Status des Vestorbenen abzulesen. Durch die Beraubung der Gräber gelangten die Diebe in den Besitz eben dieser Statussymbole. Plötzlich waren einfache Leute in der Lage, sich mit den sozialen Merkmalen der herrschenden Schicht zu schmücken — mit Ausnahme der Titulatur. Darüber hinaus nahmen die Grabräuber auch das Konsumverhalten der höheren Schichten an.
Ein Beispiel dafür war der Genuß von Wein, gesüßt mit Honig. Dieses Getränk war so teuer, daß nur ganz wenige Menschen sich so etwas leisten konnten. Doch in der Zeit der großen Grabräubereien wurde in den Texten ausdrücklich festgestellt, daß auch Handwerker dieses Getränk kauften. Damit war der Genuß von gesüßtem Wein nicht mehr Privileg der höheren Bevölkerungsschicht, sondern es wurde zum Allgemeingut und war somit als soziales Merkmal in der Zukunft ungeeignet. Eine ganz ähnliche Situation ist für weitere höherwertige Konsumgüter ebenfalls zu beobachten.
Die großen Gewinne aus den Raubzügen konnten von den Dieben nirgendwo gewinnbringend angelegt werden. Es gab ja keine Banken oder Betriebe, in die man sich einkaufen konnte. Auch dem Erwerb von Landbesitz waren enge Grenzen gesetzt, da das gesamte Land längst im Besitz weniger Beamter oder Institutionen war, die gar nicht an einen Verkauf dachten — und es oft auch nicht durften.
Daher blieb den Dieben nichts anderes übrig, als einen Teil der gestohlenen Objekte ihrer eigenen Grabausstattung hinzuzufügen und sie zurück in die Erde zu legen. Der Rest ihres „Gewinns“ diente zur Finanzierung des veränderten Konsumverhaltens. Gerade letzteres ist deutlich an den Texten ab-

zulesen. Da die Diebe ihr „Geld“ nicht sparen konnten und weil die Aufbewahrung von Diebesgut viel zu riskant war, wie die vielen Hausdurchsuchungen belegen, wurde das Geld vollständig ausgegeben.
In der Zeit der ausgehenden 20. Dynastie war besonders in Theben ein ganz eindeutiger Trend zum höherwertigen Konsumgut festzustellen. Die feinsten Leinenstoffe konnten erworben werden, reich verzierte und daher sehr teure Möbel, Kästen, Gebrauchsgegenstände, Schmuck usw. wurden in großer Menge gekauft. Handwerker kauften nun Genußmittel wie gesüßten Wein, Fleisch und Gewürze, die eigentlich so teuer waren, daß legal nur ganz wenige Menschen die hohen Preise dafür hätten bezahlen können. Das alles führte schließlich dazu, daß die Anbieter von Luxusartikeln in Theben glänzende Geschäfte machten, während die große Masse von Handwerkern leer ausging und das Potential der Unzufriedenen erhöhte. Außerdem verwischten sich mehr und mehr die künstlichen Schranken zwischen den sozialen Schichten, ja im Extremfall waren die Grabräuber sogar weitaus besser gestellt als die meisten unteren und mittleren Beamten und Priester. Auch dieser Umstand trug erheblich zur Instabilität der innenpolitischen Verhältnisse in der 20. Dynastie bei.
Von den Dieben konnten nun auch große Summen für den Kauf der eigenen Grabausstattung aufgewendet werden. So war es kein Zufall, daß gerade jetzt die höchsten Sarg- und Möbelpreise auftraten, auch das war ein sicheres Zeichen für den oben angesprochenen Trend zum teureren Konsumgut. Einfache Arbeiter waren in der Lage, sich Särge zu kaufen, die in Qualität und Ausstattung vorher ausschließlich von hohen Beamten und Priestern bezahlt werden konnten.
Darüber hinaus berichten die Texte, daß es den Dieben manchmal gelang, Land zu erwerben, doch sind diese Fälle als Ausnahmen anzusehen.
Man kann als Ergebnis des Gesagten festhalten, daß der Grabraub großen Stils durchaus die Gefahr in sich barg, das gesamte Wirtschafts- und Sozialgefüge des ägyptischen Staates zu verändern. Das zu verhindern war das erklärte Ziel der staatstragenden Schichten, und daraus erklärte sich auch das rigorose Vorgehen gegen die Grabräuber am Ende des Neuen Reichs.

Die Lage der Handwerker

Die einzelnen Handwerksberufe

Die große Masse des ägyptischen Volkes war in der Landwirtschaft und der Nahrungsmittelproduktion tätig und produzierte die Lebensmittel, die im Rahmen der Verteilung auch an diejenigen ausgegeben wurden, die andere Aufgaben in der Gesellschaft zu erfüllen hatten. Dennoch war die allgemeine Meinung über den Bauern- und Arbeiterstand in der Gesellschaft gering, ähnlich wie wir es lange Zeit später auch aus der griechischen Gesellschaft kennen, in der die Banausoi, die Handwerker, ebenfalls sehr gering eingeschätzt wurden. In der sozialen Pyramide nahmen die Bauern die unterste Position ein — nur noch unfreie Kriegsgefangene und Knechte genossen ein geringeres Ansehen. Der weitaus größte Teil der Menschen lebte als Hörige in Abhängigkeit von den hohen Beamten und Priestern am Rande des physischen Existenzminimums, besaß praktisch keinerlei politische Rechte und war den Launen des Herrn fast schutzlos ausgeliefert. Frondienste, Zwangsarbeit und willkürliche Zwangsumsiedlung stellten den Alltag für diese Menschen dar. Dieser enorme Klassenunterschied kommt in vielen Texten zum Ausdruck. So beschreibt ja Cheti den Bauern als beklagenswerten Menschen, der ausgebeutet wird und unter Krankheiten leidet — wie wir das oben gesehen haben.

Auch das Los der Gärtner war keinen Deut besser, denn im gleichen Text wurde wenig später gesagt:

„Der Gärtner trägt eine Tragestange, jede seiner Schultern zeigt Altersbeschwerden, und eine eiternde Geschwulst befindet sich auf seinem Nacken. Er verbringt den Morgen beim Gemüsegießen und den Abend beim Koriander, nachdem er den Mittag über im Obstgarten gearbeitet hat. So geschieht es, daß er sterbend niedersinkt wegen seiner Ablieferungen, mehr als irgendein anderer Beruf."

In der berühmten Schülerhandschrift des Papyrus Lansing wurde den angehenden Schreibern erneut das schwere Los der Landarbeiter vor Augen geführt und regelrecht eingetrichtert, denn diesen und ähnliche Texte mußten sie mehrfach zur Übung abschreiben und auswendig lernen.:

„Erinnerst du dich nicht an die Feldarbeiter angesichts der Steuerregistrierung? Die Schlange stahl die Hälfte des Korns, und das Nilpferd fraß den Rest. Auch Mäuse sind zahlreich auf dem Feld, die Heuschrecke fällt ein und auch die Rinder fressen ...! Der Rest, der noch auf der Tenne ist, ist zu Ende, und er ist für die Diebe. Sein Geldwert ist verloren, und die Joche der Ochsen sind zerstört vom Dreschen und Pflügen.

Dann landen die Schreiber und Steuereintreiber mit ihren Bütteln an und sagen folgendermaßen:

Getreideworfelnde Bauern, Malerei im Grab des Menna in Theben-West, 18. Dynastie. Die Zusammenarbeit vieler ist besonders und zuerst in der Landwirtschaft zu beobachten, denn gerade in diesem Bereich waren Aufgaben zu erfüllen, die der einzelne nicht mehr bewerkstelligen konnte.

‚Gebt Getreide!' Es gibt aber keines mehr. Sie schlagen ihn (den Bauern) hart. Er wird gebunden und in den Brunnen geworfen. Sie schlagen ihn, stoßen ihn unter Wasser, während seine Frau in seiner Gegenwart gefesselt wird. Seine Kinder sind ebenfalls gefesselt, und seine Nachbarn haben sie aufgegeben und sind geflohen. Ihr Getreide wird eingesammelt.«

Zwar waren diese Texte nicht frei von Übertreibungen, doch dürfte die Situation der Bauern in der Realität kaum besser gewesen sein. Natürlich sollten diese drastischen Beschreibungen des Elends den Willen der Schüler steigern, Lesen und Schreiben zu lernen, um so in die herrschende Schicht der Beamten aufsteigen zu können. Aber andererseits können solche Beschreibungen nicht völlig aus der Luft gegriffen sein, da die Schüler sie sonst kaum ernst genommen hätten. Außerdem verfestigten solche Schulbücher ohne Zweifel die Vorstellung von der Überlegenheit der Beamtenschaft über alle anderen Menschen in den Köpfen der Schüler, und schließlich gaben solche Passagen den zukünftigen Beamten durchaus auch konkrete Verhaltensanweisungen im Umgang mit sozial niedriger gestellten Menschen.

Rinder in der Tenne, Malerei im Grab des Menna in Theben-West, 18. Dynastie. Die Versorgung der Menschen stand naturgemäß im Mittelpunkt, daher finden sich zu allen Zeiten landwirtschaftliche Themen in den Gräbern von Beamten, die ja als Landbesitzer letztlich verantwortlich für ausreichende Erträge waren.

Gleichzeitig wurden damit die gewachsenen Sozialstrukturen fixiert und die individuellen Möglichkeiten beschränkt, sozial aufzusteigen.
Wie oben ausgeführt, war diese Situation der Unterordnung Vieler durchaus maatgerecht. Fast niemals hören wir davon, daß gerade die Bauern gegen ihre Lage rebelliert hätten — ganz im Gegenteil hielt man sich über Jahrtausende hinweg an diese vorgegebenen „Spielregeln". Wie jeder andere Ägypter auch, hatten die Bauern ein Anrecht auf ausreichende Versorgung mit allen Dingen des täglichen Bedarfs seitens des Staates und seiner Repräsentanten. Dieses verbriefte Recht hätten sie bei einer Rebellion oder gar bei einer Revolution gegen die bestehende Ordnung verloren. Es ist mehr als fraglich, ob sich durch Gewaltmaßnahmen dieser Art die Lebensumstände der Menschen wirklich verbessert hätten. Schließlich war seit alters her die Sorge für die Untertanen die vornehmste Pflicht des Pharao, wie das die Lehre für König Merikare ganz klar formulierte:
„Versorge die Menschen, das Vieh Gottes! Er schuf den Himmel und die Erde für ihren Willen. Er wehrte die Gier des Wassers ab, er schuf den Lebensodem für ihre Nasen, denn sie sind seine Ebenbilder, aus seinen Gliedern hervorgegangen. Er leuchtet am Himmel um ihretwillen und schuf ihnen Kraut, Vieh, Vögel und Fische, um sie zu versorgen."
Die Arbeit auf den Feldern Ägyptens war unglaublich hart. Technische Hilfsmittel waren in der pharaonischen Zeit nur schwach entwickelt, der Einsatz menschlicher Arbeitskraft blieb das entscheidende Mittel. Man bediente sich beim Pflügen und Dreschen eines Ochsengespannes, die Pfluggeräte bestanden jedoch nur aus Holz und waren daher nicht allzu haltbar. Ihre Reparatur und Neuanfertigung verschlangen viel Zeit und Material. Zur Bewässerung der Gärten und Felder mußte in weiten Teilen des Landes das Wasser mühsam von Hand in die vorher angelegten Bassins und Kanäle gepumpt werden. Erst in griechischer Zeit brachte die Erfindung der Archimedischen Schraube eine deutliche Arbeitserleichterung. Äußerst mühevoll waren die notwendigen Arbeiten zur maximalen Ausnutzung der jährlichen Nilüberschwemmungen. War die Überschwemmung zu niedrig, so wurden die vorbereiteten Bassins nicht mit Wasser aufgefüllt, und der fruchtbare Schlamm konnte nicht genügend Felder düngen. Ersteres mußte, so weit es möglich war, mit Muskelkraft ausgeglichen werden, zweiteres führte unabwendbar zu Ernteminderungen, da die Verwendung von Kunstdünger natürlich unbekannt war. Trotz der erheblichen Produktionseinbußen blieben die abzuliefernden Mengen aber gleich, und die aufgetretenen Fehlbeträge mußten bei der nächsten Ernte zusätzlich aufgebracht werden, was in Notzeiten zur völligen Verarmung des Bauernstandes führen konnte.
Ebenso schlimm war auch eine zu hohe Nilüberschwemmung, denn nun wurden die Dämme vernichtet, die Kanäle zerstört, ja Siedlungen einfach

fortgespült. Außerdem rissen die Fluten große Mengen fruchtbaren Bodens mit auf ihrem Weg zur Meeresküste. All das ging zu einem ganz erheblichen Teil zu Lasten der Bauern. Hinzu kamen die Verpflichtungen zu Zwangsarbeit und Frondiensten, die im Sommer zu leisten waren, so daß die Härte des bäuerlichen Daseins heute kaum vorstellbar ist.

Die Größe der Felder, die ein Kleinbauer zur Bearbeitung erhielt, lag bei 3 bis 5 Aruren (8 205 bzw. 13 675 m^2). Großbauern konnten immerhin bis zu 40 Aruren bewirtschaften. Nach Abzug der an den Eigentümer des Landes zu entrichtenden Abgaben und Steuern verblieben dem Bauern maximal 1–2 Sack Getreide pro Monat zur freien Verfügung. Davon mußten Familienangehörige, aber auch das Gesinde ernährt werden. Vergleicht man diese Angaben mit den Löhnen für die Handwerker von Deir el Medineh, die ja 5 Sack pro Monat erhielten, wird der Unterschied offenkundig. Das Einkommen des kleinen Pächters reichte damit gerade eben für die Versorgung seiner Familie. Für jeglichen Luxus oder gar für den Erwerb einer Grabausstattung verblieb nach dieser Berechnung praktisch nichts mehr — es sind bezeichnenderweise auch keine Gräber von Bauern gefunden worden, jedoch die von Handwerkern bei Deir el Medineh. Die Menschen lebten also am Rande des physischen Existenzminimums.

Diese schlechte ökonomische Situation fand dann auch folgerichtig ihren Niederschlag in der Meinung der höheren Gesellschaftsschichten über den Bauernstand, wie wir oben gesehen haben.

Die ökonomische und soziale Situation war in anderen Bereichen der Nahrungsmittelproduktion ebenso schlecht wie bei den Ackerbauern. So sagte Cheti beispielsweise über die Rohrarbeiter, die in den Deltamarschen das für Blasrohre und Pfeile notwendige Schilfrohr ernten sollten:

„Der Rohrarbeiter fährt ins Delta, um sich Pfeile zu holen (Pfeilschäfte). Er hat über seine Kräfte hinaus bei der Tätigkeit gearbeitet. Wenn ihn die Mücken zerstochen haben und die Sandflöhe gebissen haben, so ist er gebrochen.“

Und wenig später wurde über den Fischer ausgeführt:

„Ich nenne dir auch den Fischer, der schwächer ist als jeder andere Beruf, der auf dem mit Krokodilen durchsetzten Fluß tätig ist. Wenn ihm der Termin der Abrechnung geschieht, da wird er klagen, denn keiner hat ihn gewarnt: Das Krokodil hält sich dort auf. So hat ihn die Furcht geblendet. Wenn er aber dem strömenden Wasser entkommt, so fällt er wie durch die Macht Gottes.“

Innerhalb der untersten Gesellschaftsschicht nahmen die Handwerker eine etwas höhere Stellung ein als die Landarbeiter. Ihr Einkommen lag erheblich über dem in der Landwirtschaft. Sie durften darüber hinaus private Aufträge erledigen, so daß sie durchaus zu einem bescheidenen Wohlstand gelangen konnten. Das wird aus den Deir el Medineh-Texten ganz deutlich. Dennoch darf man nicht übersehen, daß, von der hohen Warte der Beamten aus gesehen, auch diese Spezialisten selbstverständlich zu den Unterprivilegierten gehörten. Der soziale Unterschied zwischen einem Schreiber und einem einfachen Handwerker — und war dieser auch noch so geschickt und fähig — war unvorstellbar groß. Diese soziale Differenzierung kommt in einer weiteren Passage der Lehre des Cheti zum Ausdruck, in der über die Mauer ausgesagt wurde:

„Ich nenne dir auch den Maurer. Seine Niere ist krank, da er draußen im Wind sein muß. Er mauert ohne Hemd, und sein Gürtel ist nur eine Schnur für den Rücken und ein Strick für sein Hinterteil. Seine Arme sind zuschanden geworden durch Müdigkeit und Steifheit, allerlei Kot knetend. Er ißt das Brot mit seinen Fingern, obwohl er sie nur einmal am Tag waschen kann."

Hier ging der Verfasser auf das äußere Erscheinungsbild dieses Berufsstandes ein, das in keiner Weise dem altägyptischen Ideal entsprach. Statt des langen Gewandes oder des üblichen Schurzes trug der Maurer einen dünnen, strickähnlichen Lendenschurz, der die Blöße nur unzureichend bedeckte, wie Darstellungen zeigen. Nacktheit war bei den vornehmen Ägyptern verpönt, die sich gerade auch durch sorgfältige Kleidung ganz erheblich von den Menschen der unteren Schichten unterschieden. Auch das zeigen die Grabreliefs und Malereien sehr deutlich.

Daß die Maurer aufgrund ihrer schlechten Arbeitsverhältnisse unsauber waren und ihr Brot mit schmutzigen Fingern anfassen mußten, zeigt ebenfalls den großen sozialen Unterschied zwischen den Gesellschaftsklassen. Denn gerade die Körperpflege spielte im Leben eines Ägypters der obersten Schicht eine ganz besondere Rolle. Viel Aufwand trieb man mit Kosmetika, Schminke und Parfums. Schwere körperliche Arbeit, gepaart mit zwangsläufiger Unsauberkeit, konnte zu Erkrankungen führen, gegen die es kaum Mittel gab. D. h. also, die Arbeiter und Bauern hatten eine geringere Lebenserwartung als die Beamten. Auch diese Umstände sollten den Schüler anspornen, seine Schulzeit erfolgreich abzuschließen, da er dadurch zur gehobenen Schicht gehören und von diesen Gefahren verschont bleiben würde. Doch nicht immer war das Ansehen der Arbeiter so schlecht, wie gerade geschildert. Bei bestimmten Situationen konnten gerade sie sich der besonderen Gunst des Königs erfreuen, was wahrscheinlich mit einer, wenn auch sicherlich nur kurzfristigen Verbesserung ihrer Lebensumstände verbunden war. Solch eine Situation war in der Zeit Ramses' II. gegeben.

Nachdem Ramses II. in der Schlacht von Kadesch eine schlimme militärische Niederlage gegen die Hethiter hatte hinnehmen müssen, versuchte er, diesen Rückschlag propagandistisch in einen Sieg zu verwandeln. Außerdem lenkte er geschickt von seinem außenpolitischen Fiasko ab, indem er in Ägypten eine gigantische Bauwut entfaltete, wie unzählige riesige Tempelanlagen im ganzen Land bewiesen. Man denke an seine Bauten in Abu Simbel, in Luxor oder in Karnak, um nur die bedeutendsten zu nennen. Der Kulminationspunkt dieser Innenpolitik war im Neubau der Ramses-

stadt im Ostdelta erreicht, wo innerhalb weniger Jahre eine neue Hauptstadt regelrecht aus dem Boden gestampft wurde — vergleichbar etwa der Gründung Amarnas durch Echnaton.
All diese baulichen Aktivitäten erforderten einen enormen Aufwand an Menschen und Material. Ramses II. mußte alle Kräfte Ägyptens mobilisieren, um seiner Gigantomanie zu frönen, um seine Bauvorhaben realisieren zu können. Um die ägyptischen Handwerker zu Höchstleistungen anzuspornen, organisierte der König ihre Versorgung in hervorragender Weise, so daß es den Arbeitern an nichts mangelte, besondere Geschenke spornten sicher noch zusätzlich an. Der Pharao scheute sich auch nicht, den Handwerkern, auf die er ja angewiesen war, regelrecht um den Bart zu gehen. Eine längere Rede, die vor Lob und Schmeicheleien nur so triefte, ließ der König in Stein meißeln und im Tempel aufstellen. Dieses einmalige Zeugnis ist glücklicherweise erhalten geblieben. Die Stele enthält einen sorgfältig formulierten Text, der den Arbeitern ihre Versorgung garantierte — durch ihre Veröffentlichung hatte diese Rede Gesetzeskraft erhalten und sicherte somit einen Rechtsanspurch der Handwerker auf die Versorgungsgüter, die einzeln aufgeführt wurden (s. u.). Der Text beginnt mit folgenden Worten:
„*Oh, ihr Handwerker, ausgesucht, geschickt und stark, die für mich Denkmäler in großer Zahl errichten, die kundig sind in jeder Arbeit mit Stein, die vertraut sind mit Granit. Ihr tüchtigen und fleißigen beim Bauen meiner Monumente. Oh, ihr vollkommenen Arbeiter, die nicht faul sind, die wachsam sind bei der Arbeit und ihre Pflicht tüchtig und gewissenhaft erfüllen. Hört, was ich euch zu sagen habe: ‚Eure Versorgung wird überfließen, nicht wird es einen Mangel geben. Zahlreich wird eure Nahrung sein, denn ich kenne eure wahrhaft mühselige Arbeit, bei der der Arbeiter nur jubelt, wenn sein Bauch voll ist.*‘“
Eine wichtige Berufsgruppe unter den Handwerkern bildeten die Steinmetze. Hier sind nicht so sehr diejenigen gemeint, die Häuser und Tempel aufmauerten, obwohl beim Bau sicherlich auch Steinmetze mitarbeiteten. Vielmehr geht es um die Leute, die Statuen, Reliefs, Steingefäße u. ä. herstellten und in Werkstätten arbeiteten. Gern werden in der modernen ägyptologischen Literatur diese Handwerker mit ‚Künstler‘ bezeichnet. Doch ist in unserer Bedeutung dieser Begriff irreführend in seiner Anwendung auf altägyptische Verhältnisse der vorgriechischen Zeit. Der altägyptische Steinmetz arbeitete nach exakten Vorlagen und bestimmten Vorgaben, so daß eine freie Entfaltung praktisch unmöglich wurde, ebenso war eine freie Gestaltung eines vorgegebenen oder gar frei gewählten Themas nicht denkbar. Kein Handwerker konnte eigene Vorstellungen realisieren, vielmehr war er vollständig den gerade üblichen Darstellungsprinzipien unterworfen, wogegen auch regionale Unterschiede nicht sprechen, die in der ägyptischen Plastik seit neuestem erkannt worden sind. Die Bildhauer waren in Tempel- oder Palastwerkstätten organisiert, durften jedoch in ihrer Freizeit private

Statuenherstellung, Grab des Rechmire, 18. Dynastie. Der Vezir war Leiter aller Werkstätten. In dieser Eigenschaft war Rechmire für den Bau und die Ausstattung des Festtempels Thutmosis' III. in Karnak verantwortlich. Hier ließ er die Herstellung einer kolossalen Sitzstatue des Pharao abbilden, die den Festtempel zierte. Sehr schön gibt der Maler den Werkstoff wieder. Es handelt sich um den rötlichen Granit, der in den Steinbrüchen von Assuan abgebaut wurde.

Aufträge ausführen, wie wir das bei den Nekropolenarbeitern bereits gesehen haben.

Aus vielen Handwerksdarstellungen in den großen Beamtengräbern lassen sich mehrere Produktionsabschnitte bei der Herstellung von Statuen erkennen. Ob diese einzelnen Arbeitsgänge von einem oder von mehreren Arbeitern ausgeführt wurden, läßt sich nicht mit Sicherheit sagen. Wahrschein-

lich war auch dieser Prozeß arbeitsteilig organisiert, so daß mehrere Handwerker an der Herstellung eines Werkstücks beteiligt waren, wie das aus anderen Bereichen der Produktion ebenfalls bekannt ist.
Nachdem ein geeigneter Steinblock gefunden, aus dem Steinbruch herausgesprengt und noch im Steinbruch grob in die Form der Statue gebracht worden war, um Gewicht einzusparen, wurde der Rohling in die Werkstatt transportiert. Dort begann nun die eigentliche Arbeit. Eine Vorzeichnung, vielleicht auch ein kleines Modell gaben den Handwerkern die notwendigen Anhaltspunkte. Diese begannen nun, die Figuren aus der groben Blockform herauszuarbeiten. Dazu bedienten sie sich großer, breiter Meißel und schwerer Hämmer. Im nächsten Arbeitsgang wurden mit sehr viel kleineren Werkzeugen die ersten Details herausgearbeit – wieder nach exakten Vorlagen. Im folgenden Schritt wurde mit Dechseln die Oberfläche der Figur geglättet, nachdem die letzten Details sorgfältig modelliert worden waren. Schließlich polierte man die grob geglättete Statue, indem mit runden oder eiförmigen Poliersteinen die Oberfläche mit kreisförmigen Bewegungen bearbeitet wurde. Im letzten Arbeitsgang wurde die fast fertige Statue bemalt und mit den vorgesehenen Inschriften versehen. Zumindest der letzte Arbeitsgang konnte nur von spezialisierten Malern und Zeichnern ausgeführt werden, da die einfachen Handwerker in der Regel nicht lesen und schreiben konnten. Alle anderen Arbeiten wurden von Steinmetzen verrichtet. Dabei waren das Aushauen der Figur aus dem Block und die Modellierung sicher Arbeiten, die von den Meistern erledigt werden mußten, da hierzu Spezialkenntnisse erforderlich waren. Das Glätten der Flächen gehörte hingegen zu den eher minderen Tätigkeiten, die vielleicht von Lehrlingen oder weniger geschickten Leuten ausgeführt werden konnten.
Natürlich wurden in den Steinmetzwerkstätten nicht nur Statuen, sondern auch andere Objekte aus Stein hergstellt, wie Reliefs, Gefäße, Särge, Kultgegenstände usw. D. h. die Werkstätten waren nach dem verarbeiteten Material organisiert und nicht nach dem Objekt, das hauptsächlich hergestellt wurde. Statuen aus Holz wurden in den Zimmermannswerkstätten gefertigt, solche aus Edelmetall in den Schmieden.
Organisatorisch gehörten die Werkstätten zum Schatzhaus und unterstanden dem Schatzhausvorsteher und seinem Beamtenstab. Geleitet wurden sie von einem Meister, dessen Rang jedoch immer noch unter dem der Schreiber lag. Für die reinen Verwaltungstätigkeiten (Lohnzahlungen, Materialbeschaffung, Werkzeugausgabe, Kontrollen o. ä.) waren, wie auch in Deir el Medineh, Schreiber zuständig, die direkt dem Schatzhaus gegenüber verantwortlich zeichneten. Der organisatorische Aufbau dürfte in allen Werkstätten sehr ähnlich gewesen sein, obwohl die Texte dazu recht wenig aussagen.
In jeder antiken Gesellschaft kam den Schmieden und Metallarbeitern eine besondere Rolle zu. Sie waren in der Regel die ersten Spezialisten, die

außerhalb der Nahrungsmittelproduktion eine besondere Leistung für die Allgemeinheit erbrachten. So war es auch im Alten Ägypten, denn schon in der Thinitenzeit sind Metallarbeiter belegt. Sehr viele Darstellungen in den Gräbern seit dem Alten Reich, aber auch eine Reihe von Textzeugnissen geben uns einen guten Einblick in die Organisation und die Arbeitsabläufe in den Werkstätten der Metallverarbeitung. Da das Rohmaterial, Gold, Silber, Bronze und Kupfer, sehr wertvoll war, legte man sehr großen Wert auf die Überprüfung der Materialausgabe, um zu großen Schwund zu verhindern. Gerade das Kupfer und in geringerem Maße auch Silber und Gold bildeten ja, wie wir gesehen haben, das übliche Zahlungsmittel. So steht folgerichtig am Anfang der dargestellten Szenenfolgen häufig die Szene des Metallwiegens. Edelmetall wurde im Schatzhaus gelagert und dort zum ersten Mal gewogen, wobei die Mengen in langen Listen exakt notiert wurden. Unter der Aufsicht von Beamten transportierte man dann das Rohmaterial in Form von Barren, deren Gewicht mehrere Kilogramm betragen konnte, zu den Werkstätten, wo es erneut gewogen wurde, diesmal unter der Aufsicht eines „Vorstehers des Wiegens“ und in Anwesenheit des Werkstattvorstehers und einiger Schreiber. Diese notierten die abgewogenen Mengen und bestätigten schriftlich den Empfang der Lieferung. Das Schatzhaus als Lieferant erhielt eine Quittung, und erst jetzt war das Material zur Verarbeitung freigegeben.

Nach dem umständlichen Vorgang des Wiegens und der Materialausgabe begann der eigentliche Produktionsprozeß mit dem Schmelzen des Metalls. Dazu existierten in den Werkstätten eine ganze Reihe von ummauerten Feuerstellen. Um die zum Schmelzen benötigten hohen Temperaturen zu erreichen, mußte Luft der Feuerstelle zugeführt werden. Das erreichte man mit Hilfe von Blasrohren. Erst im Neuen Reich erfand man den Blasebalg, wodurch eine starke Arbeitserleichterung erreicht wurde. Außerdem sparte man dadurch Brennmaterial, das schwer zu beschaffen war und nicht in unbegrenztem Umfang zur Verfügung stand, denn die notwendige Hitze konnte durch intensive Luftzufuhr viel eher erreicht werden. Die Arbeiter waren auch nicht mehr direkt der großen Hitze des Feuers ausgesetzt, wie das früher bei der Verwendung von Blasrohren der Fall gewesen war. Jetzt verwendete man Blasrohre nur noch zur punktuellen Erhitzung bestimmter Bereiche, z. B. beim Löten.

Ablieferung und Registrierung von Handwerksprodukten, Grab des Rechmire, 18. Dynastie. Die verwaltungstechnische Seite des Produktionsprozesses wird hier dargestellt. Schatzhausschreiber registrieren (im untersten Register) die ausgegebenen und kontrollieren später genau die abgelieferten Mengen, damit die Arbeiter nicht in die eigene Tasche wirtschaften konnten — das gelang, wie die Texte zeigen, eher den Schreibern.

Der Blasebalg bestand aus Leder und wurde mit den Füßen betätigt. Mit beiden Füßen stand der Arbeiter dazu auf je einem Blasebalg. Er hob einen Fuß an und zog gleichzeitig ein Seil, das mit dem Balg verbunden war, hoch. Dann trat er kräftig auf, und die komprimierte Luft strömte durch eine Leitung in das Feuer. Das zu schmelzende Material befand sich in Metalltiegeln, die auf einem offenen Feuer standen — Schmelzöfen wurden in den Werkstätten nach Ausweis der Darstellungen nicht benutzt. Als Brennstoff fand überwiegend Holzkohle Verwendung. War das Metall im Tiegel geschmolzen, so füllten die Arbeiter es in kleine, flache Schalen um, die sie mit zwei biegsamen Traghölzern umfaßten und schnellstens zu den vorbereiteten Gußformen aus Ton brachten. Manche kleineren Tiegel besaßen Handgriffe, an denen sie zu den Gußformen transportiert werden konnten. Die Gußformen selbst konnten entweder gleich die Form des herzustellenden Objekts haben (z.B. Beilklingen), oder aber das Metall wurde einfach zu Barren oder dünnen Platten gegossen, je nach Art der geplanten Weiterverarbeitung.
Durch Verwendung von Hammer und Amboß konnten die eigentlichen Schmiede diese Bleche nun in die gewünschte Form bringen. Manchmal wurde das Objekt (z.B. Messerklingen) auch aus der Platte herausgeschnitten und danach auf dem Amboß so weit bearbeitet, bis es die richtige Form erhalten hatte. Gefäße und auch Schmuckelemente wurden gern in der Treibetechnik hergestellt. Bestes Beispiel dafür ist die Goldmaske des Tutanchamun. Dazu legten die Schmiede das Blech auf einen Treibeamboß und arbeiteten mit gezielten Hammerschlägen das Gefäß von seinem Boden aus heraus. Durch erneutes Erhitzen bestimmter Stellen konnten Henkel oder Applikationen angelötet werden. Schließlich mußte das Gefäß noch geglättet und poliert werden, und danach wurde es zu einem weiteren Spezialisten gebracht, dem Kunstschmied oder Graveur. Dieser nahm jetzt nach einer Vorlage mit kleinem Meißel und Sticheln die Dekoration vor. Endlich konnten auch Metallgefäße im letzten Arbeitsgang von den Malern beschriftet und bemalt werden. Kostbar gearbeitete Gefäße und besonders Schmuckstücke wurden gern auch vergoldet, indem geschmolzenes Gold hauchdünn aufgetragen wurde. Sehr dünne Goldfolien dienten häufig zur Verzierung von Holzobjekten, wie wir das von den Schreinen aus dem Grab des Tutanchamun kennen. Ganz zum Schluß wurde das fertige Objekt vom Werkstattmeister auf Fehler hin untersucht und erneut gewogen, um festzustellen, ob das Gewicht dem des angelieferten Rohmaterials entsprach. Erst danach wurde es, natürlich gegen Quittung, an den Auftraggeber ausgeliefert.
Angesprochen wurden bereits die Schmuckhandwerker, auf die jetzt näher eingegangen werden soll. Gerade die Juweliere genossen unter den Handwerkern großes Ansehen, da sie zum einen die kostbarsten Materialien ver-

arbeiteten und zum anderen über großes handwerkliches Geschick und Spezialwissen verfügten. Sie waren ähnlichen Kontrollen unterworfen wie die Metallarbeiter auch. Besonders aufwendig war die Herstellung der großen Halskragen, von denen einige hervorragende Exemplare aus dem Grabschatz des Tutanchamun bekannt sind. Halskragen aus den Gräbern der hohen Würdenträger sind in allen bedeutenden Museumssammlungen zu besichtigen, was für die große Beliebtheit dieses Schmuckes im Alten Ägypten spricht.

Das Material für diese Schmuckstücke war sehr vielfältig. Edelmetall, kostbare Steine, Elfenbein und später das sehr wertvolle Glas waren in schier unerschöpflich reichen Formen zu Halsschmuck verarbeitet. Einfache Ketten aus Glas- oder Fayanceperlen mit einem Anhänger gehörten zum Standard einer jeden Grabausstattung, während die mehrreihigen und aufwendig gestalteten Halskragen nur in den Gräbern der hohen Beamten, des Königs und seiner Familienmitglieder auftauchten, da ihr Preis unwahrscheinlich hoch war.

Zuerst fertigte der Handwerker die Schnur an, auf die die einzelnen Kettenglieder aufgezogen werden sollten. Ein Arbeiter hielt die Fäden fest, während ein zweiter sie zwischen seinen Handflächen zwirnte. Häufig handelte es sich bei den Schmuckhandwerkern um Zwerge, die wegen ihrer kleinen Finger besonders geeignet waren, auch kleinste Schmuckstücke zu fertigen. Berühmt ist der Zwerg Seneb, der in der 5. Dynastie bis zum Leiter der Juweliere des Palastes aufgestiegen war. Sein sozialer Aufstieg war so atemberaubend, daß er schließlich sogar eine Frau aus königlichem Geblüt zur Ehefrau bekam, obwohl er selbst nicht königlicher Abkunft war. Seine Statue, die ihn zusammen mit seiner Gemahlin und zwei Kindern zeigt, ist bei den Ausgrabungen in Giza entdeckt worden und gehört heute zu den bedeutendsten Stücken im Nationalmuseum in Kairo.

Im zweiten Arbeitsgang wurden die vorbereiteten Kettenglieder auf den Faden aufgezogen und verknotet. Schließlich wurde der ganze Halskragen in eine Flüssigkeit getaucht. Dieser mehrfach in den Grabmalereien gezeigte Vorgang ist bis heute noch nicht hinreichend erklärt. Vielleicht handelte es sich dabei um die Glasur von Steinperlen, obwohl die Beischrift zu dieser Szene vom „Waschen des Halskragens" spricht. Zum Schluß des Arbeitsablaufes wurde das fertige Schmuckstück dem Werkstattmeister zur Endkontrolle vorgelegt, ehe es dem Auftraggeber ausgehändigt wurde — natürlich gegen Bezahlung und Quittung.

Einer der kompliziertesten Vorgänge bei der Schmuckherstellung war das Bohren von Perlen. Zum Aufreihen auf eine Schnur mußten die winzigen Perlen von manchmal nur wenigen Millimetern im Durchmesser mit einem Loch versehen werden. Aufgrund der Härte der verwendeten Halbedelsteine war das sicher nur mit großer Mühe und viel Geschick zu bewerkstelligen, was auch in der Passage über die Juweliere bei dem schon viel zitierten Cheti anklingt:

„Der Juwelier bohrt beim Aufziehen der Perlen mit allerlei harten Edelsteinen. Wenn er die Einlagen des Amulettauges beendet hat, sind seine Kräfte geschwunden durch seine Müdigkeit. Er sitzt bis zum Eintritt des Re (d. i. bis zum Sonnenuntergang), indem seine Knie und sein Rücken gekrümmt sind."

Darstellungen lassen den Vorgang des Bohrens und die verwendeten Werkzeuge erkennen. Die Perle wurde auf einem Bock festgeklemmt oder eingegipst, damit sie nicht verrücken konnte. Der Bock stand auf drei Beinen und war nicht allzu hoch. Davor saß auf einem niedrigen Schemel der Juwelier und betätigte den Drillbohrer. Diese Bohrer waren eine einfache, aber sinnreiche Konstruktion und wurden seit dem Alten Reich, besonders bei der Holzverarbeitung, verwendet. An einer Treibstange war unten der eigentliche Bohrer aus Metall eingelassen, der gerade für das Bohren von Perlen hauchdünn gewesen sein muß. Man kann sich vorstellen, daß diese Bohrer häufig abbrachen, wenn sie verkantet angesetzt wurden; und natürlich wurde die Spitze schnell stumpf und mußte häufig nachgeschliffen werden, was von gelernten Kupferschmieden erledigt wurde. Die Sehne oder Schnur eines langen Bogens wurde einmal um die Treibstange gelegt, und durch waagerechtes Vor- und Zurückbewegen des Bogens wurde der Bohrer in rotierende Bewegung versetzt. Ein geschickter Handwerker hielt bis zu vier Bohrer gleichzeitig in der Hand, so daß vier Löcher in einem Arbeitsgang gebohrt werden konnten — eine regelrechte Serienfertigung! Dabei durfte nur ganz schwacher Druck auf den Bohrer ausgeübt werden, da andernfalls die Gefahr bestand, daß entweder der dünne Bohrer abbrach oder gar die Perle splitterte. Der ganze Vorgang war demzufolge recht langwierig und erforderte erhebliche Geduld und viel Fingerspitzengefühl von dem Juwelier. Schließlich mußten nach Abschluß des Bohrens das Bohrloch gereinigt und die Kanten geglättet werden. Nach der endgültigen Polierung der Perle konnte sie von Spezialisten aufgezogen werden. Wenn man sich überlegt, daß in einem einzigen Halskragen Hunderte von Perlen verarbeitet werden konnten, kann man ungefähr ermessen, welch ein Arbeitsaufwand notwendig war, was auch den hohen Preis für diesen Schmuck erklärte.

Größere Schmuckelemente wie Skarabäen oder Anhänger wurden von zwei Seiten gebohrt. Hier mußte der Juwelier sehr sorgfältig arbeiten, damit beide Bohrungen sich auch wirklich in der Mitte trafen, was aber niemals so ganz klappte, wie die meist leicht versetzten Löcher in den Skarabäen beweisen. Diese Technik erleichtert dem Fachmann die Echtheitsbestimmung solcher Schmuckanhänger.

Seit dem Neuen Reich fanden in immer stärkerem Ausmaß Glasperlen bei der Schmuckherstellung Verwendung. Bei der Herstellung sehr kleiner Perlen wurde ein dünner Glasstab gegossen, in engen Abständen durchbohrt

und erst dann zerschnitten. So verhinderte man das Splittern der Perlen beim Bohren. Bei größeren Schmuckelementen war das Loch gleich in die Gußform eingearbeitet, so daß der Bohrvorgang eingespart werden konnte. Die geschicktesten Juweliere arbeiteten in den großen Palastwerkstätten und stellten den Schmuck für den König her. Im Gegensatz zu den einfachen Schmuckarbeitern trugen sie stolz den Zusatz „des Königs" bei ihrer Berufsbezeichnung. Die „Juweliere des Königs" gehörten zu den angesehensten Meistern ihrer Zunft.
Steingefäße wurden ebenfalls gebohrt. Dazu bediente man sich eines Handbohrers, dessen Konstruktion ebenfalls recht sinnreich war. An einem dicken, keulenähnlichen Holzschaft saß unten der Bohrer aus Metall oder Feuerstein. Oben war eine Handkurbel befestigt. Um den Druck zu erhöhen, band man am oberen Ende mehrere Schwungsteine fest. Mit diesem Gerät konnten auch große Steingefäße problemlos ausgebohrt werden, wobei die Wände so dünn sein konnten, daß sie lichtdurchlässig wurden, wie die sorgfältig gearbeiteten Alabastergefäße zeigen.
Unmengen von Tongefäßen aller Art und Größe sind aus dem pharaonischen Ägypten erhalten. Ihre Herstellung wurde häufig in Grabdarstellungen abgebildet, wobei die einzelnen Arbeitsgänge deutlich werden. Zuerst kneteten mehrere Männer mit den Füßen den feuchten Ton. Kleinere Tonklumpen wurden danach noch einmal mit der Hand durchgeknetet und auf die Töpferscheibe gelegt. Diese brachte der Töpfer mit der einen Hand in Schwung, während er mit der anderen das Gefäß formte. Die fertigen Töpfe wurden zum Trocknen in die Sonne gestellt und schließlich im Ofen gebrannt, wobei Holz oder Holzkohle als Brennmaterial diente. Nach dem Brennen konnten die Gefäße noch verziert und bemalt werden, wofür wieder die Maler in der Werkstätte zuständig waren. Die Arbeit des Töpfers war eine der am wenigsten angesehenen im handwerklichen Bereich. Lassen wir wieder einmal Cheti zu Worte kommen:
„Der Töpfer ist unter der Erde, obwohl seine Lebenszeit noch unter den Lebenden ist, indem er sich in das Feld hineinwühlt mehr als die Schweine, um seine Gefäße zu brennen. Seine Kleider sind steif vom Lehm, und sein Kopftuch besteht aus Fetzen. Luft tritt in seine Nase, die direkt aus seinem Ofen kommt. Er macht den Stößel mit seinen Füßen, wobei er selbst die Stoßstange ist, wobei er den Hof jedes Hauses durchstößt und die öffentlichen Plätze einrammt."
In den gleichen Bereich gehört die Herstellung der zum Hausbau benötigten Ziegel aus Nilschlamm. Nach dem Vermischen des Schlamms mit kleingehacktem Stroh wurde die feuchte Masse in eine Holzform gestrichen und anschließend wieder in die Sonne zum Trocknen gelegt. Ziegel wurden nicht im Ofen gebrannt und hatten dennoch eine erstaunliche Festigkeit. Häuser, die mit Ziegeln erbaut wurden, die auf diese Art hergestellt worden waren, besaßen ein angenehmes Raumklima, wie moderne naturwissen-

schaftliche Untersuchungen ergeben haben. Noch heute werden in Ägypten Ziegel auf die gleiche Art hergestellt und verbaut.
Obwohl Holz in Ägypten knapp war — wir befinden uns ja am Rande der Wüste —, wurden viele Dinge aus Holz hergestellt, das aus dem Libanon bezogen wurde und recht teuer war. Darüber hinaus sprechen die Texte von einem „Wald von Koptos“ in Mittelägypten, aus dem minderwertiges Holz kam, das häufig nur als Brennholz zu verwenden war. Kisten, Truhen, Betten, Stühle, Haustüren, Säulen und ganze Dächer wurden kunstvoll aus Holz gefertigt und mit Schnitzereien verziert. Und wer kennt nicht die Särge und Schreine aus den Gräbern, die heute in allen großen Museen zu betrachten sind. Hölzerne Grabstatuen fand man einträchtig neben solchen aus Stein und stehen ihnen künstlerisch in nichts nach. Das technische Können, die vollkommene Beherrschung des Werkstoffes verlangen gerade vom heutigen Betrachter Respekt und Bewunderung, denn man ist ja an Massenware gewöhnt. Aufgrund der klimatischen Bedingungen haben sich glücklicherweise viele Holzobjekte über die Jahrtausende hinweg erhalten.
Das Holz wurde als unbearbeiteter Stamm in die Werkstätten geliefert, wo diese Stämme zuerst geschält und in Bretter zersägt werden mußten. Die Sägen waren aus Bronze und wurden je nach Größe von einem oder zwei Tischlern bedient. Zum Glätten der Bretter benutzte der Handwerker Dechsel. Mit Hammer und Meißel oder mit Bohrern wurden Aushöhlungen und Löcher gemacht, das erste, grobe Zurechthauen der Stämme erfolgte mit Äxten und Beilen. Nach diesen vorbereitenden Tätigkeiten kamen die eigentlichen Tischler ans Werk und fügten die nun sorgfältig bearbeiteten Bretter kunstvoll zu Möbelstücken u. ä. zusammen. Rundplastische Verzierungen, wie wir sie an Betten und Stühlen kennen, wurden von spezialisierten Kunsttischlern angefertigt und mit hölzernen Dübeln am Möbelstück befestigt. Die Sitz- bzw. Liegefläche war geflochten, wobei in den Rahmen in geringem Abstand Löcher gebohrt wurden, durch die dann Bast oder Leder als Sitzfläche geflochten werden konnte. Dieser Arbeitsgang ist besonders häufig in den Darstellungen zu sehen. Holzgegenstände konnten aber auch mit einer dünnen Stuckschicht überzogen werden, die einen ausgezeichneten Malgrund ergab. Solche Särge oder Statuen wirkten von weitem wie Stein — dieser Effekt wurde durch eine Malerei noch betont, die die Maserung von Granit oder Alabaster wiedergab. Besonders aus dem Alten Reich finden wir häufig Holzfiguren, die wie Steinstatuen angemalt sind. „Mehr Schein als Sein“ war auch im Alten Ägypten durchaus verbreitet. Andere Objekte erhielten eine Vergoldung, indem Blattgold auf das Holz aufgetragen wurde. Manchmal finden sich besonders an den Stuhllehnen kostbare Verzierungen; farbige Einlagen aus Elfenbein, Edelsteinen oder Glas bildeten Muster oder ganze Darstellungen, wie am Thron des Tutanchamun zu sehen ist.

Lederarbeiter, Grab des Rechmire, 18. Dynastie. Ein Arbeiter reckt das Leder über einem dreifüßigen Bock, um es geschmeidig zu machen.

Das Glätten des Holzes geschah mit Wasser und Sand. Die Schmirgelmasse wurde mit Poliersteinen auf der Oberfläche verrieben, vergleichbar dem Polieren von Hartgestein.

Die altägyptische Bekleidungsindustrie hatte ein hohes Niveau erreicht, was die vielen unterschiedlichen Bezeichnungen für Kleidungsstücke, aber auch die erhaltenen qualitätvollen Stoffe erkennen lassen. Die Hauptlast der Herstellung von Bekleidung lag bei den Frauen, die in Heimarbeit webten und nähten und so einen wichtigen Beitrag zur Versorgung ihrer Familien leisteten. Daneben gab es große staatliche Webereien, die organisatorisch der Palastverwaltung angeschlossen waren. Hier wurde das besonders hochwertige Königsleinen produziert, das zu Kleidung, aber auch zu Mumienbinden weiterverarbeitet wurde. In diesen Werkstätten arbeiteten im Alten Reich überwiegend Frauen — die Werkstattleiter waren „natürlich" Männer —, während später mehr und mehr Männer als Weber belegt sind. Die Arbeitsbedingungen waren in den Werkstätten hart, wie Cheti ausführlich beschreibt:

„Der Weber ist in der Weberei, indem es ihm viel schlechter geht als einer Frau, denn die Knie stoßen gegen seinen Magen, und von ihm kann deswegen keine Luft geatmet werden. Wenn er einen Tag ohne Weben vertut, wird er mit 50 Peitschenhieben geschlagen. Er muß dem Pförtner Lebensmittel geben, damit er ihn bei Tageslicht herausgehen läßt."

Der Text gibt recht drastisch die Situation in einer Weberei wieder. Faulheit oder nur Müdigkeit wurde mit der Prügelstrafe geahndet. Die Arbeitszeit umfaßte den gesamten Tag, von Sonnenaufgang bis Sonnenuntergang, und nur durch Bestechung des Aufsehers, in diesem Fall handelte es sich um den Pförtner, konnte der Weber für kurze Zeit seinen Arbeitsplatz verlassen, um etwas frische Luft zu schnappen. Gewebt wurde auf Webstühlen, die je nach Größe von einem oder mehreren Arbeitern betätigt werden mußten. Das Spinnen des Garns wurde in Spinnereien von Frauen vorgenommen, die den Webereien beigeordnet waren.

Noch schlimmer dürfte die Situation in den Gerbereien und in den Werkstätten der Lederverarbeitung gewesen sein, da eine starke Geruchsbelästigung hinzukam. Wahrscheinlich lagen deshalb diese Werkstätten etwas außerhalb des Palastes, am Rande der Ortschaften und Städte. Zuerst mußte die Haut gegerbt werden, die im Rohzustand von den Hirten angeliefert wurde. Dazu kam sie in einen großen Bottich mit einer speziellen Gerbflüssigkeit, deren genaue Zusammensetzung unbekannt ist. Je nach Art des Leders enthielt diese Flüssigkeit Alaun oder Öl. Auf ihre rote Färbung spielt ein Text an, der davon spricht, daß die „Hände des Gerbers rot wie Blut" seien. Zum Abschaben der Haare und der Unterhaut, an der sich noch Fleischreste und Sehnen befanden, wurde das Fell auf einen Holzrahmen gespannt und mit speziellen Messern bearbeitet. Nach dem Trocknen in diesem Rahmen wurde es über einem Gestell gereckt, um es weich und geschmeidig zu machen. Anschließend brachte man das fertige Leder in die Werkstätten zu Weiterverarbeitung. Hauptsächlich stellte man aus Leder Sandalen, große Behälter und Riemen her. Besonders die Sandalenmacher sind häufig in den Gräbern bei der Arbeit dargestellt. Mit einem breiten, an der Spitze abgerundeten Messer aus Feuerstein wurde die Schuhsohle aus dem Leder herausgeschnitten. Mit der Ahle bohrte der Schuster dann mehrere Löcher in die Sohle, durch die zuletzt die Lederriemen gezogen wurden, mit denen der Schuh am Fuß befestigt werden konnte.

Die hier vorgestellten Handwerkerberufe können nur einen kleinen Ausschnitt aus der reichen Palette der verschiedensten Berufe bilden. Doch ist ihre Gemeinsamkeit herausgearbeitet worden: Unter schlechten, oft menschenunwürdigen Arbeitsbedingungen mußten die Arbeiter ihre Tätigkeit verrichten, ohne daß die von Beamten beherrschte Gesellschaft bereit gewesen wäre, diese Leistungen gebührend zu würdigen. Der ungebildete, schmutzige und ungepflegte, aber duldsame Arbeiter oder Bauer diente als Schreckgespenst, mit dem man versuchte, Schüler zu mehr Fleiß beim Lernen anzuhalten, damit sie ihr eigenes Leben nicht auf diese schreckliche Art und Weise fristen mußten. Die unabdingbare Notwendigkeit handwerklichen Könnens, das den Anderen erst einen hohen Lebensstandard und viel Bequemlichkeit ermöglichte, spielte in der Beurteilung der sozialen Stellung dieser Gruppe in der ägyptischen Gesellschaft offensichtlich keine Rolle.

Literaturverzeichnis

A. Allgemeiner Teil

Assmann, J. — Ägyptische Hymnen und Gebete, Zürich/München 1975

Beckerath, J. von — Abriß der Geschichte des Alten Ägypten, Darmstadt 1971

Bierbrier, M. L. — The Late New Kingdom in Egypt, Warminster 1975

Brunner-Traut, E. — Die Alten Ägypter, Verborgenes Leben unter den Pharaonen, Stuttgart 1974

Carter, H. / Mace, A. — The Tomb of Tutankhamun, London 1923–1933

Černý, J. — A Community of Workmen at Thebes in the Ramesside Period, Kairo 1973

ders. — The Valley of the Kings, Kairo 1973

Drenkhahn, R. — Die Handwerker und ihre Tätigkeiten im Alten Ägypten, Wiesbaden 1976

Eggebrecht, A. (Hrsg.) — Geschichte der Arbeit, Köln 1980

Eggebrecht, A. (Hrsg.) — Das Alte Ägypten, München 1984

Endesfelder, E. — Über die Arbeiter der thebanischen Nekropole im Neuen Reich, in: Sozialökonomische Verhältnisse im Alten Orient und im klassischen Altertum, Berlin 1961, S. 88 ff.

Gardiner, A. H. — Geschichte des Alten Ägypten, Stuttgart 1965

Helck, W. — Wirtschaftsgeschichte des Alten Ägypten im 3. und 2. Jahrtausend vor Chr., Leiden/Köln 1975

ders. — Zur Verwaltung des Mittleren und Neuen Reichs, Wiesbaden 1958

ders. — Geschichte des Alten Ägypten, Leiden ²1981

Lexikon der Ägyptologie, Hrsg. von E. Otto, W. Helck, W. Westendorf, 6 Bde. Wiesbaden 1972 ff.

Seidl, E. — Einführung in die ägyptische Rechtsgeschichte bis zum Ende des Neuen Reichs, Glückstadt 1939

Simpson, K. — The Literature of Ancient Egypt, New Haven/London 1973

Spiegelberg, W. — Arbeiter und Arbeiterbewegungen im Pharaonenreich unter den Ramessiden, Straßburg 1895

Thomas, E. — The Royal Necropoleis of Thebes, Princeton 1966

B. Spezieller Teil

Assmann, J. — Sonnenhymnen in thebanischen Gräbern, Mainz 1983

Allam, S. — Silber = Leistung (in Form von beweglichen Vermögensgegenständen), Orientalia 36, 1967, S. 416 ff.

ders. — Die Rolle der Gottheit im Recht, in: Das Altertum 25, 1979, S. 103 ff.

ders.	Das Verfahrensrecht in der altägyptischen Arbeitersiedlung von Deir el Medineh, Tübingen 1973
ders.	Zur Gottesgerichtsbarkeit in der altägyptischen Arbeitersiedlung von Deir el Medineh, MDAIK 24, 1969, S. 10 ff.
ders.	Hieratische Ostraka und Papyri aus der Ramessidenzeit, Tübingen 1973
Bierbrier, M.L.	Notes on Deir el Medina II, The Career of Paneb, JSSEA 8, 1977/8, S. 138 ff.
Blackman, A.M.	Oracles in Ancient Egypt, JEA 12, 1926, S. 176 ff.
Brunner, H.	Altägyptische Erziehung, Wiesbaden, 1957
Bruyère, B.	Rapport sur les fouilles de Deir el Médine, Kairo 1923–53
ders.	Mert Seger à Deir el Médine, Kairo 1930
Caminos, R.	Late-Egyptian-Miscellannies, Oxford 1954
Černý, J.	Fluctuations in Grain Prices during the Twentieth Egyptian Dynasty, Archiv Orientalní 6, 1934, S. 173 ff.
ders.	Prices and Wages in Egypt in the Ramesside Period, in: Cahiers d'histoire mondiale, Paris 1954, S. 903 ff.
ders.	Papyrus hiératiques de Deir el Médineh, Kairo 1978
ders.	Papyrus Salt 124, JEA 15, 1929, S. 243 ff.
ders.	The Will of Naunachte and the Related Documents, JEA 31, 1945, S. 29 ff.
ders.	Egyptian Oracles, in: R. Parker, A Saite Oracle Papyrus from Thebes in the Brooklyn Museum, Providence, 1962, S. 35 ff.
ders.	Le culte d'Amenophis Ier chez les ouvriers de la Nécropole thébaine, BIFAO 27, 1927, S. 159 ff.
ders.	Catalogue des ostraca hiératiques non littéraires de Deir el Médineh, Kairo 1935–1970
ders.	Ostraca hiératiques, Kairo, 1935
ders.	Late Ramesside Letters, Brüssel, 1939
Christophe, L.-A.	Les porteurs d'eau de Deir el Médineh, BIE 36, 1955, S. 381 ff.
ders.	Le ravitaillement en poissons des artisans de la nécropole thébaine à la fin du règne de Ramsès II, BIFAO 65, 1967, S. 179 ff.
Daressy, G.	Ostraca Nos. 25001–25385, Kairo 1901
Davies, N. de G.	The Tomb of Rekh-Mi-Re at Thebes, New York 1971
Drenkhahn, R.	Die Elephantine-Stele des Sethnacht und ihr historischer Hintergrund, Wiesbaden 1980
Edgerton, W.F.	The Strikes in Ramses III's Twenty-Ninth Year, INES 10, 1951, S. 137 ff.
Eyre, C.J.	A ‚Strike' Text from the Theban Necropolis, in: Fs. Fairman, Warminster 1979, S. 80 ff.
Fecht, G.	Literarische Zeugnisse zur ‚Persönlichen Frömmigkeit' in Ägypten, Heidelberg 1965
Gardiner, A.H.	Ramesside Administrative Documents, Oxford 1948

ders. / Černý, J.	Hieratic Ostraca, Oxford 1957
ders. / Carter, H.	The Tomb of Ramesses IV and the Turin Plan of a Royal Tomb, JEA 4, 1917, S. 130 ff.
Goedicke, H.	Königliche Dokumente aus dem Alten Reich, Wiesbaden 1967
ders.	Die privaten Rechtsinschriften aus dem Alten Reich, Wien 1970
ders. / Wente, E. F.	Ostraka Michaelides, Wiesbaden 1962
Goyon, D.	Nouvelles inscriptions rupèstres du Wadi Hammamat, Paris 1957
Gutgesell, M.	Die Entstehung des Privateigentums an Produktionsmitteln im Alten Ägypten, GM 66, 1983, S. 67 ff.
ders.	Die Struktur der pharaonischen Wirtschaft, GM 56, S. 95 ff.
ders.	Die Datierung der Ostraka und Papyri aus Deir el Medineh und ihre ökonomische Interpretation, 2 Bde., Hildesheim 1983
Helck, W.	Das Dekret des Königs Haremhab, ZÄS 80, 1955, S. 109 ff.
ders.	Die Lehre des Dua-Cheti, 2 Bde., Wiesbaden 1970
ders.	Die Lehre für König Merikare, Wiesbaden 1977
ders.	Der Text der ‚Lehre Amenemhets I. für seinen Sohn‘, Wiesbaden 1969
ders.	Urkunden der 18. Dyn., Übersetzungen zu den Heften 17–22, Berlin 1961
ders.	Bemerkungen zu den Thronbesteigungen im Neuen Reich, Studia Biblica et Orientalia III, 1959, S. 113 ff.
ders.	Materialien zur Wirtschaftsgeschichte des Neuen Reichs, 7 Bde., Wiesbaden 1960–70
ders.	Zur Chronologie Amenophis' I. in: Fs. Schott, Wiesbaden 1968, S. 71 ff.
ders.	Feiertage und Arbeitstage in der Ramessidenzeit, JESHO 7, 1964, S. 136 ff.
Hieratische Papyrus aus den Königlichen Museen zu Berlin, Bd. III, Leipzig 1911	
Janssen, J. J.	Background Information on the Strikes of Year 29 of Ramesses III., Oriens Antiquus 18, 1979, S. 301 ff.
ders.	Commodity Prices from the Ramesside Period, Leiden 1975
ders.	A Twentieth-Dynasty Account Papyrus, JEA 52, 1966, S. 81 ff.
ders.	Two Ancient Egyptian Ship's Logs, OMRO 42, 1961
Kitchen, K. A.	Ramesside Inscriptions. Historical and Biographical I, Fasc. 7/8, Oxford 1975
Peet, T. E.	The Egyptian Words for ‚Money‘, ‚Buy‘ and ‚Sell‘ in: Fs. Griffith, London 1932, S. 122 ff.
ders.	The Great Tomb-Robberies of the Twentieth Egyptian Dynasty, Oxford 1930

ders.	The Mayer-Papyrus A and B, London 1920
Pleyte, W./Rossi, F.	Papyrus de Turin, Leiden 1869–76
Posener, G.	Amon juge du pauvre, in: Beiträge zur Ägyptischen Bauforschung und Altertumskunde 12, Wiesbaden 1971, S. 59 ff.
Scharf, A.	Ein Rechnungsbuch des königlichen Hofes aus der 13. Dynastie, ZÄS 57, 1922, S. 51 ff.
Schenkel, W.	Die Bewässerungsrevolution im Alten Ägypten, Mainz 1978
ders.	Mephis • Herakleopolis • Theben, Die epigraphischen Zeugnisse der 7.–11. Dynastie Ägyptens, Wiesbaden 1965
Schmitz, F.-J.	Amenophis I., Hildesheim, 1978
Tietze, C.	Amarna I und II, ZÄS 111, 1985, S. 48 ff. und ZÄS 112, 1986, S. 55 ff.
Wente, E.F.	A Letter of Complaint to the Vizir To, INES 20, 1961, S. 252 ff.
ders.	Late Ramesside Letters, Chicago 1967
Wilson, J.A.	The Oath in Ancient Egypt, INES 7, 1948, S. 129 ff.
Zonhoven, L.M.J.	The Inspection of a Tomb at Deir el Medina, JEA 65, 1979, S. 89 ff.

Abkürzungen

BIE	= Bulletin de l'Institut d'Égypte, Kairo
BIFAO	= Bulletin de l'Institut Français d'Archéologie Orientale, Kairo
GM	= Göttinger Miszellen, Göttingen
JEA	= Journal of Egyptian Archaeologie, London
JESHO	= Journal of the Economic and Social History of the Orient,Leiden
JNES	= Journal of Near Eastern Studies, Chicago
JSSEA	= Journal of the Society for the Study of Egyptian Antiquities, Toronto
MDAIK	= Mitteilungen des Deutschen Archäologischen Instituts, Abteilung Kairo, Mainz
OMRO	= Oudheidkundige Medeelingen uit het Rijksmuseum van Oudheden te Leiden, Leiden
Orientalia	= Orientalia, Nova Series, Rom

Zeittafel

5500–3500	Vorgeschichtliche Siedlungen
3500–3000	Kulturen von Nagade und Badari, erste oberägyptische Könige (Narmer)
3000–2635	Thinitenzeit
	1. und 2. Dyn., Reichseinigung unter König Aha, Anlage des Königsfriedhofs in Abydos, innenpolitische Wirren beim Übergang von der 1. zur 2. Dyn. Erneute Konsolidierung des Staates in der 2. Dyn.; Aufbau der Verwaltung unter König Chasechemui. (ca. 2665–2635 v. Chr.)
2635–2154	Altes Reich
	3. Dyn. (2635–2570), unter Djoser (2620–2600) Bau der ersten, noch stufenförmigen Pyramide in Sakkara, Aufbau einer stark zentralistischen Staatsverwaltung, König alleiniger Landbesitzer.
	4. Dyn. (2570–2450), Bau der großen Pyramiden in Daschur unter Snofru (2570–2545), Errichtung des Pyramidenfeldes von Giza unter Cheops (2545–2520), Chefren (2510–2485) und Mykerinos (2485–2457). Aufstieg des Re-Glaubens, erste reliefierte und ausgemalte Privatgräber, erfolgreiche Expeditionen nach Syrien und Nubien, zunehmende Privatisierung des Landes.
	5. Dyn. (2450–2290), Sieg des Re-Glaubens äußert sich im Bau der Sonnenheiligtümer in Abusir. König Sahure (2442–2430) siegt gegen die Libyer, Niuserre (2390–2360) erbaut das größte Sonnenheiligtum; Unas (2310–2290) stattet seine Pyramide zum ersten Mal mit Texten religiösen Inhalts aus.
	6. Dyn. (2290–2157), unter Pepi I. (2268–2228) Auflösung der Zentralgewalt; mit Pepi II. (2221–2157) bricht das Alte Reich zusammen, Plünderung der Pyramiden von Giza und Sakkara, Auflösung der Herrschaftsstrukturen, Gaufürstenherrschaft.
2154–2040	1. Zwischenzeit
	7.–10. Dyn., Zeit der innenpolitischen Wirren unter schwachen, meist nur sehr kurz regierenden Königen
2040–1785	Mittleres Reich
	11. Dyn. (2040–1991), Einigung des Reiches durch den thebanischen Gaufürsten und späteren König Mentuhotep II. (2061–2010)
	12. Dyn. (1991–1783), 1991 erobert der Vezir Amenemhet den Thron und reorganisiert Staat und Verwaltung. Er wird 1962 ermordet. Sein Sohn Sesostris I. (1962–1926) setzt die Politik seines Vaters

erfolgreich fort. Unter Amenemhet II. (1926–1891) und Sesostris II. (1891–1878) werden die Handelsbeziehungen nach Vorderasien wieder aufgenommen, Beginn der Trockenlegung des Fayum. Sesostris III. (1878–1840) erobert Nubien und weite Teile Vorderasiens. Byblos wird Zentrum der ägyptischen Verwaltung in Syrien. Amenemhet III. (1840–1795) beendet die Kolonisierung des Fayum und errichtet dort seine Pyramide mit dem ‚Labyrinth', dem Totentempel.

1783–1551 2. Zwischenzeit

13. und 14. Dyn., ephemere Könige

15. und 16. Dyn. (1650–1551), Herrschaft eingewanderter Asiaten, der Hyksos. Einführung von Pferd und Wagen in Ägypten, Gründung der Hyksosresidenz Auaris im Ostdelta.

17. Dyn., Beginn der Kämpfe gegen die Hyksosherrschaft durch die Könige Taa und Kamose (1555–1551) von Theben aus. Erste Erfolge gegen die Hyksos.

1551–1080 Neues Reich

18. Dyn. (1551–1305)

Ahmose (1551–1526) erobert Auaris und vernichtet die Hyksos endgültig. Amenophis I. (1526–1505), Eroberung Nubiens, Konsolidierung der Herrschaft.

Thutmosis I. (1505–1493), Eroberungen in Vorderasien, Vorstoß bis zum Euphrat, Anlage des Tals der Könige und Gründung der Arbeitersiedlung von Deir el Medineh. Hatschepsut (1490–1468) führt eine friedliche Regentschaft, außenpolitische Mißerfolge und innenpolitische Schwierigkeiten bewirken ihren Sturz. Die Herrschaft tritt Thutmosis III. an (1490–1439), der Syrien erobert und erneut bis zum Euphrat vorstößt. Seine Nachfolger Amenophis II. (1439–1413) und Thutmosis IV. (1413–1403) sichern die Eroberungen. Mit Amenophis III. (1403–1365) erreicht das Neue Reich seine größte Blüte, wie die gewaltigen Bauten des Herrschers belegen. Amenophis IV. (1365–1347), der sich später Echnaton nennt, versucht, durch die Erneuerung des Glaubens die Herrschaft zu bewahren, scheitert jedoch an der Reaktion der schier übermächtigen Priesterschaft des Amun, dessen Tempel in Karnak zu den größten Tempeln der gesamten Antike gehört. Tutanchamun (1347–1336) gibt Amarna als Residenz wieder auf, löst sich vom Aton-Glauben Echnatons und kehrt nach Theben zurück. Unter Eje (1336–1332) und Haremhab (1332–1305) wird die Amarnazeit endgültig überwunden.

19. Dyn. (1305–1196)

Ramses I. (1305–1303), General des Haremhab, wird von diesem testamentarisch als Erbe und Nachfolger eingesetzt. Sethos I. (1303–1290); Beginn wechselvoller Kämpfe in Vorderasien.

Ramses II. (1290–1224); Krieg gegen die angreifenden Hethiter. Die Schlacht bei Kadesch (1285) endet mit einer ägyptischen Niederlage. 1269 Abschluß eines Friedensvertrages mit den Hethitern, 1257 Heirat zwischen Ramses II. und einer hethitischen Prinzessin. Rege Bautätigkeit in Ägypten, Verlegung der Residenz in die Ramsesstadt im Ostdelta. Merenptah (1224–1214) verteidigt Ägypten erfolgreich gegen den Ansturm der Seevölker.

20. Dyn. (1196–1080)

Mit Sehtnacht gewinnt ein Usurpator den Thron nach langen innenpolitischen Auseinandersetzungen.
Ramses III. (1193–1162) festigt schließlich die Macht des neuen Herrscherhauses. In Deir el Medineh brechen Streiks aus, unlösbare innenpolitische und wirtschaftliche Probleme bewirken den Niedergang Ägyptens in dieser Zeit. Unter Ramses IX. (1137–1119) systematische Plünderung der thebanischen Gräber, am Ende der Dynastie bricht offener Bürgerkrieg aus.

1080– 714 3. Zwischenzeit

21.–24. Dyn., Errichtung des „Gottesstaates des Amun" in Theben, innenpolitische Kämpfe, Herrschaft libyscher Könige.

714– 332 Spätzeit

713 erobern nubische Fürsten Ägypten und errichten mit der 25. Dyn. (713–659) die Kuschitenherrschaft.
Wiederholte Angriffe der Assyrer. 664 kommt mit Hilfe der Assyrer der saitische Fürst Psammetich I. an die Macht und begründet die 26. Dyn., die 525 von den Persern vernichtet wird. Die Perser herrschen mit Unterbrechungen bis 332 über Ägypten. Nach der Schlacht bei Issos (333) wird Ägypten Teil des Weltreichs Alexander des Großen.

Bildnachweis

Lotos-Film, Kaufbeuren: S. 36, 38, 43, 52, 68, 73, 87, 94, 110, 121, 123, 125, 129, 131, 138, 153, 154, 158, 163, 167, 173, 181, 217, 223, 225, 236, 237, 242, 245, 251
Pelizaeus-Museum, Hildesheim: S. 18, 28, 47, 48, 55, 59, 65, 76, 80, 103, 127, 133, 135, 140, 148, 169, 195, 203, 209, Schutzumschlag (2)
Zeichnungen: Tom Uhe